AI量化投资

李必文 著

清华大学出版社
北京

内 容 简 介

本书旨在探索 AI 技术与投资策略的跨界融合。

全书分为上下两篇，共 10 章。上篇由量化思想、量化实践、量化方法、量化策略、风险控制绕不开凯利公式、交易信息系统外接共 6 章组成；下篇由遗传算法在黄金投资中的应用、大规模神经网络及股票非量价复合策略、小波分析及金融工程多维度应用和前沿研究与探索共 4 章组成。上篇主要阐述当前已有的量化知识并用独特鲜明的风格呈现出来，侧重计算机动态仿真技术；下篇聚焦探索未知的领域。全书注重金融实证、工程数学、计算机编程三者之间的跨界融合。

本书可作为量化基金从业人员和证券分析师的参考用书，也可作为金融专业、人工智能专业的高年级本科生、硕士和博士研究生的参考书 (含毕业论文参考用书)，还可以作为具备理工科背景且未来有志于从事 AI 量化投资人士的自学书籍。

图书在版编目 (CIP) 数据

AI 量化投资 / 李必文著 . —北京：清华大学出版社，2022.11
(深度投资分析丛书)
ISBN 978-7-302-62029-7

Ⅰ . ① A… Ⅱ . ①李… Ⅲ . ①人工智能—应用—投资分析 Ⅳ . ① F830.593-39

中国版本图书馆 CIP 数据核字 (2022) 第 189447 号

责任编辑：施　猛
封面设计：常雪影
版式设计：方加青
责任校对：成凤进
责任印制：丛怀宇

出版发行：清华大学出版社
　　　网　　　址：http://www.tup.com.cn，http://www.wqbook.com
　　　地　　　址：北京清华大学学研大厦 A 座　　　邮　　编：100084
　　　社 总 机：010-83470000　　　邮　　购：010-62786544
　　　投稿与读者服务：010-62776969，c-service@tup.tsinghua.edu.cn
　　　质 量 反 馈：010-62772015，zhiliang@tup.tsinghua.edu.cn
印 装 者：北京博海升彩色印刷有限公司
经　　　销：全国新华书店
开　　本：180mm×250mm　　　印　　张：15.25　　　字　　数：281 千字
版　　次：2022 年 12 月第 1 版　　　印　　次：2022 年 12 月第 1 次印刷
定　　价：188.00 元

产品编号：096929-01

序

从春风桃李
到秋雨梧桐
鲜衣走马
风霜不暮少年心
那些四季轮动的日子里
纵有寂寥惆怅
无悔匍匐前行
纵有伤痕累累
依旧孤帆济沧海
跟跟跄跄，懵懵懂懂
算而今
进入 AI 领域逾十载
辗转持牌私公募基金行业七余载

循规蹈矩是容易的
传授或组合信息茧房已有的知识也是容易的
教育学家斯普朗格 (E. Spranger) 曾说，
(教育) 不是传授已有的东西
而是要把人的创造力量诱导出来
将生命感、价值感唤醒

唤醒，是种教育手段

事物在交叉边缘往往更有生命力
恩格斯在《自然辩证法》里曾说，
在分子科学和原子科学的接触点上
物理学家和化学家都承认自己无能为力
然而应当在这点上期待最大的成果
那么
AI 与投资融合会发酵出什么呢？

形式大于实质毫无意义
只有创造价值才有价值
无论是逆流而上的价值投资
抑或顺势而为的 AI 量化投资
—— 金融时序数据的惯性

我有一个梦想
AI 在金融领域还在蹒跚探索
为推动全球 AI 量化投资进步一小步
渺小人物也想贡献一份绵薄之力
没有什么比儿时改变世界的梦想
更加让人心潮澎湃
但三十多年的道行
面对这份执著
还是会像狂士在佛像前失去些许自信

我有一个梦想
读者投资时未必照搬书本
读者在与作者思想进行碰撞时
能唤醒其内心的创造力
使读者迸发出灵感
思路喷涌而出

我还有一个梦想

这本书在出版十年之后

依旧有沉甸甸的营养

依旧有可借鉴的价值

所以

对于书中点滴内容都曾反复推敲

一场缘分

我有幸认识了清华大学出版社施猛老师

熬过无数个凌晨

增删改数十回

终于完成这部书稿

感谢施老师一路的相伴和指导

亦感谢清华社排版、设计、发行的各位老师

还要感谢我家人的支持

才能腾出大块的时间笔耕不辍

是日

山色空蒙裹细雨

记为序

作者

壬寅虎年荷月

于湖州·井空里

领域对<u>不变量</u>的挖掘，而不是追求对新技术、新概念、新场景的探索。

(5) 原创深度。除了极其少数的内容参考了少量文献，本书绝大多数内容皆是原创，让读者少了一份似曾相识或雷同的感受，比如第 10 章里面的"LZ 证券能量守恒定理"，市面上其他著作鲜有与之相似或相同的内容，作者原创性地给出该定理的金融公式，并用实证案例进行了检验。本书几乎没有基础性的量化、AI 知识，作者努力追求全书内容都是硬核干货。此外，作者在写作本书的过程中，在保证描述精准的前提下，努力摒弃那些刻板、索然无味的文字，字里行间透射出灵动鲜活的魅力，让文字活泼而有张力。

(6) 可视化。本书大量采用了计算机绘制的图形图像，比如基于云滴智能技术观测主动管理型基金的风格漂移，凯利公式风控模型的计算机模拟，等等。

(7) 交叉融合。作者推崇不同学科、不同领域知识与实践的融会贯通，即便是表面上看起来风马牛不相及的领域，比如本书里面的"7.5.2 遗传算法与弗洛伊德梦的解析法""10.3 最速降线：股票利空出尽的快速途径"，等等。严谨的物理学中有很多伟大的发现，前期都是靠猜的，那么，证券投资领域为何就不能"天马行空"地举一反三呢？因为两者的内在机理确实是一致的。

AI 量化投资技术高深，但不是说，金融或者 AI 博士学位是投资盈利的必要条件。事实上，投资圈存在大量高学历但是投资业绩很一般的基金经理或无指引价值的研究员。古人云：三人行必有我师；又云：世事洞明皆学问，人情练达即文章。缺乏投资和 AI 知识的普通投资者，或许亦能敏锐地捕捉到更加有效的"情绪因子"。知识储备程度、时效性程度、灵活应用程度三者基于乘法原则，共同决定了投资回报率，所以纵观本书的叙述结构，是相当开放的，体现了与各位读者探讨的诚意——没有绝对的专业，亦没有绝对的权威。

限于篇幅，本书内容不一定面面俱到；限于作者水平，虽竭尽全力，但是 AI 量化投资需要的知识实在是太浩瀚了，书中难免存在错误和纰漏，敬请读者朋友们不吝指正、勘误。反馈邮箱：wkservice@vip.163.com。

作者

2022 年 7 月于上海

前 言
Preface

这是一本主要讲 AI 量化投资的书，与常规量化投资书籍有本质不同。

怀着满满的诚意，AI 技术与金融投资相互契合是本书希望表现的特色。比如第 8 章浓墨重彩地描述了作者在 AI 技术理论上的突破，技术深度和难度极大，且多数是独创技术理论；第 9 章主要介绍小波在金融领域的应用，尚属探索阶段，这章所列举的三个金融案例，具有启发性和探索性的双重价值。本书有以下几个特点。

(1) 阅读体验。按照数学建模的思路和步骤，本书对每个符号的讲解、每个公式的推导尽量深入浅出，推导方法力求别具一格。作者还做了一张表格，对每一章内容的技术难度做了难度系数的评级，用★表示，★数量越多表示对应内容的技术难度越大。所以，读者朋友们可以按照本书的章节顺序依次阅读，还可以根据每一章的难度系数跳跃式阅读，按由浅及深的方式阅读本书，也是没有太大问题的。作者在创作本书的过程中，已经考虑到读者的阅读体验。

(2) 体系化。量化思想、量化实践、量化方法、量化策略、风险控制、信息交易系统接入共同构成了量化体系，再由量化投资体系过渡到 AI 量化投资体系，循序渐进，娓娓道来。

(3) 创造性。用鲨鱼猎腥的方法类比人工神经网络的训练过程，用小波分析的方法去识别资本证券炒作的市场特征，而且不管炒作程度多高，都能基于小波多尺度分辨的技术把市场炒作信号滗出来。此外，本书更有大量延伸数学模型的创造。

(4) 稳定性。虽然资本市场是不断演变的，具有很强的时效性，但作者对 AI 算法研究了十几年，发现算法底层理论进步空间极小；有所不同的是，新的应用场景和大算力平台层出不穷，所以本书遴选的大部分实证案例，尽可能规避时效性的限制，刻意摒弃了时效性强的案例，侧重底层逻辑的阐述，致力于在"AI 量化投资"

在读者开卷之前，本书作者着重强调四点：

- 本书所涉及的任何数据不代表未来收益承诺

- 未来或许能再现，但无法预测

- 市场有风险，谨慎参与，自担投资风险

- 不盲目相信 AI 技术的力量，需辩证与理性看待

本书阅读及学习导引

全书分成上、下两篇。本书涉及金融投资、工程数学、计算机程序开发三个维度的知识。

为了使读者阅读本书时能够获得更好的体验，笔者对本书 10 章内容的难度进行了评级，★越多表示内容难度相对更高。

章号	章标题	难度系数
第 1 章	量化思想	★
第 2 章	量化实践	★★★
第 3 章	量化方法	★★★★★★
第 4 章	量化策略	★★★★★
第 5 章	风险控制绕不开凯利公式	★★★★
第 6 章	交易信息系统外接	★★
第 7 章	遗传算法在黄金投资中的应用	★★★★★★
第 8 章	大规模神经网络及股票非量价复合策略	★★★★★★★★★
第 9 章	小波分析及金融工程多维度应用	★★★★★★★★★
第 10 章	前沿研究与探索	★★★★

本书重心在于跨界融合——AI 技术与投资策略两者的深度融合。这是一本主要讲述 AI 量化投资的书，第 7 章、第 8 章、第 9 章三章内容占据了本书 50% 左右的篇幅，AI 量化投资与量化投资在侧重点上有本质区别。

目　录
CONTENTS

下篇　AI 方法及投资策略

第 8 章　大规模神经网络及股票非量价复合策略　　134

上篇　量化体系

上篇系统介绍了量化体系。笔者概括了上篇部分核心内容和特色内容。

章号	核心计算机技术与数学方程式	量化实证案例独特内容
第 1 章 量化思想	① JDBC 驱动连接 MySQL 接口程序 ② JMatLink 程序包调用混编	① 超额α收益案例的因式分解 ② 因子与因子群结构示意图 ③ AI 量化投资与量化投资的本质区别
第 2 章 量化实践	蒙特卡罗计算机模拟求解π值	高频 T0 交易与时间极限微分收益率
第 3 章 量化方法	① 本章原创数学方程式： $\cos\theta_i = \beta_i = r_i$ $BCTR = \lambda\beta_{BAPM} + (1-\lambda)\beta_{CAPM}$ ② Spearman 相关度与 Pearson 相关度的共生关系推导	① 灰色关联度矩阵用于宏观经济因子 ② 资产向量图 ③ 云滴模拟基金的风格漂移 ④ 因子的检验：有效性与稳定性
第 4 章 量化策略	从风险结构的视角切入 (其他同类著作一般从风险平价角度切入)，推导出风险平价的原始模型、常规模型、增强模型和杠杆模型四类进阶数学模型，逻辑层层递进	① 以沪深 300 指数为例，讲解了网络交易的原理 ② 对资产组合的收益进行因式分解
第 5 章 风险控制 绕不开的 凯利公式	凯利公式的计算机动态模拟	揭示现代金融投资的风控理论体系，旨在解决"在胜率和赔率已定的情况下，该用多少资金去冒险"这个"道"层面的问题，非"术"层面的问题
第 6 章 交易信息 系统外接	股票交易的完整 IT 架构，这是量化投资行业能进行自动化交易的基础	基于接入券商系统的视角进行介绍

第1章 量化思想

1.1 超额 α[①] 实证案例

让专业投资人士学习并掌握 AI(artificial intelligence,人工智能) 技术,而让 AI 算法工程师学会投资策略,让具备理工学科背景并想在 AI 量化投资领域发展的读者能踏进 AI 量化投资的快速通道,这是作者写这本书的愿景。

本节基于公募基金组合,讲解一个 2020 年的量化实证案例。

目前,A 股市场有超过 5000 只股票,而基金数量远远超过股票数量,仅公募基金就有 10000 多只,加上私募基金就更多了。从这个意义上说,基金投资的本质是对 5000 多只个股进行筛选和组合,而在这方面,AI 机器人比基金经理更擅长精密计算和判断,且更加具备投资自律性。

2019 年 1 月 2 日至 2020 年 2 月 14 日,某公募指数型基金组合的收益是同期上证指数的 2.6 倍左右,年化收益率为 40%,如图 1-1 所示。

成立时间: 2019-01-02 ⊘高风险

累计净值　　　　**收益走势**

● 本组合: 1.4470　● 上证指数(470007): 1.1741

2020-02-14
● 本组合 1.4470元
● 上证指数(470007): 1.1741元

2019.1.1　　2019.5.1　　2019.9.1　　2020.1.1

注: 投资有风险, 历史收益不代表未来收益。

图 1-1 量化策略实证案例的业绩走势

以上为非回溯的数据,而是实证案例。波动风险、回撤均较小,夏普比率高,因此,投资者的持有体验更好。如此高收益是怎么实现的呢?下面详细加以说明。

---

① 超额 α 指的是超越大盘指数的收益,是不受大盘涨跌影响的收益。举例来说,假设以沪深300指数为业绩比较基准,那么该投资标的超过沪深300指数收益的部分就是超额 α。与此对应的还有 β 收益,这是一种受到大盘涨跌影响的相对收益,也叫市场收益。

1.1.1 定量构建三级基金池

构建公募基金初选池、优选池、核心池三层基金池体系（见表 1-1），这跟信息技术中敏捷开发的底层逻辑是一样的，定期动态维护好各个基金池子，以备使用。

表 1-1 三层基金池

初选池	基金分类	股票基金		混合基金		债券基金	
		主动股基	指数股基	偏股混合	偏债混合	纯债债基	混合债基
	对应数量						
优选池	基金分类	主动股基	指数股基	偏股混合	偏债混合	纯债债基	混合债基
	成立年限	≥1 年	≥1 年	≥1 年	≥1 年	≥1 年	≥1 年
	基金规模	≥1 亿元	≥1 亿元	≥4 亿元	≥1 亿元	≥1 亿元	≥1 亿元
	区间回报 3 月	≥中位数	≥中位数	≥中位数	≥中位数	≥中位数	≥中位数
	区间回报 12 月	≥中位数	≥中位数	≥中位数	≥中位数	≥中位数	≥中位数
	区间回报 3 年	≥中位数	≥中位数	≥中位数	≥中位数	≥中位数	≥中位数
	对应数量						
核心池	基金分类	主动股基	指数股基	偏股混合	偏债混合	纯债债基	混合债基
	收益标准差	20%		20%			
	最大回撤	15%		15%	40%	80%	40%
	下行概率	20%		20%	20%		20%
	詹森指数 (Jensen)	25%		25%		20%	
	夏普指数 (Sharpe)	20%		20%			
	跟踪误差		80%				
	信息比率 (IR)		20%				
	卡玛比率 (Calmar)				20%		20%
	索提诺比率 (Sortino)				20%		20%
	复权排序取中位值之上的基金						
	对应数量						

1.1.2 通过"AOA"分析法进行大类资产配置

资产配置遵循"**倒三角**"的原则,首先确定大类资产方向,其次确定行业龙头个股,或者具体的单只基金。

如果从基础研究起步,预判未来中短期的主力资产配置方向,那将是非常庞大、繁复、系统的金融工程,需要极高的专业度以及大量的财力支撑。

笔者使用一种叫做"AOA 分析法"[①]的轻模式,并且结论不会差。

具体原理就是,使用文本挖掘技术对排名前十位券商的分析报告进行深度挖掘与分析,然后对文本挖掘的资产标签簇进行 K-means 聚类 (后面章节会讲到该技术),取大类资产配置的最大公约数。

这是一种平台思维,在金融领域已经被较为广泛地运用,比如"FOF 基金",也就是基金中的基金,俗称"母基金",母基金侧重投资业绩优秀或者策略互补的基金,其本身并不直接对底层标的进行投资。再如"MOM 基金",也就是基金管理人的管理人,以"人"为中心,侧重选择优秀的基金经理。

优选各个券商知名分析师的资产配置观点,不仅是为了集合投资观点,还能提高资产配置方向的容错率和鲁棒性。尽管这种方法与"投资成效来自非大众共识"形成一定程度的悖论,但重要的是,知名分析师的一致观点能间接塑造市场走向的预期。金融理论研究表明,市场行为存在随机漫步,凝聚共识能引导市场形成一致性的预期,所以在因子投资的方法里,有专门的"一致预期因子"。

笔者对券商 2019 年底分析报告进行文本挖掘,发现大类资产配置要点如下:

- 三四线城市地产不具有投资价值。
- 房地产销售面临下行压力。
- 买入人口净流入城市的房子。
- 未来 5 年最好的投资机会在中国。
- 美股、外汇、大宗商品存在投资机会。
- 消费+投资+政府支出扩大,美国经济向好。
- 大数据、云计算、人工智能是高景气度赛道。
- ……

实际上,**几乎所有常规资产配置都是由 A 股 (或对应基金) 必选消费、A 股医疗、A 股银行、A 股地产、全球黄金、美股、美债、美国地产、全球能源这 9 个类别构成的。**

---

① 券商每年都撰写大量分析报告,我们用文本挖掘的计算机程序在报告内容里提炼投资观点,笔者把这种定量与定性相结合的基本面研究方法称为"analyst of analyst"(简称"AOA分析法")。

不同的时期，9 类资产配置的仓位大相径庭，但是这 9 类资产基本都在配置之列——对于未来行情预期较差的资产品种，会配置极少的仓位，比如 2% 或 1%，然后再逐步调整仓位；而对于中短期具有成长性的资产，则增加仓位。

军工板块也能形成独树一帜的投资回报流（包括稀土题材基金），但是军工行情波段短，股息率和净资产收益率 (ROE) 的价值评估体系有所不同，因为军工行业不以营利为目的，所以行情节奏难以把握。当一个投资标的的逻辑难以定性或者定量分析的时候，笔者宁愿舍弃这个资产标的，否则量化模型很难保证业绩一致性。

依据上述文本挖掘的结果，并结合基金池选择大类资产配置的行业指数基金，包括上证消费 80、深证红利、标普 500、医疗保健、黄金、美国房地产指数、上证 50、信用债。具体配置逻辑是：

- 之所以选择指数基金是因为费率比较低。
- 最好的投资机会是中国上证 50 指数基金。
- 看好美国经济，美股和美国地产进入大类资产范畴。
- 加入信用债的目的，不是基于业绩回报，跟业绩一点关系都没有——对绝对收益的增长贡献几乎毫无用处。加入信用债，可以在权益类资产行情剧烈波动的时候，平滑波动。
- 行业整体下行，此次不将国内房地产纳入大类资产配置的范围。

大类资产配置的核心是量化择时，量化择时或是量化中难度最大的策略。量化投资经常用到高频交易，不过高频策略通常只负责增厚收益，难以产生跳跃式的投资回报，要赚取丰厚的收益还得依赖择时。

资产组合投资中，对于基金经理或个股的尽职调查是不可或缺的。尽职调查内容主要包括投资策略、投资风格、未来的投资方向等，面谈或者线上沟通都是可以的，但需要有统一的模板。

1.1.3　检验正交（独立）的多条投资回报流

如果大类资产之间的相关度过高，势必会导致资产配置的冗余度过高，比如中证 800 指数与中证 500 指数、沪深 300 指数之间，无论什么时候，相关度大概率都在 95% 以上，这样的大类配置不利于风险控制和收益管理。但是，对于一个景气度高的行业，通过多只基金或者多只股票进行配置是可以的。

2014—2018 年大类资产相关度如表 1-2 所示。为什么要选择 2014 年到 2018 这 5 年时间作为统计分析的刻度呢？因为一般认为金融周期是 5 年左右。从表 1-2 可以看出，以上各项大类资产几乎没有相关度，除了美股与石油之间。统计学上规定，线性相关度的绝对值大于 0.7 为强相关，低于 0.3 为弱相关，介于两者之间为存在相关关系。

表 1-2　2014—2018 年大类资产相关度

相关系数	美国地产	上证 50	国内债券	黄金	标普 500	石油
美国地产	1.00					
上证 50	0.12	1.00				
国内债券	0.02	0.04	1.00			
黄金	0.11	−0.01	0.19	1.00		
标普 500	0.59	0.26	−0.04	−0.19	1.00	
石油	0.45	0.25	0.04	−0.06	0.67	1.00

1.1.4　组建风险收益模型

对每个行业指数基金进行仓位上下限的约束，尽量对各个投资回报流进行风险均衡（后面有专门的章节详细介绍），这些会演变成一个非线性多约束的目标函数最大化问题。目标函数就是最大化未来一年的投资风险收益比（定期迭代）。对于模型求解的方式，可以使用人工智能的遗传算法，笔者使用的是 MATLAB 规划问题的工具箱函数，当然还可以使用 Python、Lingo 或者其他计算机语言来求解。这些都是"术"的差别，只是工具不同而已。

如何进行计算机编程并不是本书的重点，在此一笔略过，本书重点落在 AI 量化投资的策略开发上面。本章为了展示实证案例的完整性和系统性给出了执行程序。

我们约定，多约束风险收益比的矩阵变量 $[W1, W2, W3, \cdots, W8]$ 是向量，$W1$ 向量里面的变量 $A \sim H$ 是当前待求解的仓位数值，I 是常数变量，如表 1-3 所示。看不懂 1.1.4 节内容没关系，不影响本书的后续阅读。

表 1-3　资产配置待求解仓位矩阵

$W1$	$W2$	$W3$	$W4$	$W5$	$W6$	$W7$	$W8$
A	36.9550	−2.0884	28.5472	−15.4136	20.8561	1.1615	9.3378
B	53.7984	−14.6977	33.9559	−4.2677	27.8571	6.3203	22.6654
C	39.4396	−6.0911	29.5931	−20.4755	23.2514	−0.0415	6.6512

（续表）

	W1	W2	W3	W4	W5	W6	W7	W8
D		24.9232	−4.1173	47.3720	−22.5686	24.0211	7.4256	16.1593
E		8.4371	18.1999	12.4197	−0.5497	12.9183	11.9656	9.2314
F		−5.2204	18.5183	3.1396	3.7450	10.3743	5.0798	1.0606
G		7.1466	13.3048	−2.6112	−0.7235	14.0661	9.0367	6.7412
H		0.0000	0.0000	3.1419	6.6689	1.9361	4.3347	4.8999
I		20.5967	−10.3091	7.4844	−23.98878	25.3865	−8.6025	−2.5377

约束条件如下：

(1) $W1*W2 \geqslant I(1)$

(2) $W1*W3 \geqslant I(2)$

(3) $W1*W4 \geqslant I(3)$

(4) $W1*W5 \geqslant I(4)$

(5) $W1*W8 \geqslant 0.1$

(6) $W1(5)+W1(7) \leqslant 0.4$

(7) $W1(1)+W1(2)+\cdots+ W1(8)=1$

(8) $W1(1)，W1(2)\cdots W1(8) \geqslant 0.05$

(9) $W1(1)，W2(2)\cdots W1(8) \leqslant 0.3$

目标函数为：

MAX [(W1*W7)/ (W1*W6)]

附上 MATLAB 主程序：

```
clear all;
clc;
f=@(x)((-1)*((1.1615*x(1)+6.3203*x(2)+0.0415*x(3)+7.4256*x(4)+11.9
656*x(5)+5.07.98*x(6)+9.0367*x(7)+4.3347*x(8))./(20.8561*x(1)+27.85
71*x(2)+23.2514*x(3)+24.0211*x(4)+12.9183*x(5)+10.3743*(6)+14.0661*x(7)+1.93
61*x(8))));
X0=[0.1;0.1;0.1;0.1;0.1;0.1;0.1;0.1];
A=-1*[36.9550 53.7984 39.4396 24.9232 8.4371 -5.2204 7.1466
0.0000;
-2.0884 -14.6977 -6.0911 -4.1173 18.1999 18.5183 13.3048 0.0000;
28.5472 33.9559 29.5931 47.3720 12.4197 3.1396 -2.6112 3.1419;
-15.4136 -4.2677 -20.4755 -22.5686 -0.5497 3.7450 -0.7235 6.6689;
9.3378   22.6654    6.6512 16.1593        9.2314 1.0606 6 . 7 4 1 2
4.8999];
B=1*[20.5967;-10.3091;7.4844;-23.98878;10];
```

```
Aeq=[1 1 1 1 1 1 1
0 0 0 0 1 0 1 0];
beq=[1;0.40];
Lb=[0.05;0.05;0.05;0.05;0.05;0.05;0.05;0.05];
Ub=[0.30;0.30;0.30;0.30;0.30;0.30;0.30;0.30];
x= fmincon(f,X0,A,B,Aeq,beq,Lb,Ub)
-1*f(x)
```

程序算出来标普 500、美国地产和 A 股医药总仓位超过 60%。在 2019 年 1 月 2 日至 2020 年 2 月 14 日的投资收益统计区间内，**近一年的时间内获得 44.7% 的收益，约是同期上证指数涨幅的 2.6 倍**。这种证券投资组合的风险收益比模型之所以在投资上存在较大的胜率，根本原因在于风险和收益存在阶段性错位。

通过这个量化策略的实际案例，我们认识到此量化策略也存在不足：**量化的指标在时间轴上必须具有惯性，否则遇到市场风格突变的行情，回撤通常很大**。在本投资组合中，A 股医药的仓位较重。但是我们发现，2021 年下半年和 2022 年上半年医药股票和相关基金累计跌幅逾 30%，这种市场突变对于量化组合策略冲击较大，模型就会失去原有效力。所以，没有任何一种投资策略是放之四海而皆准的，需要不断迭代。

不得不承认，投资实践中其实还有一些非理性但重要的因素存在，即便基于量化投资模型进行投资也不能忽略这些因素。比如资金量大小不同，会导致投资心态完全不同，又决定了投资风格与投资纪律都会不同。再如，基金投资一般都要经历"募、投、管、退"四个阶段，募集来的投资资金是有固定封闭期的 (开放式公募除外)，若遇到投资机遇极佳但是濒临临时开放申赎或者封闭期结束，也有可能错失投资机会。凡此种种，都会影响投资业绩。

一般而言，使用对冲手段可增强抵御风险的能力。以房贷为例，如果一个人每个月还款金额都非常大，且目前又实行贷款市场报价利率 (LPR)，若同时购买国债期货，理论上，能对冲 LPR 大幅上涨带来的还贷成本增加。不过，风险对冲是需要成本的，目前我国资本市场还没有丰富的做空工具。

此外，量化策略相比传统的价值投资理念，顶层设计思路也是不一样的。价值投资践行者芒格一旦买入股票就近乎将其忘记，直至上涨了很多倍才卖出。量化投资更偏向利用数学和计算机进行投资决策，比如在投资回报区间内，传统价值投资策略可能期望至少上涨 30%，但是量化策略满足于在一只基金或者个股上赚 10% 的利润，再在另外一只基金或股票上赚 10% 的利润，然后又在其他基金或股票上再赚 10% 的利润，这样就能达到 30% 的收益目标，集腋成裘。这两者的投资理念有根本的不同。

1.1.5　模型延伸：通过 JDBC 驱动连接 MySQL 接口

本节内容为选修。

公开市场上存在庞大的交易数据、财务数据和市场数据。MATLAB 软件主要用于矩阵计算、电路设计、计算机仿真等方面，还可以用来辅助设计半导体芯片，然而它并不太擅长数据分析和挖掘——MATLAB 是基于运存进行数据交互的，处理数据能力有限。由于 MATLAB 拥有强大的计算引擎，目前一部分在线量化平台使用MATLAB 语言。

为了解决这个问题，笔者探索使用 JDBC 驱动技术，实现 MATLAB 与数据库系统之间实时通信，这需要编写接口驱动程序并调试。笔者以连接 MySQL 数据库为例，将接口驱动程序 (已经调通) 分享给各位读者。

```
%   在Matlab用JDBC驱动连接MySQL，可调用现有的connector驱动jar包学习方法
%   与连接其他主流数据库的驱动程序相比，仅连接符url和driver不同
%   1.下载mysqL的jdbc驱动mysql-connector-java-5.1.7-bin.jar
%   2.在command windows中输入: edit classpath.txt 打开路径配置文件，在文件最后一行添加mysql-connector-java-5.1.7-bin.jar的完整路径
%   如: 复制路径 E:\MysqL_Test\mysql-connector-java-5.1.7-bin.jar 到classpath.txt文件的最后一行
%   3.在MySQL中新建一个登录名root，并设置密码为870807
%   4.采用如下代码在Matlab中访问MySQL
clear;close all;
databaseurl = 'jdbc:mysql://localhost:3306/experience'
driver = 'com.mysql.jdbc.Driver';
username = 'root';              % 登录名
password = '870807';           % 密码
databasename = 'experience';    % 数据库名称
conn = database(databasename,username,password,driver,databaseurl)
tic
% 读取数据库
curs=exec(conn,'select * from `order`')
% 将SQL执行结果返回到MATLAB工作空间
curs=fetch(curs);
% 得到SQL执行结果中的数据
data=curs.Data;
toc
% 关闭游标对象
close(curs);
% 关闭数据库连接对象
close(conn);
```

此外，如果 AI 量化计算平台的底层语言使用 Java 编写，再用先进的方法调用MATLAB 的算力，可以通过 MATLAB engine 的方式实现。传统 COM 组件方案的

缺陷在于 MATLAB 中的很多复杂函数都不能正常使用。

由于 Java 移植性好，适合搭建量化计算集群的平台，而 MATLAB 计算引擎强大，那么要实现 Java 和 MATLAB 的混编，在 Java 中调用 JMatLink 包就可以使用了，具体标准流程可以登录 JMatLink 相关网站进行学习，其功能性远高于传统 COM 组件，但是必须装上跟 Java 版本兼容的 MATLAB 软件。

1.2　万物皆是算法

1.2.1　生物学的算法属性

第二次世界大战期间，意大利舰队驻扎在塔兰托海港，控制着地中海的北面，影响着北非的战局。在英国皇家海军偷袭塔兰托之前，英国人通过情报人员找到了一张如图 1-2 所示的塔兰托港的平面黑白地图照片。

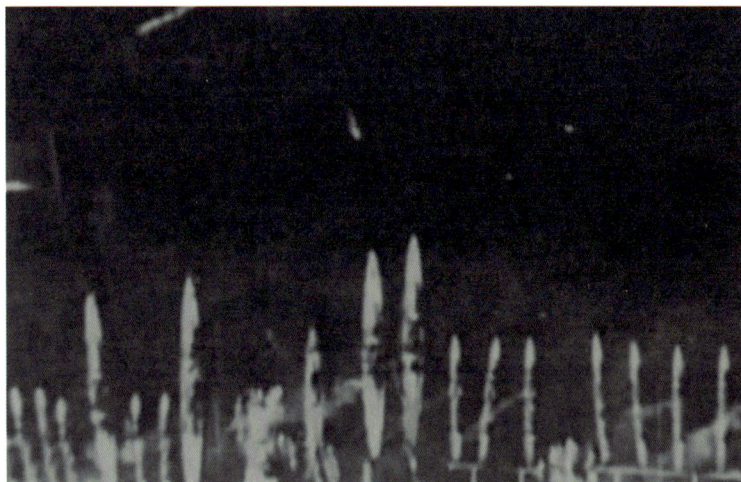

图 1-2　塔兰托港的平面地图照片——奇怪的"白斑"

照片上，各种防御措施清晰可见，唯有图 1-2 中连续的"白斑"实在令人费解。英国人起初猜想这些"白斑"是冲洗黑白照片时留下的，但是仔细辨别，发现这些"白斑"排列规则，显然是人为的。

英国人根据"白斑"进行计算和分析，判定这些"白斑"是拦截偷袭攻击机的钢丝气球。顶端拴着悬浮的大气球，一端用坚韧的钢丝连接地面，这对于急速飞行的战斗机来说就是梦魇，它们可以将正在飞行的战斗机撕成两半。英国人经过精密计算得出，相邻两个气球之间的距离为 270 米，而英国"剑鱼"式攻击机可以在这个间距中安全通过。

1940 年 11 月 11 日，英国军队从光辉号航空母舰上分两个批次共出动 21 架"剑鱼"攻击机偷袭塔兰托港。意大利受到重创，同时改变了地中海地区海军力量的格局，优势朝英国倾斜。在这次战役中，对"白斑"的辨识和分析起到了至关重要的作用，其准确度的高低决定了偷袭是否可行。

这是一个典型的信息分析案例。

大家都知道一个常识，数据 (data) 是简单的、纯粹的事实和数字。广义的数据既包括纯粹的数据，也包括文本信息，其自身的使用价值较小。比如，某公司有 20% 的产品销往上海市。要想使这个数据更有价值，就必须将其与其他数据横向或纵向联系起来——如"这批产品被 16 ～ 25 岁的青年男女买走"，将其处理为信息，这条信息对于客户画像是有帮助的。

所谓信息 (information) 就是具有特定用途和使用价值的数据。知识 (knowledge) 是将信息与已知信息进行比较后得出的结论。为什么现代人崇尚知识，而不一定崇尚传统的经验呢？经验也可以成为有用的知识啊。因为经验一般都是感性的总结，不方便准确传承，更难以更新完善，所以经验常常过时。黑格尔曾说过，人类从历史中吸取的唯一教训，就是人类不会从历史中吸取教训。

无论是信息还是知识，都是从大量数据中发掘出的价值。**数据尤其是海量数据之所以存在巨大的商业价值，是因为在数据中蕴含着丰富的信息**。比如有的线上零售平台，它能依据算法捕捉女性的生理周期，再根据生理期阶段的不同，推测女性的不同心情和不同需求，有针对性地推送客户可能感兴趣的商品。高阶的机器学习算法亦是如此。

在零售领域，客户流失率曲线会严格遵循"幂律"定理，残差比率不超过 0.03%。从社会现象映射到数学定理，这当然也是一种算法。

孔子是我国文化圣人，代表着我国源远流长的文化"符号"。把一个自然人抽象成一个符号、一种精神、一个信仰，这种映射亦是一种算法——算法不仅限于狭义的加减乘除、开方、对数等。三国时期，诸葛亮依据天象推算出"连窥天河，有云如蛇，主大雾"，也是一种算法，从现代视角来看，这是一种非结构化信息的算法。甚至，少数人彼此之间的算计都是一种算法。所以一切皆是算法。

人类群体行为也是算法，最底层的是动物原始意识的算法，再往上是物种自然选择的算法，最后是孟德尔遗传定律的基因层面的算法，多层次的算法构成了群体遗传学。

1.2.2　机器学习算法与数学机械化概述

AI 智能算法是人工智能技术的冠上明珠，它深度依赖机器学习。

人类会自发使用高效的机器学习算法代替人类脑力劳动，重新组织生产关系。人类习性总是朝着"变懒"的方向进化。同样功能的互联网产品，若其中一个互联网产品比另外一个产品需要多戳一下电子屏幕，这样的互联网产品必将被市场淘汰。

从各类社交媒体、购物网站和地图软件等所形成的海量数据中能萃取很多信息和知识。数据规模增大之后，出现了几百、几千 TOPS 算力 (tera operations per second，1TOPS 代表处理器每秒进行一万亿次运算) 的 AI 芯片，这些 AI 芯片都有支持机器深度学习的能力。

不论是粒子群算法还是蚁群算法，不论是遗传算法还是免疫算法，不论是神经网络算法还是模拟退火算法，本质上都是机器学习。机器学习具有一个显著特征：机械性。我国吴文俊院士在《数学机械化》(科学出版社，2003 年 3 月) 一书中提到："数学机械化是指数学在运算和证明过程中，只要前进了一步，都会有确定的、必然的下一步，直到到达结论，整个过程按照既定的刻板规律进行。"

计算机将解析几何转化成向量进行证明，这是吴文俊院士于 20 世纪 70—80 年代首创的，这是数学机械化的一个成功应用。再如，线性代数里维度很大的矩阵求逆，虽然没有多大技术含量，但是人工求解着实烦琐，大算力的处理器能够按照数学机械化的指令快速求解。

可见，智能算法、机器学习和数学机械化大抵相同。本书讲解投资中的量化交易和 AI 机器学习算法是如何高胜率战胜非理性市场的。A 股市场上超过 70% 的资金来自个人投资者，机器人是严格自律的，而个人投资者是非理性的，无法戒贪、戒嗔、戒痴。

1.3　什么是量化投资

1.3.1　量化战胜市场

真正意义上的量化投资，笔者觉得应该是 1952 年由哈里·马科维茨 (Harry M. Markowitz) 提出来的，他在学术论文《资产选择：有效的多样化》中，首次应用资产组合报酬的均值和方差这两个数学概念，创立了**"均值—方差模型"**，从数学的角度明确地定义了投资者偏好，才使金融研究逐步摆脱了早期较为模糊的"文学性"特征。

为此，哈里·马科维茨、威廉·夏普、默顿·米勒在 1990 年共同获得了诺贝尔经济学奖，获奖理由是：对现代金融经济学理论的开拓性研究，为投资者、股东及金融专家们提供了衡量不同金融资产投资的风险和收益的工具，以估计、预测股票、债券等证券的价格。

关于量化投资，在金融圈还有一个令人津津乐道的故事。

1958 年，在拉斯维加斯赌场，一个叫做爱德华·索普的年轻人安静地坐在 21 点牌桌前，按照自己的节奏下注，如同一台机器。

很快，他就用几千美元赢了几万美元。这时候，赌场经理走过来，身边带了几个保镖，说："你不是在赌博，你是在算牌，我们要把你赶出赌场！"这是索普第三次被驱逐出赌场。到了 1964 年，爱德华·索普已经成为所有赌场最不受欢迎的人。

索普又把算牌的思路用于购买股票。他运用大数定律进行投资。一只股票在明天能涨还是能跌，是说不好的，但是他可以推算股票涨跌一定幅度的概率，购买多只股票、多次购买股票就会收获超过 50% 的胜率。也就是说，如果股票的波动率是随机的，那么它就是可以量化的。这个发现，奠定了之后量化投资的基础。

索普的兴趣在于研究数学中的漏洞，然后将其写成书籍，他更像一位教授。1961 年，一位记者采访了他，发表了文章《数学家破解 21 点密码》，使索普一夜成名。1967 年，他和希恩·T. 卡索夫合写书籍《战胜一切市场的人》，再次名声大噪。1969 年 11 月 3 日，索普与杰伊·里根合伙创立了一家基金公司——可转换对冲合伙基金，1975 年该公司改名为普林斯顿—纽波特合伙公司。里根在普林斯顿管理基金，索普继续在纽波特的加州大学当数学教授，负责策略开发。

从 1971 到 1974 年，索普的对冲基金分别取得 26.7%、12%、6.5% 和 9% 的正收益。更让人惊讶的是，在最初的 6 年时间，索普的对冲基金只有 1 个月出现了亏损，其他时间都是盈利的。其中，1973 年开始的美国"漂亮 50"[①]泡沫崩溃导致美股平均下跌 48.2%。但是，索普基金采用中性套利策略，市场下跌和中性策略关联度较低，对所有的头寸都会进行对冲，剥离了市场β风险。这种惊人的稳定性促使中性策略开始发扬光大，也奠定了爱德华·索普在量化投资领域的行业影响力。

1.3.2　主观投资与量化投资

如果说爱德华·索普是量化行业的鼻祖，那么詹姆斯·哈里斯·西蒙斯就是华尔街的"异类"。

---

① 　"漂亮 50"(nifty fifty)是美国股票投资史上特定阶段出现的一个非正式术语，用来指20世纪60年代和20世纪70年代在纽约证券交易所交易的50只备受追捧的大盘股。

西蒙斯也是数学家,并在 1968 年开始领导纽约州立石溪大学的数学系。

1974 年,他与陈省身联合发表了论文《典型群和几何不变式》,创立了著名的
Chern-Simons 理论,这个理论被广泛应用到从超引力到黑洞的各个领域,并因此摘得
数学界的皇冠——全美维布伦 (Veblen) 奖。就在其数学研究成就斐然的时候,1978 年,
西蒙斯离开石溪大学,全职创立了一家外汇交易公司,1982 年该公司更名为"文艺复
兴科技公司"。

大奖章基金成立于 1988 年 3 月,是文艺复兴公司的第一只基金,基金经理是两位著
名的数学家:西蒙斯和埃克斯。他们都获得过 Veblen 奖,这便是大奖章基金名称的由来。

大奖章基金投资标的必须符合以下三个条件。

- 能在公开市场进行交易。
- 足够的流动性。
- 适合用数学模型和程序自动交易。

形成大奖章基金交易策略分以下三个步骤。

- 从历史价格数据中找到异常的信号。
- 用统计学计算和再现异常信号有无显著性。
- 观测价格变化是否符合异常信号统计学特征。

西蒙斯的精力集中在短线交易上 (笔者注:金融数据是时序数据,短线在动量上
有连续性),他几乎不雇用华尔街的分析师,仅通过数据搭建数学模型,寻找市场存
在的微利机会并快速加杠杆交易获利。一般由交易员通过计算机自动交易,减少人为
干预;倘若遇到风格突变的重大行情,亦会转到人工交易流程。**西蒙斯创立了较为完
整的量化策略框架体系**。

2005 年,西蒙斯成为全球收入最高的对冲基金经理,净赚 15 亿美元,差不多是
索罗斯同期收益的 2 倍。从 1988 年开始,西蒙斯所掌管的大奖章基金年均回报率高
达 35%,此后 15 年资产从未减少过。大奖章基金的管理费率为 5%,高出同业水平 2%。

2009 年 10 月 10 日,西蒙斯宣布他于 2010 年 1 月 1 日退休,保留公司荣誉主席职位。
2020 年 4 月 6 日,西蒙斯以 1400 亿元人民币财富名列《胡润全球百强企业家》第 45 位。

站在巨人的肩膀上,笔者多维度比较了主观投资与量化投资的区别,如表 1-4 所示。

表 1-4　主观投资与量化投资比较

比较要素	主观投资	量化投资
代表人物	沃伦·巴菲特	詹姆斯·哈里斯·西蒙斯
身份	投资家	投资家、数学家

（续表）

比较要素	主观投资	量化投资
投资机构	伯克希尔·哈撒维	文艺复兴科技公司
2008 年次贷危机投资回报率	−15%	80%
过去 20 年年化收益率	20%	35%
投资风格	深度研究、集中持仓、长期持有	挖掘因子、分散投资、全频段收益

从长期来看，"小概率小回报"（散户）比不上"大概率小回报"（量化投资）的积少成多。如果量化策略每天的收益率达到 0.1%，则一年的收益率可以达到 28%，这便是量化策略众毛攒裘的道理。当然，"大概率大回报"（巴菲特）另当别论。量化投资未来还有很长的红利期，以策略清晰一致、行情涨跌都有盈利机会等优势，正强势崛起，人才需求缺口也会越来越大。

1.3.3 全球证券投资的上升策略

海量数据叠加 AI 算法，我国投资领域正在经历一次深层次的转变。

很多证券类的私募基金都在大力升级硬件设备，比如 AI 算法所用的服务器，这既是一种符合趋势的前瞻性战略举措，也是一种被动的防御策略。投资领域的"跑马圈地"，会加速淘汰没有 AI 运算能力的中小投资机构。

一方面，中小量化投资机构在资金募集方面毫无优势，资产管理规模越小，越募集不到充足的资金。另一方面，既然一些机构可以通过量化去做策略，其他机构也可以用量化去收割，就像一个加密一个解密。一旦在投资领域建立某种规则，就会出现另一种规则努力去打破或者跳过当前约束——另类的"勒夏特列原理"①，大思路是一致的。

2018 年以后，全球基金规模排在前 10 位的对冲基金里，量化基金占 8 家左右。从 2017 年到 2020 年，我国量化基金尤其是私募基金快速增长，资产管理规模的年复合增长率超过 60%。其中，2019 年资产管理规模增至 2820 亿元，同比增长 88%；2020 年资产管理规模猛增至 8670 亿元，同比增长 204%。

量化策略已经成为全球证券投资的主流策略之一。私募基金比公募基金发展更快。对于公募股票型基金，我国证监会要求股票仓位不能低于 80%，无论是在牛市还是在熊市。但是，私募基金可以选择在二级市场行情不好的时候空仓，灵活很多。

---

① 勒夏特列原理(Le Chatelier's principle)，又名化学平衡移动原理，由法国化学家勒夏特列于1888年发现，其具体内容为：如果改变可逆反应的条件(如浓度、压强、温度等)，化学平衡就会被破坏，并向减弱这种改变的方向移动。

1.3.4　经典多因子量化三要素

因子投资通常是量化投资机构的主力策略。

各家量化投资机构的策略大同小异，区别在于算力和因子不同。算力不同会导致交易程序的低延时程度不同；风险因子和因子群（因子组合）不同决定了策略的收益不同。

多因子投资由算力、算法和因子群三个要素构成，如图 1-3 所示。

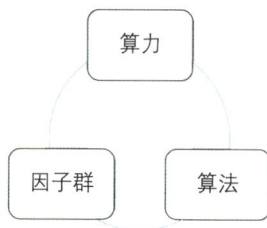

图 1-3　量化投资三要素

1.3.5　多因子投资拓扑结构

量化投资利用数学和计算机进行决策和交易。量化选股是量化策略里经常使用的策略，该策略通过算法不断挖掘因子，然后将因子组合形成**"因子群"**（也叫"因子组合"），并能按次序输出股票清单，满足这些因子群的股票按照权重逐个自动被程序买入，原有不满足"因子群"的股票则被系统自动卖出。

所谓因子，就是能够对不同资产的收益率进行解释的特征和特征值，比如高换手率对于流动性的影响；再如每周四 A 股下跌概率更高一些；又如个股利空出来之后，大概率不会只下跌一个交易日，会有多个交易日的下跌才可能利空出尽……**这些结构性或者非结构性的信息都可以通过大数据洗涤，转化成"因子"。计算机利用因子组合形成投资策略，再以不同权重叠加（信号融合）的方式，使多个策略共同构成一只基金的量化策略。**

常见因子分类和特征如表 1-5 所示，建议读者认真阅读，以理解运用。

表 1-5　常见分类因子和特征

序号	因子分类	特征描述
1	情绪因子	聊天笑脸及哭脸数量、VIX 恐慌指数、热搜、全民上网总时长
2	价值因子	市盈率（动态、静态）、市净率、现金流、应收应付账款等财务指标

（续表）

序号	因子分类	特征描述
3	成长因子	行业景气度、过去三年净利润、营业收入的复合增长率
4	动量因子	股票涨跌的力量，过去一定时间内的加权平均涨幅，判断趋势是否确立
5	一致预期因子	机构评级数量的中位数或平均数
6	波动率因子	如果股票的波动率低，它后续往往会上涨
7	流动性因子	如果股票的换手率低，它后续往往会上涨，缩量筑底
8	资金流因子	北向资金、主力机构资金和大股东资金持续流入，往往会上涨；反之会下跌
9	资本结构因子	流通市值对涨跌幅度有显著影响，热门小盘股容易被基金暴力拉升或接盘
10	板块因子	权重股上涨，往往整个板块的股票都会上涨
11	盘口因子	十档盘口上，如果买挂单比卖挂单强势，短期可能会上涨
12	宏观经济因子	CPI、PPI、LPR 、PMI①、社融、固定投资等与股市行情也有关系
13	市场因子	大盘暴涨，个股也跟着上涨，大盘是不同资产的共同驱动因素
14	风向因子	1 ～ 10 元低价股持续上涨，"低股价幻觉"表明散户入场
15	人口因子	男性股民换手率高于女性股民，老股民换手率低于新股民

　　所有多因子投资的框架都是大同小异的，分为策略、因子、股票三个层次（见图1-4)，因子策略几乎没有区别。

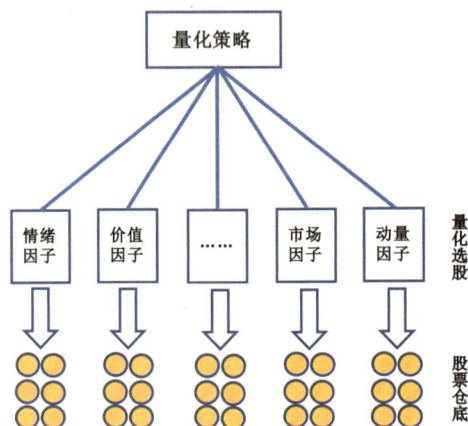

图 1-4　多因子量化模型框架

---

① CPI(consume price index，消费者物价指数)；PPI(producer price index，工业生产者出厂价格指数)；LPR(loan prime rate，贷款基础利率)；PMI(purchasing manager'index，采购经理指数)。

法马 (Fama) 和弗伦奇 (French) 在 1993 年提出建立三因子模型来解释股票回报率，这三个因子分别是市场资产组合因子、市值因子、账面市值比 (也就是常见的市净率倒数) 因子。三因子模型虽然经典 (亦老生常谈)，但是仍然无法解释一部分 α 超额收益，所以后来被挖掘出的因子越来越多，表 1-5 列举的因子仅是常见因子。2015 年，WorldQuant 发表论文 *101 Formulaic Alpha*，该论文给出了 101 个基于算法生成的 Alpha 因子，并且大部分因子至今仍在使用。如今，在一些量化平台上，因子已经多达几千个。

还有一种比较有特色的因子——反转因子。全球股市中普遍存在动量反转，A 股市场在短期、中期、长期也是存在反转效应的，且中短线尤为显著。表 1-5 中的换手率、成交金额、市盈率等可以被划分为"反转因子"。比如 2020 年 4 月，部分可转债证券的换手率和成交金额大幅走高，市场炒作特征突出，这时候大概率会出现市场反转；再如市盈率 60 倍的时候，通常股价上涨最为迅猛、整个市场情绪最为乐观，这时候大概率也会出现反转。传统金融学认为，动量反转效应是数据偏差和传递信息不及时导致的结果；而行为金融学倾向认为，动量反转效应是投资者的心理和行为带来的反刍影响。

因子之所以越来越多，是因为越来越多的投资机构使用相同的因子，导致因子赚钱效益下降，这叫"因子内卷"，投资机构被迫不断开发新的因子；相反，如果大家都没使用早期的因子，那么因子效果反而很好。因此，**因子开发也是一种轮回，因子的有效性也有周期**。因子本身不会失效，各个量化机构之间的因子碰撞导致因子失效。

小规模因子 (比如非金融领域的特色因子) 失效是正常现象。挖掘新的因子，不断取代效率下降、失效的因子，以及把已经失效的因子再组合起来验证市场效果，是量化团队的主要工作。但是，大规模因子失效 (比如市场因子，指数涨但个股不涨) 或者数学模型失效，通常是由市场风格短期剧烈变化导致管理人措手不及或者模型因子迭代周期过长造成的。

1.3.6 算力与 tick 颗粒度

算力指的是服务器集群的计算能力。服务器集群包括各类 CPU 和 GPU 处理器 (用于训练图像或者输出图像)、高速专用网线 (应对换手率高)、UPS 断电保护装置等。一些证券投资机构把服务器托管到国内的证券及期货交易所并且互联，以提高交易和信息更新速度。现在的市场，tick 颗粒度已经足够精细化，常用 tick 量级不再是秒级，而是毫秒级、微秒级和纳秒级等。例如外资基金在期货交易中的延时可以达到纳秒级，中资基金在交易中的延时可以达到毫秒级。金融市场是典型的信息差市场。

股票交易所行情分成 Level-1 和 Level-2 两种。其中，Level-1 称为行情快照，上交所和深交所每 3 秒生成一张行情快照，普通投资者一般看行情快照进行交易，交易信息相对滞后，普通投资者看到的价格和成交价格经常有差异。Level-2 行情是交易所推出的实时行情服务，包括十档行情、买卖队列、逐笔委托、委托总量、加权价格等数据。Level-2 行情信息传输速度极快，外资、内资投资机构都可以实现毫秒级信息传输，实现高、中、低频下各类交易策略的极速运算和低延迟下单。

"大数据"这个概念方兴未艾之际，国内外很多专家和学者都对"大数据"进行定义，并描述其特征。比如数据规模达到 1T 的才叫"大数据"，并且具有"4V"或"5V"特点。笔者始终认为，**大数据的本质是信息链接，链接到一定程度便会产生质变**。大算力平台能高速并行处理各类大数据。

1.3.7　算法暴力会人为造成服务器"燃料"短缺

AI 算法不仅决定了策略的准确性和算法运行的时间，也会在很大程度上决定硬件投入的成本。

随着大算力平台集群不断涌现，IT 和算法开发的技术人员在**一定程度上倾向使用暴力搜索寻找最优解**，代价便是投入更多的钱，对 CPU、GPU 和网络带宽都提出了挑战，一些场景下会造成资源的重大浪费，这也是量化机构不断部署算力服务器的原因之一。而服务器集群的购买、运维、防灾变成本很高，会损失投资机构不少净利润，这会人为造成"燃料"(数据、算力、功耗)的供不应求，因此没有可持续性。反过来，**先进的 AI 算法能大幅度节约资源——不仅可以提供强大的 AI 算力，而且具有低功耗的特征**。

下面以设计并成功流片一款手机 SoC 芯片为例。实际上，造出一枚算力强大的芯片并不特别复杂。那么，芯片技术究竟难在哪呢？难在芯片需要受到功耗的制约，并不是堆料就可以解决的。比如智能手机的 5G 基带芯片，你不能使用一两个小时就要充电吧，那用户体验得多差！所以芯片技术高低差异在于，既要实现高算力，又要实现低功耗，同时还要求尺寸不能太大，要不然手机里放不下，也就是 PPA 原则——performance(性能)、power(功耗)、area(尺寸)。一言以蔽之，既想要马儿跑得快，又希望马儿少吃草。

需要特别说明的是，算力服务器集群并不能总是通过添加硬件来解决所有算力的需求，无法突破冯·诺依曼架构的瓶颈——高速处理器与数据 I/O 带宽间的不平衡，高速处理器和低能效比存储之间的不平衡。

此外，无止境地添加算力服务器集群，大量排放的二氧化碳会加剧地球温室效应，这是全球各行各业都面临的环保问题。

1.3.8　量化策略能盈利的底层逻辑

沪深 300 指数 2021 年下跌 5.2%，但是同期量化策略投资平均浮盈 16%，大幅领先业绩基准。市场的赚钱效应进一步加速了量化策略的崛起。

量化投资为什么能够盈利？一是因为金融市场的弱有效性带来投机空间和投资机会，这是赚钱的保证；二是因为统计学大数定律的有效性；三是因为基于行为金融学，交易对手群体规律可刻画。量化投资的盈利来源如表 1-6 所示。

表 1-6　量化投资的盈利来源

序号	盈利来源	底层逻辑
1	金融市场的弱有效性	CAPM(资本资产定价模型) 定价扭曲、滞后
2	通过大数定律发现价值	相信大概率会发生以及投资者会持续做出相同的决策
3	行为金融学	① 大数据蕴含人的丰富属性和心理动态 ② 股票交易是一种撮合交易，买卖成功说明双方意见有分歧

知名风投基金 Andreessen Horowitz 的创始人之一马克·安德森曾说："我们会把现实世界所有现存的信息全部搬到这个虚拟世界上来，就好像是一个永久运作的模拟环境一样，不过是以软件的形式。在现实世界之上，我们可以将这个模拟环境与现实世界同步，如果你想知道现实世界的状况，随时都可以，因为信息已经存在虚拟层那里了。一切都在数据库里面。"

人类发展的尽头到底是虚实共生，还是星际文明，我们姑且不论；仅在现实世界，"一切都在数据库里面"的现象比比皆是。例如，从高净值人群聚集的别墅区垃圾堆中提取各种垃圾物体的二维码，便能分析出别墅区富人的消费行为，然后将其撰写成分析报告并卖给咨询公司或者各种供货商。再如，可以尝试建立一个数据模型，只要输入某处房产所在的确切位置，数据模型就能依据土地规划、宏观经济、人口增长、行政地位、空气及水环境、教育资源、医疗资源等数据，自动估算出未来该处房价的增长速度，这是一个很有价值的学术研究课题。又如，国外零售行业可以根据订单数据来辨识哪些人是孕妇，从而进行定向营销。

1.4　什么是 AI 量化投资

1.4.1　AI 量化投资与量化投资的本质区别

AI 量化投资与量化投资相比，两者有本质区别。

区别之一是行动价值。AI 量化投资与量化投资相比，前者侧重大部分情况下**计算机程序的自动化交易**，本书后续有专门章节讲解 AI 量化交易系统是如何接入各大券商交易系统的。而常规的量化策略侧重量化选股层面，并不支持程序自动化交易，主要依赖基金经理的指令手动买卖。

区别之二是发现价值。传统量化策略不依靠 AI 算法，单凭统计学理论就能按照因子组合对股票进行分级和评分，得出买卖股票的代码和权重，依次买卖完成交易。AI 量化投资的另外一个核心标志是 **AI 算法，核心在于智能算法的结构设计**。AI 算法是 AI 量化投资领域的核心生产资料，AI 机器学习能发掘很多因子，其效率远远高于人工。

区别之三是迭代进化。AI 有自动化的纠正机制，能不断自我学习和迭代。但是，常规量化策略多数是没有纠正机制的（如果基金投资经理不主动对量化策略进行手动升级的话），就像农民一辈子种地，一辈子可能都是农民，因为它没有修正机制，用数学语言表示就是 $1^{365}=1$。从这个角度来说，量化策略能运行得更有效，AI 量化策略能跑得更远，风物长宜放眼量。

从定义上看，量化策略的范畴更广，AI 量化策略是量化策略的一个专业分支。

1.4.2　收益与高流动性显著相关

符合大数定理的交易方式才能在量化交易中显示优势。因此，在高频交易领域，机器人自动量化交易的胜率更高，那么根据公式 (1.1)，AI 量化收益必然更高。

$$量化收益 = 交易次数 \times 胜率 \times 平均盈利水平 - 交易次数 \times 败率 \times 平均亏损水平 \quad (1.1)$$

从过往投资经验来看，AI 机器人在高换手率方面优势突出，尤其在股票择时方面。

A 股市场有鲜明的特色：

- A 股的高波动性，决定了进、出场时点的不同对投资结果产生巨大影响。
- A 股的齐涨共跌，决定了大多数投资者赚了钱或者亏了钱，都是因为市场。
- A 股的熊长牛短，决定了提前埋伏仓底、持续降低持仓成本在大的投资逻辑上是明智的。投资收益丰厚程度取决于持仓成本与卖出价格之间的剪刀差。

相比 AI 机器人的中高频自动化交易，基金经理如果采用主观择时则稍逊风骚——这种主观的择时"信号"势必会叠加到投资策略上，让投资结果充满不确定性，包括业绩归因不可解释性、择时信号的不可再现性以及业绩回报的不一致性。而且越高频，手动交易的操作性越差。

若市场行情或者交易对手不符合大数定理，特别是行情暴涨暴跌，机器预测就会措手不及，出现大幅亏损。2021 年底，A 股行情骤变。2022 年第一季度，公募主动量化基金收益率中位数为 −13.63%，平均值为 −13.45%，私募证券量化产品的收益也大抵相当。若拉长期限，2022 年整个上半年，公募及私募量化基金的业绩更是惨绝人寰。

当然，国外优秀的量化对冲基金也不例外。2020 年，闻名遐迩的"量化之王"文艺复兴科技公司旗下的基金——多元化阿尔法基金 (renaissance institutional diversified alpha fund) 亏损约 33%，多元化全球股票基金 (renaissance institutional diversified global equities fund) 亏损约 30%，股票基金 (renaissance institutional equity fund) 下跌了 22.62%，该基金在 2007 年 5 月至 2009 年 4 月的下跌幅度高达 35.73%。

AI 算法目前用在短线交易中效果较好，中长线效果有待提升，具体原因笔者在"1.3.2 主观投资与量化投资"中解释过，作者再啰嗦一遍：金融数据是时序数据，短线在动量上有连贯性；若周期拉长，对行情的预测就不太准确。笔者研究 AI 算法十几年，有一个感悟：**凡是人都没办法判断的东西，机器更没办法判断，所以不能盲目迷恋 AI 技术**。投资很多时候并不复杂，只需依据常识和客观规律进行投资，AI 算法的本质是对投资常识和规律进行总结。

偏股型基金相对股票而言，多数是在一揽子股票外面封装了一层策略。基金一般都有明确的投资策略，但是相对股票而言，实际上投资者距离基金底层资产更远，所以挑选基金肯定不能基于基金的成分股，而只能基于基金管理人。个人投资者在一定程度上倚重基金经理的专业度，本质上是因为投资工具的缺失，所以，AI 量化投资必是未来资本市场的发展趋势之一。

此外，基金业绩表现优秀与投资者赚到钱之间是弱相关的，因为投资赚钱多少取决于持仓成本与抛售价格之间的"剪刀差"大小，而对于基金经理而言，基金没有赎回的概念，只要不清盘，基金会一直存在，所以能赚到钱的投资者自身的专业性也是不容小觑的。但是投资者亏损与基金业绩下跌是强相关的，多数投资者的亏损源于基金下跌之际的持续补仓。

1.5　AI 用于投资策略的三项前提条件

我们已经知道，AI 量化投资与常规量化投资有很大的不同。负责策略开发的专业投资经理理解"AI 算法底层逻辑是什么"同样很重要。

在 AI 算法与投资策略相结合的过程中，产生超额收益的丰厚程度，取决于 AI 算法团队和策略开发团队是否都对 AI 量化投资有全局维度的认知。AI 算法团队与策略开发团队的简单合作，是不能把 AI 量化投资的优势发挥到极致的。真正的跨越式创新是从底层创新，不是集成式创新。

AI 算法有明确的适用场景。策略拥挤会导致策略失效，超出场景，量化策略也会失效。下面笔者以人工神经网络为例来说明其量化应用的场景。**要想用好神经网络，投资场景必须具备三大前提条件。如果不符合前提条件，量化策略的实用效果很差。**技术先进性和投资回报并重，才是 AI 量化策略的精义之所在。

第一个前提是历史可以再现。

如果未来出现的投资行情在过去的网络训练样本中不曾出现过，那么使用神经网络就具有一定的局限性，包括无导师的深度学习神经网络，目前都有局限性，并不具备发达的泛化推理能力。

所以，如果不具备这样的条件，AI 量化投资就是一个噱头，方便营销部门募集资金而已。投资实践中，AI 算法团队以为解决了基金经理的策略需求，而基金经理又认为 AI 技术能代替基金经理，真实情况是谁也没有完全理解对方。

第二个前提是行情发展或者数据之间要有惯性。

比如单个交易日的股价走势，在盘中出现拐点之前，持续买入或者卖出，统计数据显示，根据动量反转判断的胜率能在 70% 以上，行情是存在关联性和连续性的。假如突然出现"黑天鹅事件"[①]，行情反转，上一秒和下一秒的股价走势就不存在任何关系了。这也是为什么一旦资本市场出现流动性缺失、板块轮动频繁、小概率的极端情形就可能会使量化策略失效。如果能深度理解 AI 算法的底层原理，就能更好地进行风险管理。在第 8 章 "大规模神经网络及股票非量价复合策略"里面会讲到，AI 和人脑是没有相似性的，两者逻辑不同。

第三个前提是慎用小数定律属性的数据维度。

我们知道统计学有一个著名的"大数定律"，简单来说就是，样本数量越大，

---

① "黑天鹅事件"是指难以预测，但突然发生时会引起连锁反应，带来巨大负面影响的小概率事件。它存在于自然、经济、政治等各个领域，虽然属于偶然事件，但如果处理不好就会导致系统性风险，产生严重后果。

越接近事情的真相，但是在一些决策场景下，大数定律也是无能为力的。例如，调研 20 ～ 30 岁女性的个人喜好，这项问卷调查的样本无论有多少，调查结论的可靠度收敛在 50% 附近。年轻女性的主观所想怎么能调查出来呢？即便问卷样本再多，也不大可能通过样本估计或者洛伦兹曲线的方式得出结论，这就是"小数定律"。为了方便读者理解，这只是打了个比方，实际上在投资领域，"小数定律"时时处处存在。

依据常识，黄金价格与 VIX 恐慌指数是有关联的，但是如果量化 VIX 恐慌指数与金价之间的各种关联程度，是没法办到的。我们经常在大数定律的潜意识支配下游走于小数定律之间。

股票技术分析派系里，压力线和支撑线在一定程度上具有心理暗示的作用，各种图形出现的可能性都是存在的，从历史行情中提炼普遍规律是件很困难的事，要发现 10 个以上的相同样本很难。目前 AI 机器学习的前提是数据庞大且具有多维性。结果就是大家总是以指数的整数位作为心理底线，比如上证综指在 3000 点以下，个人投资者、机器挖掘出的因子都倾向认为这时的 A 股是价值洼地。市场对指数点位的判断就是一个情绪波动的正态分布，情绪平均数、中位数、标准差、索提诺比率，随着大盘涨跌而漂移。

个股基本面分析也充斥着小数定律，典型表现就是在股票优选策略中，试图发现第二个腾讯、第二个比亚迪、第二个小米、第二个茅台、第二个招行、第二个苹果、第二个特斯拉、第二个谷歌、第二个微软、第二个阿斯麦，行业深度分析是徒劳的。这些公司的成功本来就有其独特的不可复制的因子，具有很大的偶然性，特别是企业家精神——巴菲特尤其看重这一点，而对于这一点，难以在数据信息里挖掘出相应的因子，无法筛选出其他潜力股。

这就是为什么尽管量化策略使用的分析样本十分庞大，其胜率永远不可能逼近 100%，甚至超过 50% 都是奢望。如果历史证券样本图像的抽象程度有偏差，或者出现情绪因子偏差（当然，理论上有效市场情绪因子的大数据服从"幂律分布"），从量化最终结果看，准确率还不到 50%——抛掷硬币胜率与量化胜率不相上下。

有人说证券分析就像拼图游戏。面对复杂的证券市场，我们把复杂的现象抽象化、数据化，寻找有限样本之间的共同点和细微差异，但是须时刻提防小数定律悖论。为此，**将 AI 算法技术与金融投资策略相结合是本书的初衷、使命和特色，两者融会贯通才能把 AI 量化投资理解通透。**

IT 工程师不需要完全理解投资策略，基金经理也不需要完全掌握 AI 算法中的复杂数学公式，毕竟术业有专攻。一般而言，**掌握任何一个领域 60% 的知识**，理解起来就不会有太大的障碍，基本就能纵观全局了。

第 2 章　量化实践

　　量化投资方法论让金融学摆脱了早期模糊的"文学性"特征，量化策略也让投资者和投资机构避免了完全依靠直觉做判断的风险。虽然直觉这种快速的决策方式给我们的决策带来了极大便利，但与此同时也会造成很多错误的后果。

　　领略过量化思想之后，本章介绍三个难度不大的量化实践案例，作为引子，由浅及深开启本书分析"AI 量化投资"的序幕。这三个量化实践案例分属量化的三个层面，分别是资产组合投资、定投策略钝化的计算机模拟和高时间分辨率交易。

2.1　定量设计现金管理方案

　　(1) 如果有三种投资方案，你会选择哪种？

- 第一种，100% 投资股票。
- 第二种，100% 投资债券。
- 第三种，50% 投资股票，50% 投资债券。

大部分人会选择第三种投资方案。

　　(2) 三种方案改变一下，你会选择哪种？

- 第一种，100% 投资债券。
- 第二种，100% 投资货币基金。
- 第三种，50% 投资债券，50% 投资货币基金。

实践表明，大部分人还是会选择第三种投资方案。

　　(3) 如果投资品种更加多样化一些，你会选择哪种？

- 第一种，100% 投资债券。

- 第二种，100% 投资货币基金。
- 第三种，100% 投资股票。
- 第四种，1/3 投资债券，1/3 投资货币基金，1/3 投资股票。

大部分人会选择第四种投资方案，主要因为社会经验——鸡蛋不能放在一个篮子里，分散仓位就是分散风险。然而，**这种 N 类资产，按照仓位比例，基于算术平均 $\frac{1}{N}$ 的方式进行资金分配，其实是错误的**，因为这跟分摊风险几乎没有关系。

最简单且相对科学的方式是拥抱风险敞口，因为风险与收益是镜像关系，应根据自己的风险承受能力将不同仓位的资金分配到不同种类的资产上面。另外一种方式是风险均衡，比如"股债平衡组合"。

根据图 2-1(数据来源：中证指数官网) 可以计算出上证股票指数的年化波动标准差是中证国债指数同期波动标准差的 12.29 倍，且两者之间的线性相关系数为 −0.19，线性不相关 (第 3 章有详细介绍)。所以在"股债平衡"组合成分中，国债指数基金仓位应设置为 92%，上证 50 指数基金仓位应设置为 8%。理论上，这个组合能较好地分散风险。如果投资者风格稍微激进一点并能承受对应的风险，可以把国债仓位设置为 80%，上证 50 仓位设置为 20%，整个组合的进攻性就会更强一些，风险自然也会随之增加。

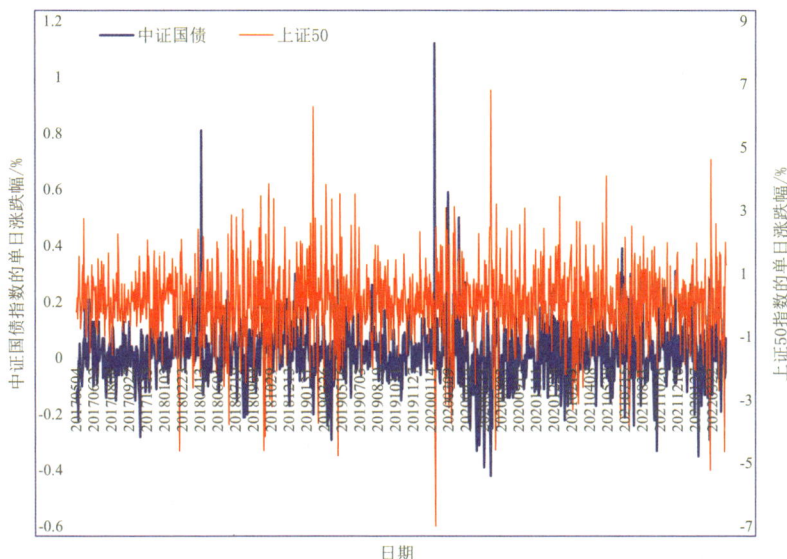

图 2-1　2017 年 5 月 4 日至 2022 年 4 月 29 日中证国债指数和上证 50 指数单日涨跌幅

按照相同的思路，我们可以设计一套现金管理方案，可以用绝大部分资金购买货币基金，用小部分资金购买超短债或对应基金，用极少量资金购买纯债或对应基金，按照三种资产的风险程度反向设计仓位比例 (亦即"风险平价理论")。理论上，三种资产组合在一起的"超级基金组合"几乎不可能出现亏损。不过，几乎不亏损也仅仅存在于投资理论上，**而实际市场上任何风险都有可能出现。**

2.2 基金科学定投

2.2.1 蒙特卡罗模拟的原理

蒙特卡罗 (Monte Carlo，MC) 方法源于第二次世界大战中研制原子弹的"曼哈顿计划"。该计划的主持人之一、数学家冯·诺依曼用驰名世界的赌城——摩纳哥的Monte Carlo——来命名这种方法。MC 方法是一种基于"随机数"的计算方法，能够比较逼真地描述事物的特点及物理实验过程，解决一些解析方法难以解决的问题，是应对许多复杂的随机系统建模的不二方法。

MC 方法的雏形可以追溯到 19 世纪后期的蒲丰 (Buffon) 随机投针试验，即著名的蒲丰问题，这是古典概率中的一个重要问题，即通过将针投到地面并计算其频率，再结合已知的函数关系式确定圆周率π的值，该试验的历次结果如表 2-1 所示。

表 2-1 蒲丰随机投针试验的历次结果

实验者	年份 / 年	投针次数 / 次	π的实验值
沃尔弗 (Wolf)	1850	5000	3.1596
史密斯 (Smith)	1855	3204	3.1553
福克斯 (Fox)	1894	1120	3.1419
拉查里尼 (Lazzarini)	1901	3408	3.1415929

笔者沿用古人的思路，利用计算机产生随机数，然后应用蒙特卡罗模拟的原理再现π值测算过程。首先在一个长宽各为 1 的正方体内画一个以坐标原点为圆心、半径为 1 的 1/4 圆，如图 2-2 所示。

显然，图 2-2 所示正方形 *A* 面积等于 1，1/4 圆和横纵坐标轴合围区域 *B* 的面积等于 π / 4，这两个区域面积之比等于 π / 4。笔者使用计算机产生 [0，1] 区间的均匀随机数，然后统计随机数落在区域 *B* 内的概率与随机数落在正方形 *A* 内的概

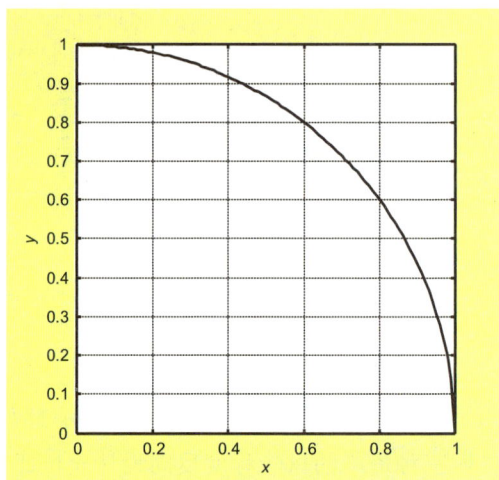

图 2-2 正方体内嵌套 1/4 圆

率之比是否等于 π / 4。如果试验次数足够多的话，可以不断逼近圆周率 π 的理论值，模拟结果如表 2-2 所示。

表 2-2 随机数数量与 π 值

序号	计算机产生随机数数量	π 值
1	1 000 000 000	3.141647496000000
2	20 000 000	3.14151500000000
3	10 000 000	3.14204320000000
4	5 000 000	3.14109760000000
5	1 000 000	3.14128000000000
6	500 000	3.13728800000000
7	100 000	3.14492000000000
8	10 000	3.16880000000000
9	1 000	3.17600000000000
10	100	3.00000000000000
11	10	1.20000000000000

在现代社会，高精度地计算 π 值已不是难事。2010 年 1 月，法国人法布里斯·贝拉尔用计算机推算出 π 小数点后 2.7 万亿位，其值需要占用 1000GB 的硬盘，下载它需要 10 天，朗读一遍需要 4.9 万年。以精确到小数点后 11 位的 π 值计算地球的圆周，误差为毫米级。以精确到小数点后 46 位的 π 值就能计算出人类已知宇宙的周长。计算 π 值是一种测试计算机新程序或者新性能的理想方式。

通过以上计算圆周率 π 值的范例，我们掌握了蒙特卡罗模拟的原理——蒙特卡罗模拟就是不断发射随机数去"猜测"问题的答案。"猜"对了就停止发射随机数，"猜"错了继续发射随机数探索最优解。表 2-2 告诉我们，蒙特卡罗模拟次数与寻找到最优解的概率并不是同步线性增长的。

2.2.2 误差分析

根据 2.2.1 节的知识介绍，我们知道蒙特卡罗模拟在解决实际问题时存在误差。本节针对误差机理进行理论阐述。

把 n 次独立实验中事件 A 出现的频率 $\dfrac{k_n}{n}$ 作为 $p(A) = p$ 的估计，即

$$\hat{p} = \frac{k_n}{n}$$

我们现在考虑实验次数 n 多大时，对给定的置信度 $1 - \alpha (0 < \alpha < 1)$，估计精度达到

ε，即 n 取多大值时

$$P\left\{\left|\hat{p}-p\right|<\varepsilon\right\}=P\left\{\left|\frac{k_n}{n}-p\right|<\varepsilon\right\}>1-\alpha$$

假设 n 次独立试验中 A 出现的次数 $k_n \sim B(n,p)$，由中心极限定理知

$$P\left\{\left|\hat{p}-p\right|<\varepsilon\right\}=P\left\{n(p-\varepsilon)<k_n<n(p+\varepsilon)\right\}$$

$$=P\left\{-\frac{n\varepsilon}{\sqrt{np(1-p)}}<\frac{k_n-np}{\sqrt{np(1-p)}}<\frac{n\varepsilon}{\sqrt{np(1-p)}}\right\}$$

$$\approx \Phi\left(\frac{n\varepsilon}{\sqrt{np(1-p)}}\right)-\Phi\left(\frac{-n\varepsilon}{\sqrt{np(1-p)}}\right)=2\Phi\left(\frac{n\varepsilon}{\sqrt{np(1-p)}}\right)-1$$

$$令\ 2\Phi\left(\frac{n\varepsilon}{\sqrt{np(1-p)}}\right)-1>1-\alpha\ 或\ \Phi\left(\frac{n\varepsilon}{\sqrt{np(1-p)}}\right)>1-\frac{\alpha}{2}$$

我们很容易知道上述临界值 Z_α 的大小，令 $Z_\alpha=n\varepsilon/\sqrt{np(1-p)}$，解出

$$n=\frac{p(1-p)}{\varepsilon^2}Z_\alpha^2\ 或\ \varepsilon=Z_\alpha\sqrt{\frac{p(1-p)}{n}} \tag{2.1}$$

依据式 (2.1)，并结合统计学原理，笔者罗列了蒙特卡罗模拟误差的特点。

- 由大数定律可知，当 $n\to+\infty$ 时，样本的数学平均值等于随机变量的数学期望，所以经过多次蒙特卡罗模拟的结果可以看成问题的近似解。
- 蒙特卡罗方法的误差为概率误差，这与其他数值计算方法不一样。
- 误差中的均方差是未知的，可以使用其有限样本进行估计。
- 对于给定的置信度和模拟结果精度要求，实验次数增加两个数量级，模拟结果精度增加一个数量级，两者精度并非线性关系。
- 对于给定的置信度和模拟结果精度要求，估计的均方差的减小幅度与模拟准确度成正比，比如均方差减小 1/4，则模拟结果误差相应减小 1/4。
- 计算机产生的随机数很难是严格意义上的随机数，这也是妨碍蒙特卡罗模拟精准度的因素之一。
- "伪随机数" 定义：以一个真随机数 (也叫随机种子，一般以当前的系统时间作为随机种子) 作为初始条件，然后用一定算法不停迭代产生数值。这些既具有种子随机性又具有迭代算法规律性的相对随机的数值称为伪随机数。
- 计算机实际执行静态蒙特卡罗模拟运算时速度缓慢，可以采用动态蒙特卡罗模拟 (markov chain Monte Carlo，MCMC)，MCMC 还可以根据需要产生复杂的随机数。

此外，在上述关于计算机模拟推导圆周率 π 的范例中，也可以通过求出 1/4 圆和坐标轴合围区域的面积，也就是运用 MC 求解一重定积分来求出 π 值 (仍然是蒙特卡罗模拟的思想)。基于 MC 求解 π 值的随机数的生成方式尽量使用 "重要度采样法" ——

随机数的分布密度的形状应该与被积函数一致——可以有效保证结果的准确性。

需要特别注意的一点是，在蒙特卡罗模拟中，随机数的采样方式直接关系到计算机模拟的准确度以及时间开支，且在同等寻找最优解的前提下，选用不同随机数采样方法，耗费的时间具有天壤之别！

2.2.3　定投钝化

基金定投是传统、经典且相对而言风险低于一次性重仓权益类资产的投资方式。**广义的定投形式有很多，比如按年购买医疗保险、零存整取、机构投资者股票多头分批建仓等，都可以看成定投的一种。**

关于传统的基金定投理论，此前一直有一个争论：到底定投多长时间比较合适？有人认为一到三年比较合适，有人认为四五年比较合适，还有人认为基于特定场景下的定投 (比如儿童教育基金) 就应该一直进行下去。

笔者运用蒙特卡罗计算机模拟的方法，在不同基金净值、不同定投频次的情况下，对累计定投的基金持仓平均成本的变化趋势进行了观测，MC 多次模拟后基金持仓成本曲线如图 2-3 所示。

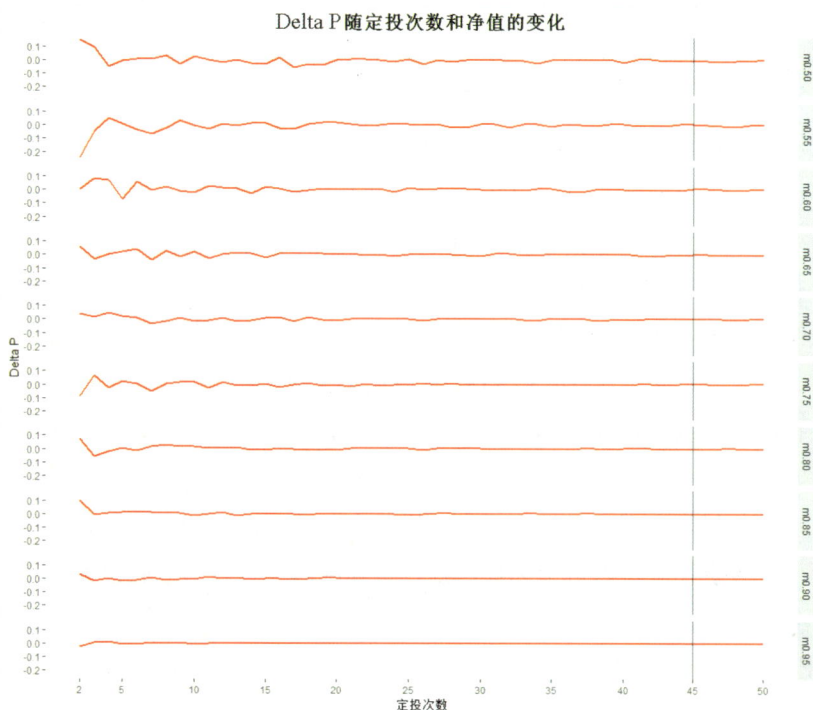

图 2-3　MC 多次模拟后基金持仓成本曲线

从图 2-3 可以很直观地看出来，**定投与绝对的时间长短没有任何关系，只与定投频次有关系**。观测计算机模拟在不同约束条件 (净值，频次) 下的定投行为可以得出，当定投行为超过 45 次，只要还没有相应增加后续的每次定投金额，定投对于改善整体基金持仓成本的作用微乎其微。

我们都知道一个投资常识，投资尤其是证券投资能否盈利不在于目前行情是不是牛市或者股市是否持续猛涨，而取决于资产的平均持仓成本与当前资产的价格"剪刀差"的大小。当你的持仓成本无法通过再次定投的方式逐渐拉低的时候，理性投资决策应该是不再定投或者改变定投形式 (比如增加定投资金)，否则定投的意义和价值就不大了，单纯变成了"专款专用"，比如教育基金。

蒙特卡罗模拟在量化投资方面应用很广泛，比如使用蒙特卡罗方法模拟障碍期权的定价等。

2.3 时间分辨率为何深度影响投资收益率

2.3.1 时间分辨率

投资领域有一个很有价值的问题：高频秒级交易的收益率会不会远大于按年投资的收益率？我们就此"猜想"进行定量计算与论证。

假设用 1 元钱投资一年后，固定年化收益率是 100%(收益率不是真实的，仅是为了计算方便)，并且投资是计算复利的，则一年后的收益为

$$(1+100\%) \times 1 = 2(元)$$

如果把年化 100% 收益分成两个半年投资，则每半年投资的收益率折算成 50%，到期后继续进行半年期投资，同样计算复利，那么一年后的收益为

$$(1+50\%) \times (1+50\%) = 2.25 (元)$$

如果按照每季度进行投资，每个季度的收益率则为 25%，同等条件下收益为

$$(1+25\%)^4 = 2.4414 (元)$$

通过上面的投资案例可以得出：在总投资金额不变，且约定的年化收益率不变的情况下，假设投资期限可以自主选择，则投资期限越细分，所获收益就越多。这样的规律是否会普遍存在呢？

我们还是基于上述同等条件，按"天"进行投资，在不考虑工作日的情况下，则年化收益折算成每日收益为

$$100\% \div 365 \approx 0.27397\%$$

则一年后的收益为

$$(1+0.27397\%)^{365} \approx 2.7145 \text{ 元}$$

那么，如果再精细一点，不是按"天"来投资，还是同等条件，按照"小时"进行复利投资，投资收益会不会继续增加呢？

$$[1+100\% \div (365\times24)]^{365\times24} \approx 2.7181 \text{ (元)}$$

同理，假如我们按照"分钟"进行投资呢？其他条件仍然不变，则

$$[1+100\% \div (365\times24\times60)]^{365\times24\times60} \approx 2.718\,279\,242\,666\,355 \text{ (元)}$$

我们索性按照"秒"进行投资，同等假设条件下，则理论上一年后的收益为

$$[1+100\% \div (365\times24\times60\times60)]^{365\times24\times60\times60} \approx 2.718\,281\,778\,468\,997 \text{ (元)}$$

2.3.2　投资时间颗粒度与复利理论最大值

如果投资时间可以无穷尽地细分下去，同等条件下的投资复利是否会一直上涨呢？毕竟在技术上，现在证券交易速率甚至能达到毫秒、纳秒级别。

答案是：不会的。

即使按照复利投资的收益规则，在总投资金额、年化投资回报恒定的情况下，即使投资期限可无穷尽地细分，投资 1 元钱的回报也不会超过

$$\lim_{n\to+\infty}(1+\frac{1}{n})^n = e \approx 2.718\,281\,828\,459\,045$$

这是理论值——该结果最早由瑞士著名数学家雅各布·伯努利在 1690 年发表，他指出一笔钱存入银行到期后，本息加在一起作为新的本金，还按原来的收益率续存在银行，相等时间区间内，盈利并不会达到无穷大。1690 年，伯努利给出的 e 估计值，仅能计算出小数点后一位，现在已经能将 e 计算到小数点后 10^{12} 位以上了。

这个演示案例在量化投资实践中，具有非常深远的意义。

(1) 上述投资案例中，通过计算得知，在理想情况和同等条件下，按"秒"投资与按"年"投资的方式相比，理论上收益率竟然高出 35.91%，是不是很震惊？是不是跟主观想象的完全不一样？而这个微小细节的改变，往往容易被忽视。量化投资思想跟传统投资思想不太一样，量化投资遵守集腋成裘的理念。不过，因为在投资实践中，收益率相对恒定几乎是不存在的，所以现代投资只能借鉴其思想，不明就里地完全复制其投资策略，大概率是徒劳无功的。

(2) 对于现金发放的股利或者基金红利，若选择追加投资的方式，在资金规模较

大的情况下，能增加不少收益。按"秒"投资策略的先进性在于，把本金之外的收益及时地提取出来作为新本金，继续进行投资，**本质上形成了无穷多个稳定的固定收益流**；而按"年"投资则是一年到期后，才能把收益作为资本金追加投资，输在无形的时间上。这条定律还能用在投资的很多细分领域，比如资金拆借，表面看起来拆借的年化利率成本不高，但是若资金专注短期拆借，并且还能动态循环，那么收益率会高出市场很多，玄机就在于此，任何固收投资或者收益率属于"固收＋"模式的投资，如 LPR＝ MLF＋ 浮点①，都可以参照这个思路，适用范围很广。所以读者可以看出，**从数学公式中能窥探投资的赚钱机会，这也是量化投资能在资本市场上无往不利的原因。**

(3) 高频 T0 可以实现真正意义上的秒级交易，只要 T0 日频正收益的胜率较高，理论上 T0 资金每一秒都在自动攫取复利收益。同时，也反向说明做 T0 的资金不太能损失筹码。但是，不是所有的交易场景都具备秒级交易的条件，秒级交易受交易品种、佣金费用、硬件设施、监管合规等多方面约束。此外，高频交易或对市场的流动性有影响，具体不再展开。

(4) 根据 CAPM(资本资产定价模型) 可知，资金都是有成本的，如何运用投资潜藏的规律和市场微利机会进行期限错配的合理套利也是一门大学问。**除了需要掌握量化策略和量化方法以外，我们还需要详细了解量化投资关键节点的运作原理。**

(5) 此处仍以基金定投为例 (机构投资者也会用定投策略)，定投频率可能有按月、按双周或者按周，甚至可以按天定投。若参考本节内容的思路，测算可投资金规模，计算每一期的定投资金数量，选择"按周"甚至"按日"定投，量化机构"按小时"定投，如此可以在几乎不增加成本的条件下，有效额外增厚投资收益。从投资e大思路上看，传统按月定投与按小时定投多出来的收益，就是妥妥的α，即使在指数没有增长的情况下，也能滗出较大超额α。

---

① LPR(loan prime rate，贷款基础利率)；MLF(medium-term lending facility，中期借贷便利)。

第 3 章 量化方法

3.1 线性相关度

3.1.1 计算方法

线性相关是常见的一种资产相关度的度量方法，无论是在因子投资方面，还是在风险平价模型方面，以及作为研究基础手段和工具，几乎都会用到线性相关度。

相关系数 r 的计算公式为

$$r = \frac{\sum_{i=1}^{n}(X_i - \bar{X})(Y_i - \bar{Y})}{\sqrt{\sum_{i=1}^{n}(X_i - \bar{X})^2}\sqrt{\sum_{i=1}^{n}(Y_i - \bar{Y})^2}} = \frac{\mathrm{Cov}(X,Y)}{\sqrt{D(X)}\sqrt{D(X)}}$$

式中：X_i 和 Y_i 表示两个具有相同维度的数组；

$\bar{X}$ 和 $\bar{Y}$ 表示数组对应的期望值；

i 表示样本数量，是正整数；

$\mathrm{Cov}(X,Y)$ 表示数组 X 和 Y 之间的协方差；

$D(X)$ 和 $D(Y)$ 分别表示数组 X 和 Y 的方差。

- r 叫做线性相关系数，也叫皮尔逊 (Pearson) 相关系数。
- $r > 0$ 表示正相关，表示两组数据趋向一致方向。
- $r < 0$ 表示负相关，表示两组数据趋向相反方向。
- r 绝对值越大，表示相关性越大。$|r| > 0.7$ 表示显著相关，$|r| < 0.3$ 表示弱相关，

$|r|$ 介于两者之间表示存在相关关系。

3.1.2 用于宏观经济因子

PMI(purchasing managers'index，采购经理指数) 是根据对采购经理的月度调查汇总出来的一个经济指数,它能够反映经济发展的趋势运动,是典型的宏观经济因子。2021 年 3 月至 2022 年 3 月中国制造业采购经理指数 (经季节调整) 如表 3-1 所示。

表 3-1 2021 年 3 月至 2022 年 3 月中国制造业采购经理指数各指标情况（经季节调整）

%

指标	2021 年										2022 年		
	3 月	4 月	5 月	6 月	7 月	8 月	9 月	10 月	11 月	12 月	1 月	2 月	3 月
PMI	51.9	51.1	51.0	50.9	50.4	50.1	49.6	49.2	50.1	50.3	50.1	50.2	49.5
生产	53.9	52.2	52.7	51.9	51.0	50.9	49.5	48.4	52.0	51.4	50.9	50.4	49.5
新订单	53.6	52.0	51.3	51.5	50.9	49.6	49.3	48.8	49.4	49.7	49.3	50.7	48.8
原材料库存	48.4	48.3	47.7	48.0	47.7	47.7	48.2	47.0	47.7	49.2	49.1	48.1	47.3
从业人员	50.1	49.6	48.9	49.2	49.6	49.6	49.0	48.8	48.9	49.1	48.9	49.2	48.6
供应商配送时间	50.0	48.7	47.6	47.9	48.9	48.0	48.1	46.7	48.2	48.3	47.6	48.2	46.5
新出口订单	51.2	50.4	48.3	48.1	47.7	46.7	46.2	46.6	48.5	48.1	48.4	49.0	47.2
进口	51.1	50.6	50.9	49.7	49.4	48.3	46.8	47.5	48.1	48.2	47.2	48.6	46.9
采购量	53.1	51.7	51.9	51.7	50.8	50.3	49.7	48.9	50.2	50.8	50.2	50.9	48.7
原材料购进价格	69.4	66.9	72.8	61.2	62.9	61.3	63.5	72.1	52.9	48.1	56.4	60.0	66.1
出厂价格	59.8	57.3	60.6	51.4	53.8	53.4	56.4	61.1	48.9	45.5	50.9	54.1	56.7

（续表）

指标	2021 年										2022 年		
	3 月	4 月	5 月	6 月	7 月	8 月	9 月	10 月	11 月	12 月	1 月	2 月	3 月
产成品库存	46.7	46.8	46.5	47.1	47.6	47.7	47.2	46.3	47.9	48.5	48.0	47.3	48.9
在手订单	46.6	46.4	45.9	46.6	46.1	45.9	45.6	45.0	45.7	45.6	45.8	45.2	46.1
生产经营活动预期	58.5	58.3	58.2	57.9	57.8	57.5	56.6	53.6	53.8	54.3	57.5	58.7	55.7

注：表 3-1 数据来自国家统计局官网。

　　PMI 与各指标的线性相关度的计算结果如表 3-2 所示。显然，PMI 与采购量指数、新订单指数和生产指数的相关度较高，与原材料购进价格指数和出厂价格指数的相关度较低，同时与产成品库存指数还存在一定程度的负相关。

表 3-2　PMI 与各指标的线性相关度

序号	指标	r
1	采购量	0.98
2	新订单	0.95
3	生产	0.94
4	进口	0.92
5	新出口订单	0.84
6	供应商配送时间	0.76
7	在手订单	0.73
8	从业人员	0.72
9	生产经营活动预期	0.64
10	产成品库存	−0.37
11	原材料库存	0.36
12	原材料购进价格	0.16
13	出厂价格	0.12

　　线性相关度的计算方法相对简单，但是特别实用。技术并非越复杂越好，在投资场景中找到实用的价值，才是好技术。**只有创造价值才有价值。**

3.1.3　构建不相关投资回报流

在做资产组合配置的时候，我们会检验各项资产之间的收益率相关度，这样才能建立多条不相关的投资回报流。对于收益显著相关的资产，我们要做处理，防止将鸡蛋放在同一个篮子里，不利于分摊风险。而在中性策略投资中，我们要挑选负相关的资产或工具进行风险对冲。这些都可以使用线性相关进行检验。

此外，我们在分析资产组合收益率的时候，一个很重要的指标就是组合资产的收益率时序与业绩参考基准之间的收益率时序的相关度。如果相关度过大，比如超过 0.7 甚至 0.8，我们倾向认为这套资产配置策略不够合理、不够科学。

3.1.4　线性相关度延伸：Spearman 相关度

在量化**多因子投资**中，皮尔逊相关度的应用并不广泛，反而是其变异形式"Spearman(斯皮尔曼) 相关度"使用更加广泛，它其实是通过式 (3.1) 演变过来的。

$$r = \frac{\sum_{i=1}^{n}(X_i - \bar{X})(Y_i - \bar{Y})}{\sqrt{\sum_{i=1}^{n}(X_i - \bar{X})^2}\sqrt{\sum_{i=1}^{n}(Y_i - \bar{Y})^2}} \tag{3.1}$$

Spearman(斯皮尔曼) 相关度 r_{spearman} 计算公式为

$$r_{\text{spearman}} = 1 - \frac{6\sum_1^n d_i^2}{n(n^2-1)}$$

式中：符号 d_i 称为秩次差值，$d_i = \text{Rank 2} - \text{Rank 1}$，Rank2、Rank1 分别表示参与排序两组的位置编号；

n 表示参与排序的样本数量。

斯皮尔曼相关度要求两个数组的数量 n 必须是一样的，只是从 1 到 n 的顺序不一样。比如当 $n = 3$ 时，假设 A 数组有 1、2、3 三个数据，B 数组有 1、3、2 三个数据，若基于斯皮尔曼法计算相关度，则 d_i^2 对应的数据分别是 $(1-1)^2$、$(2-3)^2$、$(3-2)^2$，那么则有

$$r_{\text{spearman}} = 1 - \frac{6\sum_1^n d_i^2}{n(n^2-1)} = 1 - \frac{6\times(0+1+1)}{3\times(3^2-1)} = 0.5$$

皮尔逊相关与斯皮尔曼相关的数学原理相同。**在量化投资领域，并不是斯皮尔曼相关比皮尔逊相关更加专业，只是适用范围不同而已。**皮尔逊相关可用于离散和连续的数组之间的相关度计算，而斯皮尔曼相关仅能用于离散皮尔逊相关 (但也可以通过赋予数

组序列的方法来计算连续性数组的斯皮尔曼相关度)，两者本质上是一模一样的，笔者把两者之间的数学逻辑给读者展现一下。首先对皮尔逊相关公式涉及的复合变量进行拆解。

依据第 8 章 "**8.6.2 演绎推理法与绝妙的排列组合算法**" 小节的内容，可以知道

$$1^2 + 2^2 + 3^2 + \cdots + n^2 = \frac{n(n+1)(2n+1)}{6}$$

$$\therefore \sum_{i=1}^{n}(X_i - \bar{X})^2 = \sum_{i=1}^{n} X_i^2 - n\bar{X}^2 = \frac{n^3 - n}{12} \tag{3.2}$$

同理，当 $\bar{X} = \bar{Y}$ 时

$$\sum_{i=1}^{n}(Y_i - \bar{Y})^2 = \frac{n^3 - n}{12} \tag{3.3}$$

$$\because \bar{X} = \bar{Y}$$

$$\therefore \sum_{i=1}^{n}(X_i - \bar{X})(Y_i - \bar{Y}) = \sum_{i=1}^{n} X_i Y_i - n\bar{X}\bar{Y} = \sum_{i=1}^{n} X_i Y_i - \frac{n(n-1)^2}{4} \tag{3.4}$$

$$\because \sum_{i=1}^{n}(X_i - Y_i)^2 = \sum_{i=1}^{n} X_i^2 + \sum_{i=1}^{n} Y_i^2 - 2\sum_{i=1}^{n} X_i Y_i$$

$$\therefore 2\sum_{i=1}^{n} X_i Y_i = \sum_{i=1}^{n} X_i^2 + \sum_{i=1}^{n} Y_i^2 - \sum_{i=1}^{n}(X_i - Y_i)^2$$

$$\because \sum_{i=1}^{n} X_i^2 = \sum_{i=1}^{n} Y_i^2$$

$$\therefore 2\sum_{i=1}^{n} X_i Y_i = 2\sum_{i=1}^{n} X_i^2 - \sum_{i=1}^{n}(X_i - Y_i)^2 = 2 \times \frac{n(n+1)(2n+1)}{6} - \sum_{i=1}^{n} d_i^2 \tag{3.5}$$

将式 (3.5) 代入式 (3.4) 得出

$$\sum_{i=1}^{n}(X_i - \bar{X})(Y_i - \bar{Y}) = \frac{n(n+1)(2n+1)}{6} - \frac{1}{2} \times \sum_{i=1}^{n} d_i^2 - \frac{n(n-1)^2}{4} \tag{3.6}$$

把式 (3.2)、式 (3.3)、式 (3.6) 式代入式 (3.1) 得出

$$r = \frac{n(n^2 - 1) - 6\sum_{1}^{n} d_i^2}{n(n^2 - 1)} = 1 - \frac{6\sum_{1}^{n} d_i^2}{n(n^2 - 1)} = r_{\text{spearman}}$$

可见，**斯皮尔曼相关与皮尔逊相关在数学原理上是一回事，其功能性无显著差异，细节差异在于** d_i。在量化投资领域求解 IC(信息系数) 的场景中，存在 "斯皮尔曼相关比皮尔逊相关有效" 这种不够严谨的学术论点，在此便不攻自破。

斯皮尔曼相关度在量化多因子投资领域用于检验因子是否有效。

作为一个知识点拓展，读者有没有想过一个问题：以上分析是基于两个数组之间的相关，而基于三个数组之间的相关的计算公式为

$$r = \frac{\sum_{i=1}^{n}(X_i - \bar{X})(Y_i - \bar{Y})(Z_i - \bar{Z})}{\sqrt{\sum_{i=1}^{n}(X_i - \bar{X})^2} \sqrt{\sum_{i=1}^{n}(Y_i - \bar{Y})^2} \sqrt{\sum_{i=1}^{n}(Z_i - \bar{Z})^2}}$$

那么，其对应的 Spearman 相关度计算公式如何推导呢？理论上可以无限扩展下去，具体所用到的中间数学方程式可以参考第 8 章 "**8.6.2 演绎推理法与绝妙的排列组合算法**" 的内容，作者不再赘述。

3.2　灰色相关矩阵

3.2.1　股票走势的灰色性

灰色模型 (gray model，GM) 是在耦合指数 e 的基础上发展起来的，由此可知，灰色模型同样遵循自然界的能量系统。

要把灰色模型解释清楚并不容易。我们知道，完全信息透明的模型称为 "白色模型" 或 "白盒模型"，比如在低速情况下，通过万有引力定律就能计算出宇宙中任意两个物体之间的引力大小。相反，对于完全不懂金融的个人来说，对股票涨跌趋势一无所知，这便是 "黑色模型" 或 "黑盒模型"。更进一步，股票涨跌并非一点规律都没有，会受到公司基本面、情绪面、资金、政策等方面的影响，可以说，我们了解一些股票的信息但是又不能完全掌握其 "脾性"，这就是 "灰色性"。

自然界中存在的不确定性主要有三种：第一种是模糊性，就是无法用数学方程精确刻画，解决这方面问题的 "利器" 是模糊数学。理论上，用模糊数学的方法预测出来的股票未来涨停信息不会是一堆精确的数据，而是一个涨停区间。第二种是随机性，比如我们可以根据大量历史数据来分析某只股票的盘中行情变化。立足于统计学计算胜率并找出其微利的分布规律，也是不错的方法，短期统计套利多数使用这种方式。第三种是信息贫瘠的不确定性，比如一只新股发行，关于它的公开数据相对匮乏，这时候我们可以运用灰色模型来分析这只股票最近一段时间的行情走势。

灰色系统内容繁多，限于篇幅，本书仅介绍灰色关联度矩阵。

3.2.2　灰色关联度计算方法

笔者认为，灰色关联度是灰色系统当中一项非常实用的技术，其作用并不比灰色模型小。

灰色关联度分析法是分析向量与向量之间以及矩阵与矩阵之间关联度的方法。实际上，向量与向量之间的关联度可以看成矩阵与矩阵之间关联度矩阵的一维形态。假

设一组**待比较数列**为

$$x_i = [x_i(1), x_i(2), x_i(3), \cdots, x_i(k), \cdots, x_i(n)], i = 1, 2, 3, \cdots, t$$

假设有一组**参考数列**（参照物）为

$$x_j = [x_j(1), x_j(2), x_j(3), \cdots, x_j(k), \cdots, x_j(n)], j = 1, 2, 3, \cdots, s$$

则定义灰色关联系数为

$$\xi_{ji}(k) = \frac{\min\min|x_j(k) - x_i(k)| + \rho\max\max|x_j(k) - x_i(k)|}{|x_j(k) - x_i(k)| + \rho\max\max|x_j(k) - x_i(k)|} \tag{3.7}$$

关于式 (3.7) 有以下几点说明。

(1) 变量 $\xi_{ji}(k)$ 表示第 i 个比较数列与第 j 个参考数列第 k 个样本之间的关联系数。

(2) $\min\min|x_j(k) - x_i(k)|$ 和 $\max\max|x_j(k) - x_i(k)|$ 表示参考数列矩阵与待比较数列矩阵数值作差之后的最小值和最大值。把 $\min\min|x_j(k) - x_i(k)|$ 和 $\max\max|x_j(k) - x_i(k)|$ 耦合到变量 $\xi_{ji}(k)$ 中可以保证 $\xi_{ji}(k)$ 之值位于 $[0,1]$ 区间内，同时上下对称的结构规避了量纲不同和数值量级悬殊的问题。

(3) 我们称因式 $|x_j(k) - x_i(k)|$ 为"Hamming 距离"，Hamming 距离的倒数我们称之为"反倒数距离"，灰色关联度的本质就是通过反倒数大小来判定关联程度大小。可以尝试这样来理解，假设曲线 x_j 和 x_i 上面的点 $[k, x_j(k)]$ 和 $[k, x_i(k)]$，这两个点之间的距离是 $|x_j(k) - x_i(k)|$，$|x_j(k) - x_i(k)|$ 的值越大，表示距离越大，其倒数就越小；反过来，倒数越大，表示两条曲线之间的距离越小，因为曲线已经消除了量级之间的差异，则其曲线形态就越相似。因此，灰色关联度其实是依据曲线态势相近程度来分辨数列的相关度。

(4) 对于分辨率 ρ，我们通常约定其取值为 $[0,1]$，不过这并非表明 ρ 的取值只能是 $[0,1]$。实际上，$\rho \in \{n \mid n > 0\}$，$\rho$ 越大，如果用极限的思想考虑，$\lim\limits_{\rho \to +\infty} \dfrac{\min\min|x_j(k) - x_i(k)| + \rho\max\max|x_j(k) - x_i(k)|}{|x_j(k) - x_i(k)| + \rho\max\max|x_j(k) - x_i(k)|} = 1$。$\xi_{ji}(\rho)$ 是一个单调增函数。但是，ρ 的值只改变 $\xi_{ji}(k)$ 绝对值大小，并不改变关联性的相对强弱。

由于 $\xi_{ji}(k)$ 只能反映点与点之间的相关性，相关性信息分散，不方便刻画数列之间的相关性，需要把 $\xi_{ji}(k)$ 整合起来，所以我们定义

$$r_{ji} = \frac{\sum\limits_{k=1}^{n} \xi_{ji}(k)}{n}$$

我们称变量 r_{ji} 为"**灰色相关度**"。结合实际背景，有正面作用的我们称为正相关，反之称为负相关。与线性相关度相同，$|r_{ji}|$ 大于 0.7 称为强相关，小于 0.3 称为弱相关，

两者之间存在灰色相关。

如果把x_j与x_i之间的相关度写成R**灰色关联度矩阵**的形式，则有

$$R = \begin{bmatrix} r_{11} & r_{12} & r_{13} \cdots & r_{1(t-1)} & r_{1t} \\ r_{21} & r_{22} & r_{23} \cdots & r_{2(t-1)} & r_{2t} \\ & & \cdots & & \\ r_{(s-1)1} & r_{(s-1)2} & r_{(s-1)3} \cdots r_{(s-1)(t-1)} & r_{(s-1)t} \\ r_{s1} & r_{s2} & r_{s3} \cdots & r_{s(t-1)} & r_{st} \end{bmatrix}$$

根据R矩阵的结构可以知道，对于待比较的数列，从列可以看出其作用大小；对于参考数列，从行可以看出其受影响程度的高低。依据R矩阵数值大小可以分析比较数列矩阵中哪些数列起到主要作用，比如某一列数值明显大于其他列，这样的数列叫做**优势子因素**，反之称为**劣势子因素**。如果某一行数值明显大于其他行则称为**优势母因素**，优势母因素比较敏感，容易受到子因素的驱动影响，同理可得**劣势母因素**。

3.2.3　用于宏观经济因子

固定投资（拉动经济）是重要的宏观经济因子，在多因子投资模型中应用广泛。某地区为了拉动经济增长进行各项固定投资，投资带来的各项收入如表 3-3 所示，请分析投资与收入之间的定量关系并给出分析结论。

表 3-3　投资与收入数据

万元

数据维度	年份				
	1979	1980	1981	1982	1983
固定资产投资	308.58	310	295	346	367
工业投资	195.4	189.9	187.2	205	222.7
农业投资	24.6	21	12.2	15.1	14.57
科技投资	20	25.6	23.3	29.2	30
交通投资	18.98	19	22.3	23.5	27.655
国民收入	170	174	197	216.4	235.8
工业收入	57.55	70.74	76.8	80.7	89.85
农业收入	88.56	70	85.38	99.83	103.4
商业收入	11.19	13.28	16.82	18.9	22.8
交通收入	4.03	4.26	4.34	5.06	5.78
建筑业收入	13.7	15.6	13.77	11.98	13.95

显然，5 项投资是待比较数列，即子因素；而 6 项收入则为参考数列，即母因素。灰色关联度特别适合这种多对多的矩阵分析。这里取分辨率 $\rho = 0.5$，利用上述表格数据，编写灰色关联度程序进行运算，程序输出灰色相关度矩阵 R 为

$$R = \begin{bmatrix} 0.8016 & 0.7611 & 0.5570 & 0.8102 & 0.9355 \\ 0.6887 & 0.6658 & 0.5287 & 0.8854 & 0.8004 \\ 0.8910 & 0.8581 & 0.5786 & 0.5773 & 0.6749 \\ 0.6776 & 0.6634 & 0.5675 & 0.7800 & 0.7307 \\ 0.8113 & 0.7742 & 0.5648 & 0.8038 & 0.9205 \\ 0.7432 & 0.7663 & 0.5616 & 0.6065 & 0.6319 \end{bmatrix}$$

程序还会同时输出关联度矩阵的柱形图，如图 3-1 所示，可解释性更加直观。注意：同一个图形簇，从左至右依次是固定资产投资、工业投资、农业投资、科技投资和交通投资。

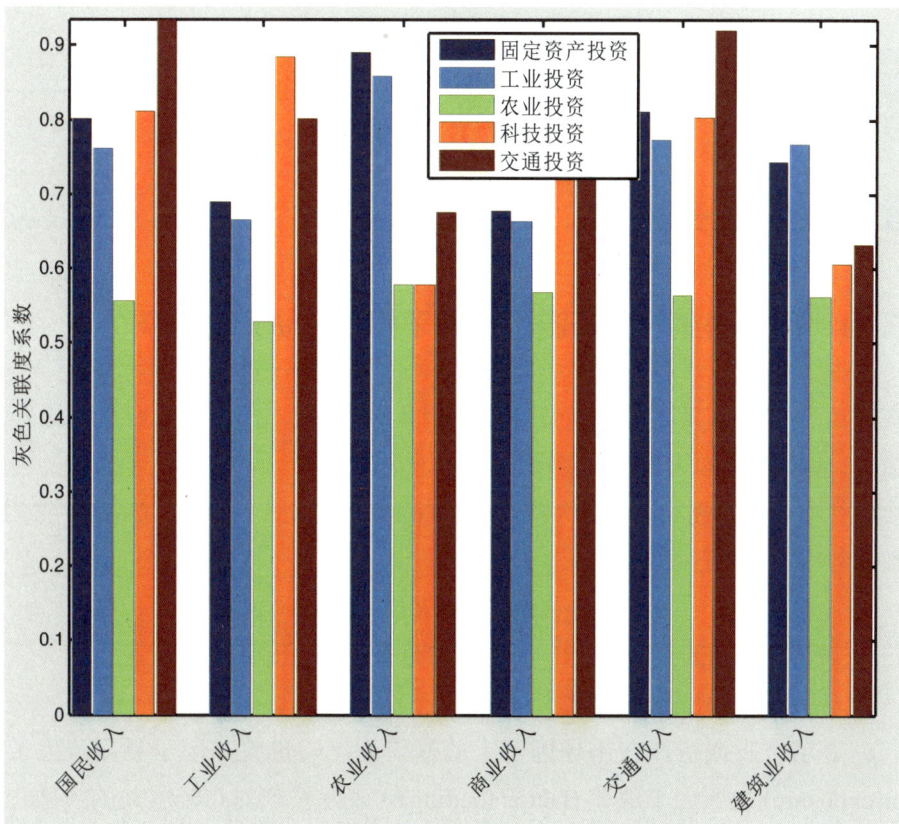

图 3-1　固定投资与地区收入的灰色关联度

根据图 3-1 和矩阵 R 数据，得出以下分析结果。

(1) 分析数据时一般优先观测奇异数据(最大最小值、突然变大变小值)、拐点数据。

例如，$r_{15} = 0.9355$ 最大，表明交通投资对国民收入影响最大（优势子因素），也就是说，加大交通领域的投资可以显著地驱动国民收入的增加。不过，这是 20 世纪 80 年代固定投资带来经济增长的逻辑，现在发生了一些变化。比如交通投资的主要项目是高铁站和铁轨的建设，由于现在技术升级，并不需要很多工人，绝大多数工作都是由机械完成的。

(2) 第 4 行数据相对较小，表明各种投资对商业收入影响是极小的，即商业是一个不太依赖投资而能蓬勃发展的行业。从投资效益来看，这是劣势，所以需要一开始就明确投资目的是促进 GDP 增长，还是促进商业收入增长。

(3) 第 4 列中 $r_{24} = 0.8854$ 最大，表明相对工业而言，科技是第一生产力；$r_{34} = 0.5773$ 是该列中最小的，表明当时科技还没有对农业经济的发展产生显著影响，或者说当时还没产生对农业有很大用处的科技。

(4) 第 3 行前面两个元素比较大，表明农业是一个综合性产业，需要各方面的支持。例如，$r_{31} = 0.8910$ 和 $r_{32} = 0.8581$ 表明固定资产投资和交通投资都能极大地推进农业的发展，佐证了那句谚语："想要富，先修路。"

3.3 多因子投资

3.3.1 因子暴露、因子溢价、因子模型、资产向量图

在第 1 章内容里，我们已经介绍了因子的基本概念。本节内容我们介绍因子暴露、因子溢价、因子模型以及资产向量图。

金融行业著名的资本资产定价模型 (capital asset pricing model，CAPM) 认为个股的收益只与市场大盘有关系，即

$$R_{i,t} - R_{i,f} = \beta_i (R_{i,m} - R_{i,f})$$

式中：$R_{i,t}$ 表示资产 i 在 t 时刻（比如一月份、二月份等）的预期收益率。

$R_{i,f}$ 表示 t 时刻无风险利率的大小。

β_i 表示个股或资产在**市场因子**上的暴露程度，也就是因子暴露。因子暴露 (factor exposure) 也叫因子载荷 (factor loading)，表示资产对市场收益的灵敏程度和被动影响程度。

$R_{i,m}$ 表示市场因子预期收益率的大小。因子预期收益 (factor expected return) 也叫因子溢价 (factor risk premium)。

其中，β_i 可以通过统计学计算得出，只要知道 $R_{i,t}$ 和 $R_{i,m}$ 协方差 $\mathrm{Cov}(R_{i,t}, R_{i,m})$ 以及 $R_{i,m}$ 的方差 $\mathrm{Var}(R_{i,m})$ 即可，计算公式为

$$\beta_i = \mathrm{Cov}(R_{i,t}, R_{i,m}) / \mathrm{Var}(R_{i,m})$$

CAPM 公式可以解释为：任何股票的收益率都跟市场走势有关（对应市场因子暴露 β_i 的大小）。**大盘涨了，大部分个股都会上涨，只是涨多涨少的问题；大盘跌了，大部分个股都会下跌，只是跌多跌少的问题。**

实际上，资本资产定价模型还可以基于风险经营的角度来理解：

$$右边 = 风险溢价 = 风险 \times 风险暴露系数$$
$$左边 = 资产收益率 = 市场因子 \times 因子暴露系数$$
$$左边风险补偿收益 = 右边风险大小$$

风险溢价是一种风险补偿机制，是市场为了应对风险而自发形成的价格或收益率。金融投资是一门经营风险的生意。资本资产定价模型不仅能解释全球的大部分股票收益，也能解释 A 股市场齐涨共跌的特点。

图 3-2 中的**粗曲线**表示标普全球指数 2019 年 1 月 1 日至 2022 年 4 月 29 日的当日收盘价，**斜直线**表示与实际标普指数高度相关的市场因子，②④⑥表示市场因子在不同的时间序列 t 上的预期收益，②④⑥竖直方向分别对应横坐标①③⑤的位置，表示市场因子在横坐标上的向量投影，显然

$$\cos\theta_i = \beta_i \tag{3.8}$$

图 3-2　标普全球指数 2019 年 1 月 1 日至 2022 年 4 月 29 日股价走势

为了更深入理解，我们进一步延伸。假设各类资产（或个股）的收益率波动与市场大盘波动率相近，那么式 (3.8) 就可以变成

$$\cos\theta_i = \beta_i = r_i$$

r_i是 3.1.1 节内容介绍的线性相关度，是市场与个股之间的相关度。因此，不管是因子暴露，还是风险暴露，都是一回事，都表示市场对单项资产的线性相关度和影响度。相关即暴露，实则异曲同工：相关度越大，表示暴露程度越高，市场对资产的影响权重越大。其他主流因子也有此暴露属性。

不过，随着市场的逐渐演变，有些超额收益用现有的 CAPM 无法解释，用**资产向量图**解释，就是出现了资产收益与已知因子不完全相关。**资产向量图**是作者自定义的术语，在业界和学术界，笔者尚未看到类似的概念。

3.3.2　构建多因子投资向量通式

投资界为了进一步合理解释个股的超额收益，出现了第 1 章介绍的三因子模型。1993 年，Fama 和 French 提出的 Fama-French 三因子模型认为，一个投资组合（包括单只股票）的超额投资回报率由三个因子的暴露来解释，这三个因子分别是市场资产组合、市值因子（用 SMB 表示）、账面市值比因子（用 HML 表示）。三因子模型的数学语法格式为

$$E[R_{i,t}] - R_{i,f} = \beta_{i,1} \times E(R_{i,m} - R_{i,f}) + \beta_{i,2} \times \mathrm{SMB}_t + \beta_{i,3} \times \mathrm{HMI}_t + \varepsilon$$

式中：E 表示资产或个股的收益期望值；

　　　SMB_t 表示在 t 时刻市值因子的预期收益率（通过历史数据进行时序观测可得到）；

　　　HMI_t 表示在 t 时刻账面市值比因子的预期收益率（同样通过时序观测可得到）；

　　　ε 表示随机扰动，不可预知。

三因子模型虽然比 CAPM 理论更能充分解释股票的涨跌归因，但是对于股票市场上经常出现的短期反转、中期动量、板块轮动等，还是无法解释的。实际上，任何一种资产，比如金融期货、股票、债券等，其涨跌会受到众多因子的影响，比如市场因子、宏观经济因子、价值因子（如市盈率、情绪因子等）等的影响。所以，我们根据不同因子驱动资产涨跌的情况，进一步组建了一个通用的因子模型

$$E[\vec{R}_{i,t}] - \vec{R}_{i,f} = \vec{R}_{i,t}^{\mathrm{e}} = \alpha_i + \beta_1 \vec{f}_{1,t} + \beta_2 \vec{f}_{2,t} + \beta_3 \vec{f}_{3,t} + \cdots + \beta_n \vec{f}_{n,t} + \varepsilon$$

式中：$\vec{R}_{i,t}^{\mathrm{e}}$ 表示资产 i 在 t 时刻的超额收益率；

　　　$\vec{f}_{n,t}$ 表示 t 时刻因子预期收益率的向量，多种因子用向量序列表示；

　　　β_i 表示在因子 $\vec{f}_{n,t}$ 上的暴露程度；

　　　α_i 表示因子模型的预期收益率与资产实际收益率之间的残差。

如果 α 不显著为 0，则称为"资产异象"(anomaly)。异象的意思就是不承担风险

也能有收益，或者风险与收益严重不对等。很显然，如果 α_i 接近 0，则需要构建很多因子才能使 α 逼近 0，但意义不大，因子需要具备最小化、精准、稳定三个基本特征。而且，基金管理人在构建更多的因子后，反而难以获得超额 α 收益。

我们现在逆向思考。CAPM 实际上解释了个股的平均收益率 β_n（共性），而个股彼此之间差异化的细节收益率 α_i（个性）是无法完美解释的。**投资实践表明，一只基金的超额收益，通常 80% 取决于 β_n 的因子暴露，只有 20% 取决于 α_i 异象**。所以，一旦市场行情不好，无论基金经理的主动管理能力有多强，在市场大势面前，基金经理也会无能为力。

根据以上因子模型可知，资产的预期收益率可由各种因子共同线性叠加得出。基金经理在使用多因子模型时，一般会关注以下几点。

(1) 对因子期望收益进行预测，对收益偏差进行观测。

(2) 风险的量化与过程管理。

(3) 挖出真正有超额收益能力的因子。

(4) 大资金流入时因子拥挤，如何脱困。

(5) 因子择时。

其中第 (4) 点和第 (5) 点更值得关注。一旦基金募集规模上来之后，因子就会拥挤，收益率直线下降，这时候管理人会竞相卖出持有的股票，由抛售引发的量化踩踏会进一步放大市场的亏损效应。

3.3.3 单因子溢价

构建多因子投资模型之前，需要解决以下两个问题。

(1) 该因子是不是显著有效的？判断方法是什么？

(2) 该因子的预期收益率是多少？

对于这两个问题我们要用到"单因子排序法"，下面举例说明。

有一个很知名的投资基础公式（假定在静态市盈率条件下成立），即

$$ROE=PB/PE \tag{3.9}$$

式 (3.9) 即"净资产收益率 = 市净率 / 市盈率"。我们以价值因子 ROE 为例来说明单因子排序法。假设对 50 只股票进行单因子排序，其步骤如下所述。

第 1 步：将 50 只股票按照 ROE 从大到小的顺序进行排列。

第 2 步：把 50 只股票均匀分成 10 组。

第 3 步：按照市值加权的方式将每组股票的月度收益率计算出来（计算季度或者

半年度收益率都可以，本例旨在计算 ROE 因子的月度收益率)。

第 4 步： 做多 H 组，做空 L 组，如表 3-4 所示。

第 5 步： 对表 3-4 中的 "ROE 排序" 和 "收益率排序" 计算线性相关度，结果为 0.97，显著相关，该因子有效 (3.3.5 小节将对专门的因子检验方法进行介绍)。若想更加严谨，还可以进行统计学意义上的 t 检验和 P 值计算。

第 6 步： 计算该 ROE 价值因子的月度预期收益率，即

$$1.88\%(H) - 0.86\%(L) = 1.02\%$$

表 3-4　单因子排序示例

组别	ROE 排序 (从 H 到 L)	收益率排序	月度收益率
H	1	1	1.88%
1	2	2	1.73%
2	3	3	1.72%
3	4	4	1.65%
4	5	5	1.61%
5	6	6	1.23%
6	7	8	1.02%
7	8	7	1.12%
8	9	10	0.68%
L	10	9	0.96%

第 7 步： 再平衡。在不同时期，因子对个股的影响程度是有差异的，个股 ROE 价值因子也在动态变化。按月度重复计算第 1 步至第 6 步，即可得到每个月的因子收益率，也叫 "动态平衡"。按月 (或者其他频率) 反复照此操作，便会得到因子收益率的时间序列。

有了这些有效因子并且能够计算因子的收益率，就可以构建资产组合收益率 (或收益率之差) 的时间序列观测值，其本质是为了反映不同风险在不同时期的报酬，也就是 "风险溢价" 或者 "风险补偿" (风险与报酬是镜像关系)，所以投资业内也把这些因子叫做风险因子收益率或因子收益率，简称因子。

需要说明的是，第 3 步中 "市值加权" 也有较大弊端，会做多大盘股，做空小盘股。在这样的量化策略下，小盘股难以有翻盘的机会，并且还会造成策略因子的过度拥挤，所以在投资实践中需要考虑到这一点，灵活运用。

3.3.4　双因子溢价

前文介绍的是单因子排序法。事实上，很多时候不是单个因子在独立驱动资产业绩，而是双因子联合驱动。单个因子往往解释不了绝大部分收益的影响因素。同时，双因子之间可能存在耦合关系 (线性相关或非线性相关)，而且投资实操中难以"解耦"。同样以表 3-4 中 50 只股票作为例子，笔者按照流通市值和 ROE 双因子进行分组。

第 1 步：将 50 只股票按照 ROE 从大到小的顺序进行排列。

第 2 步：把 50 只股票均匀分成 5 组。

第 3 步：将 50 只股票按照流通市值从大到小的顺序进行排列。

第 4 步：把 50 只股票均匀分成 10 组。

注意：**流通市值的分组亦是独立分组，并非条件分组。**至此，每一只股票都有两个标签，然后各自按照所属的标签分组，如表 3-5 所示。

表 3-5　双因子分组示例

流通市值分组	ROE 分组				
	N1(H)	N2	N3	N4	N5(L)
M(H)	M1&N1	M1&N2	M1&N3	M1&N4	M1&N5
M2	M2&N1	M2&N2	M2&N3	M2&N4	M2&N5
M3	M3&N1	M3&N2	M3&N3	M3&N4	M3&N5
M4	M4&N1	M4&N2	M4&N3	M4&N4	M4&N5
M5	M5&N1	M5&N2	M5&N3	M5&N4	M5&N5
M6	M6&N1	M6&N2	M6&N3	M6&N4	M6&N5
M7	M7&N1	M7&N2	M7&N3	M7&N4	M7&N5
M8	M8&N1	M8&N2	M8&N3	M8&N4	M8&N5
M9	M9&N1	M9&N2	M9&N3	M9&N4	M9&N5
M10(L)	M10&N1	M10&N2	M10&N3	M10&N4	M10&N5

第 5 步：计算 ROE 因子收益率，同样是等权重做多最高组，等权重做空最低组，这一点跟单因子排序法是一样的，该因子收益率记为 λ_n。

$$\lambda_n = \frac{1}{10} \times (M1\&N1 + M2\&N1 + \cdots + M10\&N1) - \frac{1}{10} \times (M1\&N5 + M2\&N5 + \cdots + M10\&N5)$$

第 6 步：计算流通市值因子收益率，同样是等权重做多最高组，等权重做空最低组，该因子收益率记为 λ_m。

$$\lambda_m = \frac{1}{5} \times (\text{M1\&N1} + \text{M1\&N2} + \cdots + \text{M1\&N5}) - \frac{1}{5} \times (\text{M10\&N1} + \text{M10\&N2} + \cdots + \text{M10\&N5})$$

第 7 步：再平衡。具体方法同单因子排序。

除了单因子排序法和双因子排序法，还存在多因子排序法，各位读者有兴趣可以自行推导一下。

通过上面的排序法就能计算出对应因子和因子组合的预期收益率或模拟收益率。那么会衍生一个问题：因为因子暴露，β_i 如何求解呢？我们以双因子的 β_1 和 β_2 的求解为例具体说明。资产 i 预期收益率为

$$\vec{R}_{i,t}^e = \alpha_i + \beta_1 \vec{f}_{1,t} + \beta_2 \vec{f}_{2,t} + \varepsilon$$

我们建立一个因子的时间观测序列，每个月都通过再平衡的方式计算两个因子的预期收益率 $\left|\vec{f}_{1,t}\right|$ 和 $\left|\vec{f}_{2,t}\right|$（双竖线在数学里表示向量的绝对值大小，也就是"模"）。

把预期收益率的数值代入 $\vec{R}_{i,t}^e = \alpha_i + \beta_1 \vec{f}_{1,t} + \beta_2 \vec{f}_{2,t} + \varepsilon$ 式中，一共观测 12 个月（3 个月以上就可以，未必需要 12 个月），可得

$$\vec{R}_{i,1}^e = \alpha_i + \beta_1 \vec{f}_{1,1} + \beta_2 \vec{f}_{2,1} + \varepsilon$$
$$\vec{R}_{i,2}^e = \alpha_i + \beta_1 \vec{f}_{1,2} + \beta_2 \vec{f}_{2,2} + \varepsilon$$
$$\vec{R}_{i,3}^e = \alpha_i + \beta_1 \vec{f}_{1,3} + \beta_2 \vec{f}_{2,3} + \varepsilon$$
$$\cdots\cdots$$
$$\vec{R}_{i,12}^e = \alpha_i + \beta_1 \vec{f}_{1,12} + \beta_2 \vec{f}_{2,12} + \varepsilon$$

上述是一个超定的线性方程组，用最小二乘法（ordinary least squares，OLS）就能算出因子暴露的估计值 $\hat{\beta}_1$ 和 $\hat{\beta}_2$。

学完多因子投资的相关知识之后，笔者留一个有意思、有意义的思考题给读者。

市盈率 (PE) 也是多因子模型中价值因子的一项重要指标，PE 百分位如果处于历史低位（不含夕阳产业），投资者都倾向认为其存在投资价值洼地，可能导致申购的投资者很多，由此带动股价上涨。另外，由于投资者都使用了 PE 价值因子的模型，可能导致策略拥挤、收益率下滑。那么，低 PE 具有投资价值的一致性预期，带来的投资收益到底是会增加还是会减少呢？

3.3.5 因子检验

投资因子需要检验有效性和稳定性，一般通过两个指标来检验：一个是 IC(information coefficient)，即信息系数；另一个是 IR(information rate)，即信息比率。

IC 表示当前时间 T 所选股票（或其他证券）的因子值与股票 T+1 期收益率的截面

相关系数,通过 IC 值可以判断因子值对下期收益率的预测能力。

什么是"截面"呢?在某一个时间点对全部股票(或一个指数下的全部股票)的状态观测被称为截面。形象一点儿来说,就是在时间轴上选了一个时间点,然后切了一刀,对切下去的截面进行分析。IC 本质是因子和回报的相关系数,并且 IC 与大盘的涨跌没有关系,大盘的涨跌对所有个股的相对排名没有影响。

IC 计算方法:将持有期期初 N 只股票的因子值(或排序值)与这 N 只股票在持有期期末的对应收益率(或排序值)的相关系数计算出来,即可得到 IC 信息比率。

这个概念可能有些晦涩难懂,笔者用一个例子来说明。

假设我们对过去某一个时刻 $T-1$ 进行因子分析,我们可构建一个由流通市值和 PB(市净率)共同组成的复合因子来计算 IC。单因子 IC 的计算方法是一样的。

假设:流通市值越大的公司,业绩确定性越好,因子与收益增长具有单调正向关系;但 PB(市净率)越大,个股的成长性一般越好(反向关系),为了取得与流通市值单个因子相关性的一致性,我们对 PB 进行倒数处理。如果该复合因子有效,1/PB 越大,理论上个股成长性越好。

我们成功构建了"流通市值 -PB 倒数"复合因子,该因子是否有效可通过 IC 值进行检验。标准普尔 500 指数的成分股在时刻 T 共有 482 只个股,为了方便以整数数量股票为单位进行分组,剔除两只个股,个股总数为 480 只,原始数据如表 3-6 所示。

表 3-6　标准普尔 500 成分股因子数据

个股编号	时刻 T 收盘价 / 美元 / 股	时刻 $T-1$ 收盘价 / 美元 / 股	时刻 $T-1$ 流通市值 / 美元	时刻 $T-1$ 市净率	时刻 $T-1$ 市净率倒数	涨跌幅 $T-(T-1)$
1	190.9000	141.7100	9 792 334 027.91	3.3654	0.297	34.712%
2	150.5700	89.9800	132 877 264 505.70	8.1605	0.123	67.337%
3	155.8000	93.3300	18 983 580 524.10	78.592	0.013	66.935%
4	114.8700	90.7600	160 540 401 787.76	4.5352	0.220	26.565%
5	291.5500	199.9300	127 478 463 716.12	6.2633	0.160	45.826%
6	88.3100	39.0000	21 664 352 190.00	0.9133	1.095	126.436%
7	95.8700	70.5100	17 408 286 595.81	1.7753	0.563	35.967%
8	22.0000	12.7700	8 490 868 455.75	2.7894	0.359	72.279%
9	59.1200	37.1700	26 669 769 349.23	0.9032	1.107	59.053%
10	57.7300	31.5100	27 139 268 349.99	0.4851	2.061	83.212%

（续表）

个股编号	时刻 T 收盘价 / 美元 / 股	时刻 $T-1$ 收盘价 / 美元 / 股	时刻 $T-1$ 流通市值 / 美元	时刻 $T-1$ 市净率	时刻 $T-1$ 市净率倒数	涨跌幅 $T-(T-1)$
11	180.0500	104.3700	6 225 905 541.24	1.2399	0.807	72.511%
12	161.0200	93.8200	17 790 242 220.00	1.979	0.505	71.627%
13	255.0500	75.0400	7 978 148 794.56	1.3693	0.730	239.885%
14	47.1300	35.7400	4 381 201 195.28	1.2046	0.830	31.869%
15	133.6900	97.7300	30 698 565 964.35	1.3225	0.756	36.795%
16	110.7800	99.0300	9 132 569 178.84	12.3147	0.081	11.865%
17	13.1000	9.8600	15 523 952 241.42	3.3385	0.300	32.860%
18	120.4400	91.6900	21 036 628 698.86	3.0348	0.330	31.356%
19	274.3300	146.2200	17 888 152 402.56	3.5705	0.280	87.615%
20	254.6900	252.0100	111 717 655 188.37	20.8312	0.048	1.063%
21	103.7100	227.3100	17 208 393 531.96	4.1434	0.241	−54.375%
22	512.4300	287.2500	72 420 348 863.25	2.0131	0.497	78.392%
23	272.7400	197.8400	45 717 774 098.56	38.8426	0.026	37.859%
24	59.6300	47.2100	7 607 436 726.07	4.2056	0.238	26.308%
25	242.4900	235.1600	51 936 178 788.52	3.7567	0.266	3.117%
26	69.9200	95.5300	28 266 789 070.57	4.3987	0.227	−26.808%
27	101.7500	77.6300	19 786 012 623.65	2.3566	0.424	31.070%
28	163.3000	151.4500	19 112 208 669.45	1.1289	0.886	7.824%
29	116.7400	99.1800	12 130 855 859.34	1.4634	0.683	17.705%
……	……	……	……	……	……	……

IC 具体计算步骤如下所述。

(1) 对表 3-6 中的 480 只成分股**按照流通市值**（$T-1$ 时刻）**从大到小**进行排序，然后将每 48 只个股分成一组，均匀分成 10 组，从上往下，依次按照 1、2、3…10 对每一组进行编号，该字段称为"流通市值编号"。

(2) 同理，对表 3-6 中的 480 只成分股**按照市净率倒数**（$T-1$ 时刻）**从大到小**进行排序，然后将每 48 只个股分成一组，均匀分成 10 组，从上往下，依次按照 10、9、8…1 对每一组进行编号。注意，步骤 (2) 跟步骤 (1) 中编号 1、2、3…10 顺序相反，该字段称为"市净率倒数编号"。需要补充说明的一点是，数字编号是顺序还是倒序，**对**

最终相关性计算结果没有影响。假设按倒序编号，那么整个计算过程都要使用倒序，保持一致性即可。

(3) 对于步骤(1)中对流通市值的编号，以及步骤(2)中对市净率倒数(1/PB)的编号，将两者编号相同的成分股作为一组，计算其平均涨跌幅（T 时刻），得出**该组**的**平均收益率**。例如，对流通市值编号为 1 **同时**市净率倒数编号为 3 的所有成分股的涨跌幅求算术平均值，得出相同复合编号的平均收益率。由于流通市值编号从 1 到 10 共有 10 个，市净率倒数编号从 10 到 1 也有 10 个，理论上，共产生 10×10 小组的平均收益率。剔除空值，**实际得出96组**平均收益率。计算的方法和工具有很多种，比较简便的方法有：使用 **SQL** 的 "**by** 流通市值编号，市净率倒数编号" 语句；若数据量级较小，则直接使用 **Excel** 的数据透视功能即可。

(4) 对步骤 (1) 中的**流通市值编号**按照**从小到大**的顺序，也就是按照从 1 到 10 的顺序进行排序，然后对与流通市值编号相同的成分股进行二次排序，也就是对同一流通市值编号的成分股，也按照**市净率倒数编号从小到大**再重新排序一次，两次排序之后方可得到最终的组合排序（非独立排序）。基于所得的组合排序，从上往下依次按照 1、2、3…94、95、96 进行编号，这一排序称为 "复合因子排序"。需要补充说明的一点是，复合因子排序 1、2、3…94、95、96 是按照成分股流通市值编号不同且市净率倒数编号也不同进行操作的（按组编号），也是 "**by** 流通市值编号，市净率倒数编号" 的逻辑。举例来说，表 3-6 所示的个股编号为 21、367、207、154、457、248、210、436 的八只成分股的流通市值编号与市净率倒数编号都是 1，那么该组对应的复合因子排序就是 1。以此类推，从小到大按组进行复合因子排序，最终所得结果如表 3-7 所示。

(5) 同理，对步骤 (1) 中的**流通市值编号**按照**从小到大**的顺序进行排序，然后对流通市值编号相同的成分股进行二次排序，还要按照市净率倒数编号**从大到小**的顺序再重新排序一次，其他作业步骤与步骤 (4) 完全相同，最终所得结果如表 3-8 所示。

(6) 对 $T-1$ 时刻的复合因子排序与 T 时刻的收益率排序做相关性计算。

表 3-7　正向排序

算术平均 收益率	复合因子排序 Rank1	收益率排序 Rank2	秩次差值 d_i=Rank2-Rank1	秩次差值平方 d_i^2
−0.226	43	1	−42	1 764
−0.167	5	2	−3	9
−0.123	42	3	−39	1 521
−0.036	53	4	−49	2 401

（续表）

算术平均收益率	复合因子排序 Rank1	收益率排序 Rank2	秩次差值 d_i=Rank2-Rank1	秩次差值平方 d_i^2
−0.008	72	5	−67	4 489
0.018	59	6	−53	2 809
0.087	24	7	−17	289
0.124	6	8	2	4
0.132	32	9	−23	529
0.144	75	10	−65	4 225
0.149	22	11	−11	121
0.15	27	12	−15	225
0.157	1	13	12	144
0.161	61	14	−47	2 209
0.163	82	15	−67	4 489
0.166	13	16	3	9
0.191	23	17	−6	36
0.192	45	18	−27	729
0.218	89	19	−70	4 900
0.223	10	20	10	100
0.225	12	21	9	81
0.235	65	22	−43	1 849
0.236	47	23	−24	576
0.242	50	24	−26	676
0.26	71	25	−46	2116
0.263	90	26	−64	4 096
0.267	15	27	12	144
0.27	4	28	24	576
0.27	33	29	−4	16
……	……	……	……	……

表 3-8　倒向排序

算术平均 收益率	复合因子排序 Rank1	收益率排序 Rank2	秩次差值 d_i=Rank2-Rank1	平方 d_i^2
-0.226	50	1	-49	2 401
-0.167	91	2	-89	7 921
-0.123	49	3	-46	2 116
-0.036	41	4	-37	1 369
-0.008	22	5	-17	289
0.018	47	6	-41	1 681
0.087	70	7	-63	3 969
0.124	92	8	-84	7 056
0.132	58	9	-49	2 401
0.144	25	10	-15	225
0.149	68	11	-57	3 249
0.15	73	12	-61	3 721
0.157	87	13	-74	5 476
0.161	29	14	-15	225
0.163	14	15	1	1
0.166	79	16	-63	3 969
0.191	69	17	-52	2 704
0.192	52	18	-34	1 156
0.218	2	19	17	289
0.223	96	20	-76	5 776
0.225	78	21	-57	3 249
0.235	33	22	-11	121
0.236	54	23	-31	961
0.242	38	24	-14	196
0.26	21	25	4	16
0.263	3	26	23	529
0.267	81	27	-54	2 916
0.27	59	28	-31	961
0.27	90	29	-61	3 721
……	……	……	……	……

计算相关度系数，我们至少有以下三种方法。

- Normal IC——皮尔逊相关系数。
- Grey IC——灰色相关矩阵。
- Rank IC——斯皮尔曼相关系数。

实际交易中，会更多使用 Rank IC 的方法计算信息系数，计算公式为

$$r_{\text{spearman}} = 1 - \frac{6\sum_{1}^{n} d_i^2}{n(n^2 - 1)}$$

式中 n 等于 96，有四个空值，故剔除。通过表 3-7 的数据，计算得出

$$r_{\text{spearman}}^1 = 1 - \frac{6 \times 118\,080}{96 \times (96^2 - 1)} = 0.199\,132 >> 0.03$$

同理，通过表 3-8 的数据，计算得出

$$r_{\text{spearman}}^2 = 1 - \frac{6 \times 164\,848}{96 \times (96^2 - 1)} = -0.118\,068$$

r_{spearman} 值无所谓正负，若是负值，可把因子反向排序，因此只要看 r_{spearman} 绝对值的大小即可。一般而言，相关度绝对值大于 0.03 就表示因子有效，不过也有观点认为相关系数大于 0.05 表示因子有效，投资界并没有统一的标准值。但是可以确认的是，同等条件下，IC 越大，表示该因子的有效性越高。还可以绘制相关的回归分析图来辅助进行 IC 分析。当那些典型的规模因子去掉之后，再去挖掘稳定且 IC 大于 0.03 的因子或因子群，难度其实是急剧上升的，纵然 IC 等于 0.03，也不容易找到这样的因子。

本例假设流通市值和 1/PB **各自分别**对收益率的贡献都具有正向作用，**但是假设未必是成立的**。所以，对复合因子的两因子彼此间相对正反向要分别计算一次，三个因子及以上计算方法相同。$\left| r_{\text{spearman}}^1 \right| > \left| r_{\text{spearman}}^2 \right|$ 说明 r_{spearman}^1 的两种指标（流通市值和 1/PB）代表的不同因子的作用力正向叠加了，r_{spearman}^2 的两种指标代表的不同因子的作用力反向叠加了，由此确定存在因子贡献相互抵消的情形，且两者因子的贡献度相差较大。

复合因子 r_{spearman} 的分组数量对最终计算结果会有影响，但是对于结论是没有影响的。基于同样的个股数据能挖掘出众多因子及因子群，只要在对每种因子群进行 IC 检验的过程中，使用相同的分组数量即可，不改变各个因子和因子群 r_{spearman} 的相对大小。单因子 IC 的计算方法与此相同。

随着时间的流逝，IC 常常会发生衰减，因子会因为逐渐失效而不够稳定。所以，**IC 是衡量因子有效性的指标，而 IR 是衡量因子稳定性的指标**，两者应配合使用。信息比率 IR 的计算方法是用基金或资产组合的报酬率减去大盘报酬率，得出超额报酬率，再用超额报酬率除以该超额报酬的标准差。**一言以蔽之，IR 等于超额收益除**

以超额收益的波动率。所以 IC 和 IR 跟大盘走势都没有关系。IR 相对简单，笔者就不举例了。

IR 跟夏普比率类似，注意两者不要混淆。夏普比率的计算方法是用基金报酬率减去无风险收益率，所得差额报酬率再除该基金或资产组合的波动率。可以将夏普比率形象地理解成基金或资产组合的"性价比"，用一个"比"来达到风险溢价与风险波动之间的平衡。夏普比率高的基金或资产组合，一般收益曲线平缓，不会有很大幅度的起伏，投资者尤其是个人投资者的持仓体验会很好，客户流失率很低。

3.3.6　多因子分析的主观性

在第 1 章，我们已经学过因子的相关概念。我们知道，因子不等同于数据指标，数据指标也不等同于因子。因子不是伴随"多因子投资模型"的产生而产生的，恰恰相反，"因子分析"是统计学领域非常古老、成熟、应用广泛的分析方法，先有因子分析，后有因子投资模型。

本书第 1 章还罗列了进阶关系：指标→因子→因子群→策略。

需要说明的是，因子不是一个客观的指标或特征值，是虚构出来的"莫须有"指标，跟投资经理、分析师的个人主观意图以及行业惯例有关，是一个主观的概念。比如说，因子模型里常见的"情绪因子""价值因子"等，一般没有人确切地对这些因子进行解释，但顾名思义，人们大抵都懂。

那么，这种带有主观色彩的因子的作用是什么呢？它能解释一些事情，以及大部分投资的业绩影响因素。有人曾经问一位著名的物理学诺奖获得者："世界上有上帝吗？"该诺奖获得者回答："如果说，上帝是一个具体的人，我认为肯定是没有的；但是你要说，上帝是宇宙中存在的某种神秘力量，我认为是有的，要不然麦克斯韦方程组那么精妙对称，没法解释。"

下面用一个特别形象的例子来说明因子的性质，读者看完定会豁然开朗。

假设中学生有 6 门功课，分别是语文、数学、历史、地理、物理、化学。约定 6 门功课总分越高的学生，成绩越好。我们现在做一个课题研究：具备哪些特质的学生，成绩会很好？

基于这个课题的背景以及常识，我们事先杜撰两个因子出来（事实上因子应该在系统性分析之后，再由分析者事后推理和定义）：文科能力因子和理科能力因子。文科能力因子和理科能力因子指的是什么？笔者跟各位读者一样，说不出所以然，但是文科成绩好跟文科能力因子有关，理科成绩好跟理科能力因子有关。依据常识，这是大概率成立的。

笔者绘制了一张图，如图 3-3 所示，帮助读者理解因子分析。

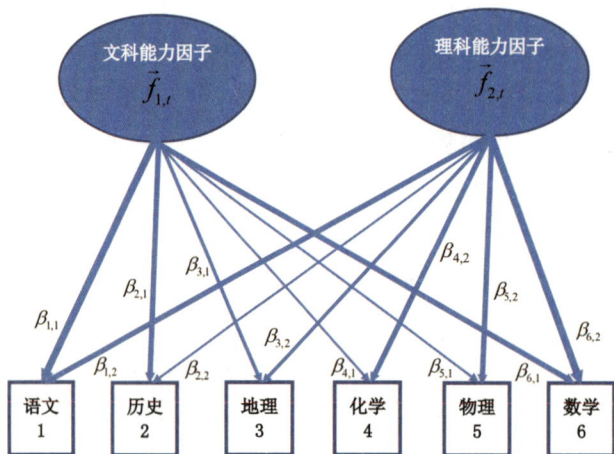

图 3-3　因子分析示意图

图 3-3 中各个 β 表示每个因子对各学科考试成绩的影响权重，斜线粗细表示影响程度的大小。下面公式中，α 表示超常发挥或者失常发挥对考生成绩的贡献度（即异象），ε 表示随机扰动。按照因子理论，第 t 次各科考试成绩的预期分数可以表达为

$$语文_t = \alpha_1 + \beta_{1,1}\vec{f}_{1,t} + \beta_{1,2}\vec{f}_{2,t} + \varepsilon$$

$$历史_t = \alpha_2 + \beta_{2,1}\vec{f}_{1,t} + \beta_{2,2}\vec{f}_{2,t} + \varepsilon$$

$$地理_t = \alpha_3 + \beta_{3,1}\vec{f}_{1,t} + \beta_{3,2}\vec{f}_{2,t} + \varepsilon$$

$$\cdots\cdots$$

$$数学_t = \alpha_6 + \beta_{6,1}\vec{f}_{1,t} + \beta_{6,2}\vec{f}_{2,t} + \varepsilon$$

综上，我们知道：

- 因子的意义具有模糊性，对因子含义的解释具有不唯一性，若把图 3-3 的两个因子定义成"表达因子"和"计算因子"，其实也可以，甚至你直接叫它"一因子"和"二因子"，同样可以。

- 仅就图 3-3 来说，我们是否可以再"造"一个"家庭背景因子"，用来分析学生家庭的父亲收入、**婚前母亲收入**及父亲、母亲、祖父的学历等对学生成绩的影响，并将其加在因子表达式上呢？可以，理论上可以添加很多因子。

- 排名靠前的各个因子对于预期结果的累计贡献度达到多少才算是有效因子，无论是在统计学上，还是在量化投资的学术界，目前都没有统一的标准阈值。

多因子模型并非一种纯粹的定量数学模型，而是主观与定量相结合的分析方法。

3.4　云模型，不确定性的 AI

3.4.1　"云滴"的随机性与模糊性

李德毅院士的著作里有云模型的详细介绍[2]。云模型是一种新型工具，属于不确定性人工智能的范畴，主要用于定性与定量之间的相互转换。自然界中的不确定性从属性角度来说，主要有随机性和模糊性，这跟单色光的"波粒二象性"有点类似。

"云"或者"云滴"(cloud) 是云模型的基本单元，"云"是指其在论域上的一个分布，我们可以用联合概率的形式(x, μ)来表示，下面用一个简单的例子来说明。

比如，x表示身高；μ表示高个子的隶属度 (或者称为确定度)，用来度量某种倾向的稳定程度；U表示论域，比如说高个子这个概念。在数学上描述一个人是高个子，是一件相当模糊的事情，因为无法确切地说身高多少才算高个子。当$x = 2$米，$\mu = 1.0$，我们认为身高 2 米的人，100% 属于高个子的人，几乎不用怀疑；当$x = 1.75$米，$\mu = 0.55$，我们可能认为一个身高 1.75 米的人，与高个子的符合程度只有0.55；自然，$x = 1.55$米，$\mu = 0.1$，则说明一个身高只有 1.55 米的人，我们几乎不认为他是高个子，我们假设他与高个子的相符程度只有 0.1。

云模型用以下三个数据来表示其分布特征。

期望：云滴在论域空间分布的期望，一般用符号Ex表示。

熵：定性概念的不确定性程度，由离群程度和模糊程度共同决定，一般用符号En表示。

超熵：用来度量熵的不确定性，即熵的熵，一般用符号He表示。

云有两种发生器，即正向云发生器和逆向云发生器，分别用来生成足够的云滴和计算云滴的云数字特征 (Ex，En，He)。首先介绍正向云发生器的触发机制。

(1) 生成以En为期望，以He^{2}为方差的正态随机数En'。

(2) 生成以Ex为期望，以En'^{2}为方差的正态随机数x。

(3) 计算隶属度，也就是确定度，$\mu = \exp(-\dfrac{(x - \text{Ex})^2}{2\text{En}'^2})$，则$(x, \mu)$便是相对于论域$U$

的一个云滴。这里我们选择常用的"钟形"函数 $\mu = \exp\left[-\dfrac{(x-a)^2}{2b^2}\right]$ (a , b 为常量) 为隶属度函数。

(4) 重复 (1)(2)(3) 步骤直至生成足够的云滴。逆向云发生器用来计算云滴的数字特征 (Ex，En，He)，这里介绍的是无须确定度的逆向发生器。假设样本 x 的容量为 n，其触发机制如下所述。

① 计算样本均值 $\bar{X}$ 和方差 S^2 ；

② $Ex = \bar{X}$ ；

③ $En = \sqrt{\dfrac{\pi}{2}} \times \dfrac{1}{n} \sum_{1}^{n} |x - Ex|$ ；

④ $He = \sqrt{S^2 - En^2}$ 。

3.4.2　云滴模拟基金的风格漂移

云模型可以观测金融数据轮廓层面的模糊性和随机性，或者用小样本交易数据部分还原整个交易行情的分布。

在分析云模型图谱之前，我们应先明确分析的维度：首先是云模型的期望；其次是确定度 (隶属度)，表示倾向的稳定程度，在图谱上表现出来的就是云滴是否集中；最后是离群程度，也就是随机性。

我们选择 4 只主动管理型公募基金，按照 3.4.1 节介绍的云模型雨滴生成步骤编写程序，对其时间序列上的每日净值进行空间变换 (从时间域转换成空间域)，基于云模型观测基金业绩的期望值和稳定度。

从图 3-4 可以清晰看出：

● 第 4 只基金的净值期望值的大部分"云滴"都低于 1(破净)；

● 第 2 只基金的净值波动太散，收益极其不稳定，需要进一步调研是否更换了基金经理，或者基金投资方向是否发生改变；

● 第 1 只基金和第 3 只基金相比，第 3 只基金期望值更高，业绩离群幅度较小，大部分情况下都保持很高的业绩稳定性和一致性。

基于云模型的角度，仅就这 4 只基金业绩水平进行比较，第 3 只基金最佳。云模型对于股票和基金相关属性的**整体**观测有一定的特色优势，提供了一个非常规的观测视角，把证券走势的时间序列观测转换到空间论域的观测。

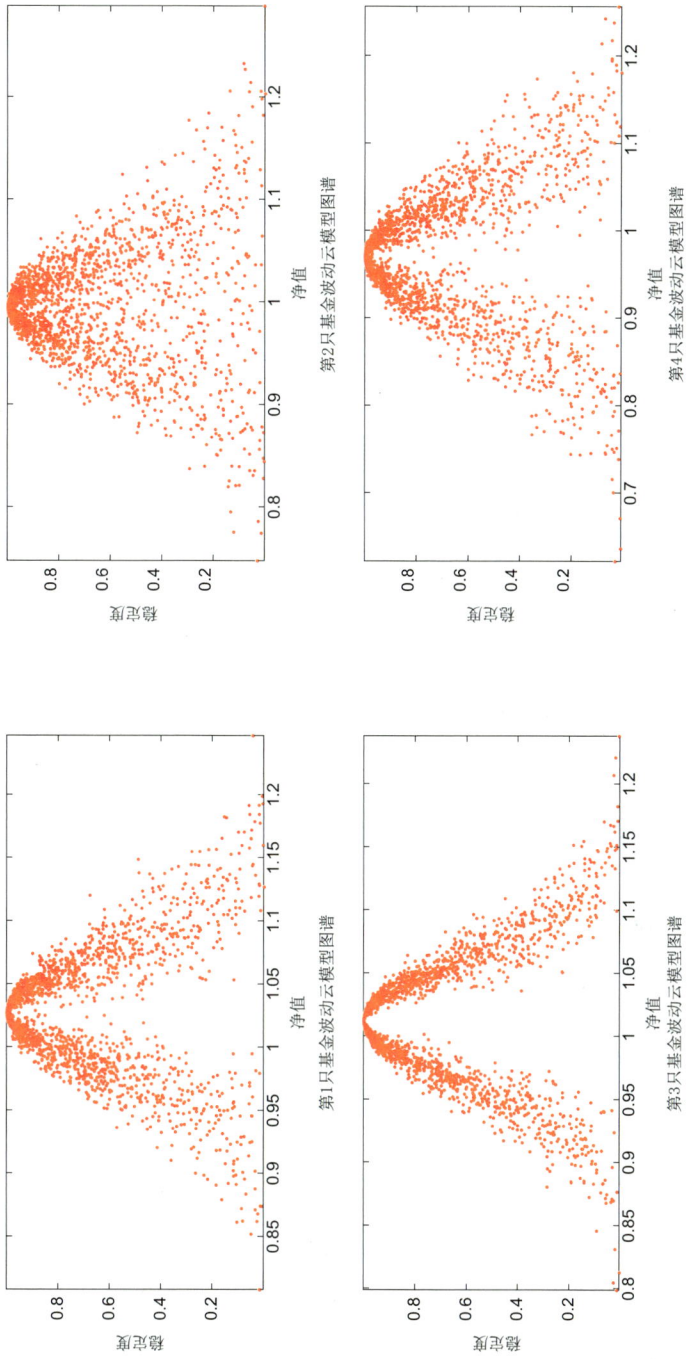

图 3-4 主动管理型公募基金净值波动云图

3.5　贝叶斯判别法，先验概率的 AI

3.5.1　后验概率

学习贝叶斯判别法，对于绝大多数读者来说有点难度，所以笔者在写这节内容的时候，反复推敲内容结构如何编排才能深入浅出地表达清楚。同时，每一个计算步骤都没有省略，方便读者阅读时有手把手的连贯性。

贝叶斯 (Bayes) 判别法跟一般统计学理论或者机器学习方法不同，一则是因为贝叶斯判别法有解决问题的通用模式；二则是因为它借助已知的先验概率，通过样本来修正先验概率，得到后验概率，最终使用后验概率来进行类判别，这是贝叶斯判别法的特色。

比如很多患者得肝癌是因为水，得肺癌是因为呼吸的空气，得胃癌是因为饮食的习惯。医生都有这样的先验经验。如果发现与癌症相似的轻微症状，医生首先通过年龄进行判断，大多数情况下，年纪轻轻的人不会得癌症。这里的年龄就是已知的先验概率。

先验概率比较广泛，比如预测一个班级的孩子当中，哪些将来可能成为科学家。父母双方若都是科学家，那孩子成为科学家的概率就会显著增大，这就是先验概率。"先验概率"是指事件发生前的预判概率。**基于先验概率再计算后验概率，理论上比其他统计学方法更加可靠，因为它继承了充分条件。**贝叶斯判别法就会用到条件概率。

我们用$P(B\,|\,A)$表示在事件A发生的条件下、事件B发生的条件概率；用$P(AB)$表示A和B同时发生的概率，也称为"联合概率"；而$P(A)$表示事件A发生的概率。根据统计学原理，条件概率公式为

$$P(B\,|\,A) = \frac{P(AB)}{P(A)} \Leftrightarrow P(B\,|\,A) \times P(A) = P(AB) \tag{3.10}$$

利用式 (3.10)，我们就能很方便地计算出各种有趣的条件概率。例如，根据数据统计，大熊猫活到 10 岁的概率为 0.8，活到 15 岁的概率为 0.6。如果现在有一只大熊猫 10 岁了，它能活到 15 岁的概率是多少？

我们用A表示大熊猫能活到 10 岁，用B表示大熊猫能活到 15 岁；用$P(B\,|\,A)$表示已知大熊猫已经活到 10 岁，能继续活到 15 岁的概率；用$P(AB)$表示大熊猫既能活到 10 岁又能活到 15 岁的概率。很显然，大熊猫活到 15 岁必然会经过 10 岁的过程，因此

$$P(AB) = P(B) = 0.6$$

从而所求概率为

$$P(B \mid A) = \frac{P(AB)}{P(A)} = \frac{P(B)}{P(A)} = \frac{0.6}{0.8} = 0.75$$

因此，如果大熊猫能活到 10 岁，那么它能继续活到 15 岁的概率为 0.75。

本节内容限于篇幅，我们只介绍朴素贝叶斯判别法。"朴素贝叶斯判别法"指的是假设所判定的各个维度之间是正交、独立的，那么复杂程度会相对低一些，计算量会相对小一些。

3.5.2　判别股票的动量反转

下面举例说明应用贝叶斯判别法的计算过程。假设有 A、B、C、D、E、F、G、H、I、J 一共 10 个因子，用来判定股票走势是继续上涨 (即"动量效应")，还是可能掉头下跌 (即"动量反转")。其中 K 列是后验结果，1 表示继续上涨，0 表示掉头下跌。实际使用中，对于 10 个因子的具体组合，各家量化机构差异较大，导致对反转判断的准确率也会大相径庭。

假设训练贝叶斯判别法的数据集如表 3-9 所示，样本容量是 40 对，K 列是分类结果集，A ～ J 列数据是训练样本。

表 3-9　数据集

A	B	C	D	E	F	G	H	I	J	K
1	549	68	1	1	1	0	1	0	1	1
1	498	38	2	2	2	0	0	0	0	1
2	268	68	2	2	2	0	2	0	0	1
1	198	68	1	1	1	0	0	0	0	1
1	598	68	2	2	2	0	0	0	0	1
1	698	62.5	3	3	3	0	0	0	1	1
1	268	145	1	1	2	0	0	0	0	1
1	238	49.5	2	2	4	0	2	0	0	1
1	298	168	2	2	2	0	0	0	0	1
1	188	128	1	1	1	0	0	0	0	1
1	198	68	1	1	2	0	0	0	1	1
1	268	99	2	2	2	0	0	1	1	1
1	698	68	5	3	5	0	1	0	1	1
1	438	188	4	3	5	0	0	0	1	1
1	304.2	68	2	2	3	0	2	1	0	1

（续表）

A	B	C	D	E	F	G	H	I	J	K
1	168	145	1	1	1	0	0	0	2	0
1	99	49.5	1	1	1	0	1	0	2	0
1	304.2	95	1	1	1	0	1	0	3	0
1	188	40.5	5	2	6	1	1	1	1	0
1	568	88	3	2	4	0	1	0	1	0
1	348	114	1	1	1	1	0	0	1	0
1	238	58	1	1	1	0	0	0	0	0
2	796.5	45	2	2	2	1	0	1	0	0
1	228	45	6	3	7	1	3	0	1	0
1	285	85.5	1	1	1	0	0	0	0	0
2	438	125	1	1	1	0	0	0	1	0
1	568	58	4	2	6	1	4	1	0	0
1	188	168	3	2	3	0	0	0	1	0
1	268	138	2	2	2	0	1	0	0	0
1	285	88	1	1	1	0	0	0	0	0
1	238	65	2	2	2	0	1	0	1	0
1	498	68	1	1	1	0	0	0	0	0
1	238	214.2	1	1	1	0	0	0	1	0
1	198	88	2	1	2	0	0	0	0	0
1	465	88	2	2	2	0	0	1	1	0
1	538	58	4	3	4	0	0	0	1	0
1	158	49	1	1	1	0	0	0	0	0
1	288	145	1	1	1	0	0	0	0	0
1	168	78	2	2	2	0	1	1	0	0
1	349	38	1	1	2	0	2	0	1	0

为了检验朴素贝叶斯判别法的效果，我们需要另外准备待分类的测试集，如表3-10所示。

表 3-10 测试集

A	B	C	D	E	F	G	H	I	J	K
1	538	109	2	2	3	1	0	0	0	0
1	255	99	3	2	3	0	1	0	1	0
1	485	78	1	1	1	1	0	0	0	1
1	188	168	2	1	2	0	0	0	0	1
1	268	55	2	2	2	0	1	1	1	0
1	268	78	1	1	1	0	0	0	1	0
1	238	115	1	1	1	0	0	0	0	0

（续表）

A	B	C	D	E	F	G	H	I	J	K
1	438	88	3	2	3	0	1	1	0	1
1	258	28	1	1	1	0	0	0	0	0
2	268	68	2	2	2	0	2	0	0	1
1	238	58	1	1	1	0	1	0	0	0
1	549	55	2	2	2	0	1	0	0	1

接下来便是针对这个问题组建贝叶斯判别模型，具体包括以下 5 步。

1. 求解先验概率

继续上涨的先验概率表达式为

$$p(K=1) = \frac{Q(K=1)}{Q(K=1) \cup Q(K=0)} = \frac{15}{40} = 0.375$$

掉头下跌的先验概率表达式为

$$p(K=0) = 1 - p(K=1) = 1 - 0.375 = 0.625$$

式中：Q 表示数量。

2. 建立后验概率模型

$$\text{posterior}(K=1) = \frac{p(K=1)p(A|K=1)p(B|K=1)p(C|K=1)p(D|K=1)p(E|K=1) \times}{\text{evidence}}$$
$$p(F|K=1)p(G|K=1)p(H|K=1)p(I|K=1)p(J|K=1)$$

$$\text{posterior}(K=0) = \frac{p(K=0)p(A|K=0)p(B|K=0)p(C|K=0)p(D|K=0)p(E|K=0) \times}{\text{evidence}}$$
$$p(F|K=0)p(G|K=0)p(H|K=0)p(I|K=0)p(J|K=0)$$

$$\text{evidence} = p(K=1)p(A|K=1)p(B|K=1)p(C|K=1)p(D|K=1)p(E|K=1) \times$$
$$p(F|K=1)p(G|K=1)p(H|K=1)p(I|K=1)p(J|K=1) +$$
$$p(K=0)p(A|K=0)p(B|K=0)p(C|K=0)p(D|K=0)p(E|K=0) \times$$
$$p(F|K=0)p(G|K=0)p(H|K=0)p(I|K=0)p(J|K=0)$$

式中：$\text{posterior}(K=1)$ 表示继续上涨的后验概率；

$\text{posterior}(K=0)$ 表示掉头下跌的后验概率；

evidence 表示"证据因子"，看起来比较复杂，实际上是很容易理解的。evidence 在正态分布中是常数项，其作用是使各类后验证概率之和为 1。evidence 不改变各类后验证概率的相对大小，只改变绝对大小。

3. 计算上一步数学公式中涉及的每一个条件概率

由于 B 和 C 是连续性变量，我们选择常用的正态分布来描述其两项特征值：均值和方差，后面会用到。在训练集中：

$$
当K=1时，\begin{cases} \overline{B}=380 \\ S_B^2=33\,500 \\ \overline{C}=90 \\ S_C^2=2052 \end{cases}
$$

$$
当K=0时，\begin{cases} \overline{B}=324 \\ S_B^2=27\,978 \\ \overline{C}=89 \\ S_C^2=2024 \end{cases}
$$

为了简化讲解的过程，我们对于待分类的测试集取第一条观测结果 [1 538 109 2 2 3 1 0 0 0] 作为例子进行说明。首先对 B 列观测结果 (也就是 538) 进行条件概率求解，即

$$
p(B=538\,|\,K=1)=\frac{1}{\sqrt{2\pi\sigma^2}}\exp[-\frac{(x-\mu)^2}{2\sigma^2}]=\frac{1}{\sqrt{2\pi\sigma^2}}\exp[-\frac{(538-\mu)^2}{2\sigma^2}]=0.0015
$$

其中，$\mu=380$，$\sigma^2=33\,500$。

同理可得

$$
p(C=109\,|\,K=1)=\frac{1}{\sqrt{2\pi\sigma^2}}\exp[-\frac{(x-\mu)^2}{2\sigma^2}]=\frac{1}{\sqrt{2\pi\sigma^2}}\exp[-\frac{(109-\mu)^2}{2\sigma^2}]=0.0081
$$

其中，$\mu=90$，$\sigma^2=2052$。

$$
p(B=538\,|\,K=0)=\frac{1}{\sqrt{2\pi\sigma^2}}\exp[-\frac{(x-\mu)^2}{2\sigma^2}]=\frac{1}{\sqrt{2\pi\sigma^2}}\exp[-\frac{(538-\mu)^2}{2\sigma^2}]=0.0011
$$

其中，$\mu=324$，$\sigma^2=27\,978$。

$$
p(C=109\,|\,K=0)=\frac{1}{\sqrt{2\pi\sigma^2}}\exp[-\frac{(x-\mu)^2}{2\sigma^2}]=\frac{1}{\sqrt{2\pi\sigma^2}}\exp[-\frac{(109-\mu)^2}{2\sigma^2}]=0.0080
$$

其中，$\mu=89$，$\sigma^2=2024$。

4.计算离散维度变量的条件概率

$$
p(A=1\,|\,K=1)=\frac{14}{15}=0.9333,\ \ p(D=2\,|\,K=1)=\frac{7}{15}=0.4666
$$

$$
p(E=2\,|\,K=1)=\frac{7}{15}=0.4666,\ \ p(F=3\,|\,K=1)=\frac{2}{15}=0.1333
$$

$$
p(G=1\,|\,K=1)=\frac{0}{15}=0,\ \ p(H=0\,|\,K=1)=\frac{10}{15}=0.3333
$$

$$
p(I=0\,|\,K=1)=\frac{13}{15}=0.8666,\ \ p(J=0\,|\,K=1)=\frac{10}{15}=0.6666
$$

同理可得

$$p(A=1\,|\,K=0)=\frac{23}{25}=0.9200,\;\; p(D=2\,|\,K=0)=\frac{6}{25}=0.2400$$

$$p(E=2\,|\,K=0)=\frac{9}{25}=0.3600,\;\; p(F=3\,|\,K=0)=\frac{1}{25}=0.0400$$

$$p(G=1\,|\,K=0)=\frac{5}{25}=0.2000,\;\; p(H=0\,|\,K=0)=\frac{15}{25}=0.6000$$

$$p(I=0\,|\,K=0)=\frac{20}{25}=0.8000,\;\; p(J=0\,|\,K=0)=\frac{11}{25}=0.4400$$

5. 继续上涨和掉头下跌的后验概率计算

继续上涨的后验概率为

$$\text{posterior}(K=1)=0.9333\times0.0015\times0.0081\times0.4666\times0.4666\times0.1333$$
$$\times0\times0.3333\times0.8666\times0.6666=0$$

掉头下跌的后验概率为

$$\text{posterior}(K=0)=0.9200\times0.0011\times0.0080\times0.2400\times0.3600\times0.0400$$
$$\times0.2000\times0.6000\times0.8000\times0.4400=1.18187\times10^{-9}$$

显然有：$\text{posterior}(K=0)>>\text{posterior}(K=1)$，所以我们将测试集的第一条观测结果 [1 538 109 2 2 3 1 0 0 0] 判定为隶属于 $K=0$ 的分类，也就是说这只股票会掉头下跌，对照测试集 K 列分类结果显然是正确的。

投资中赌盈亏概率尤其是基于先验概率赌盈亏概率，准确率会大为提升。因此，贝叶斯判别法在证券量化交易中应用广泛，该方法同样需要训练集和测试集，是 AI 量化投资中不可或缺的工具。

3.6　*K*-means 聚类法

3.6.1　数学原理

K 均值聚类算法 (K-means clustering algorithm)，也叫"K-means 聚类法"，是一种迭代求解的聚类分析算法，这种算法先把数据对象分为 K 个簇，随机选取 K 个对象作为初始簇的中心，对于剩余的每个对象，根据其与各个簇中心的距离，将它分配给距离它最近的聚类中心 (也叫"质心")，再重新计算每个簇的平均值。这个过程不断重复执行，直到准则函数收敛，也就是 E 不再明显地发生变化。收敛准则函数为

$$E=\sum_{i=1}^{k}\sum_{x\in C_i}|x-\bar{x}_i|^2$$

式中：E 表示所有对象的误差平方总和；

　　　x 表示给定的数据对象；

　　　C_i 表示数据对象的簇；

　　　$\bar{x}_i$ 表示簇 C_i 的平均值。

3.6.2　中证 1000 成分股量价因子聚类

中证 1000 指数指的是，选取中证 800 指数样本以外的、规模偏小且流动性好的 1000 只股票作为指数样本，综合反映中国 A 股市场中一批小市值公司的股票价格表现，与沪深 300 和中证 500 等指数形成互补。

笔者对中证 1000 指数的所有 1000 只成分股，按照双因子"流通市值"和"换手率"进行 K-means 聚类分析。聚类结果如图 3-5 所示，图中数据标签表示聚合成两大簇类的聚类中心。对中证 1000 成分股进行分层和分群后，量价因子构成了截然不同的聚类中心。**我们还可以继续对不同簇进行投资业绩的时序观测，看看不同簇之间的未来收益表现是否有显著性差异。**

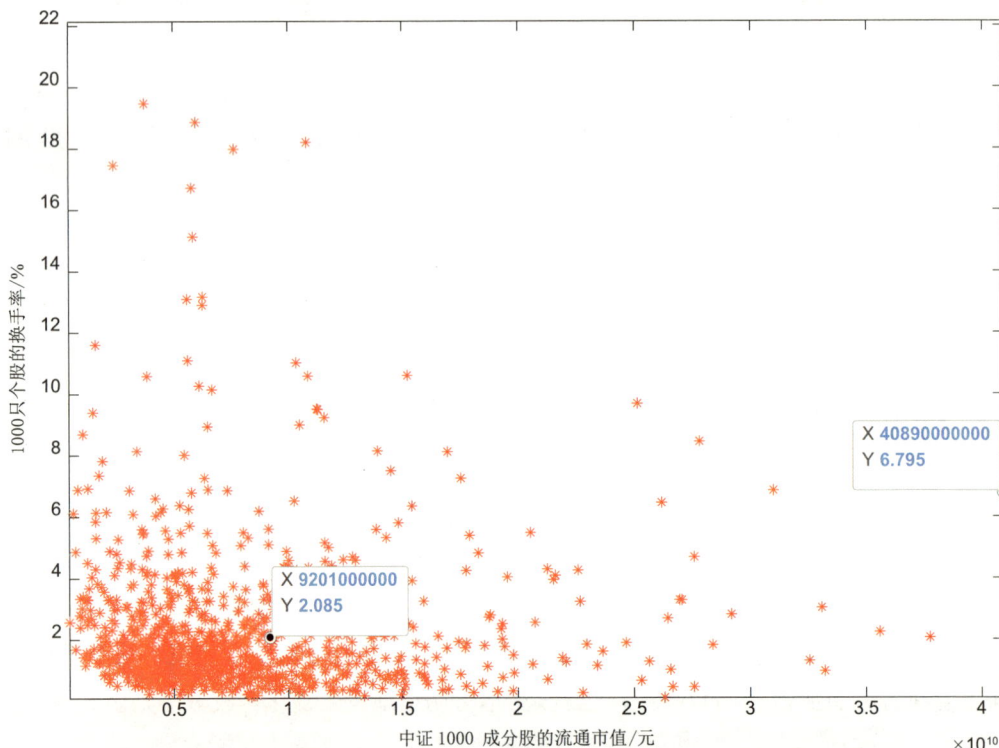

图 3-5　中证 1000 成分股 K-means 聚类结果

3.6.3　A 股全指个股量价因子聚类

A 股市场有超过 5000 只股票，笔者同样编写程序对 A 股所有个股按照量、价两个维度聚类成两个簇类 (剔除空值)，输出结果如图 3-6 所示。

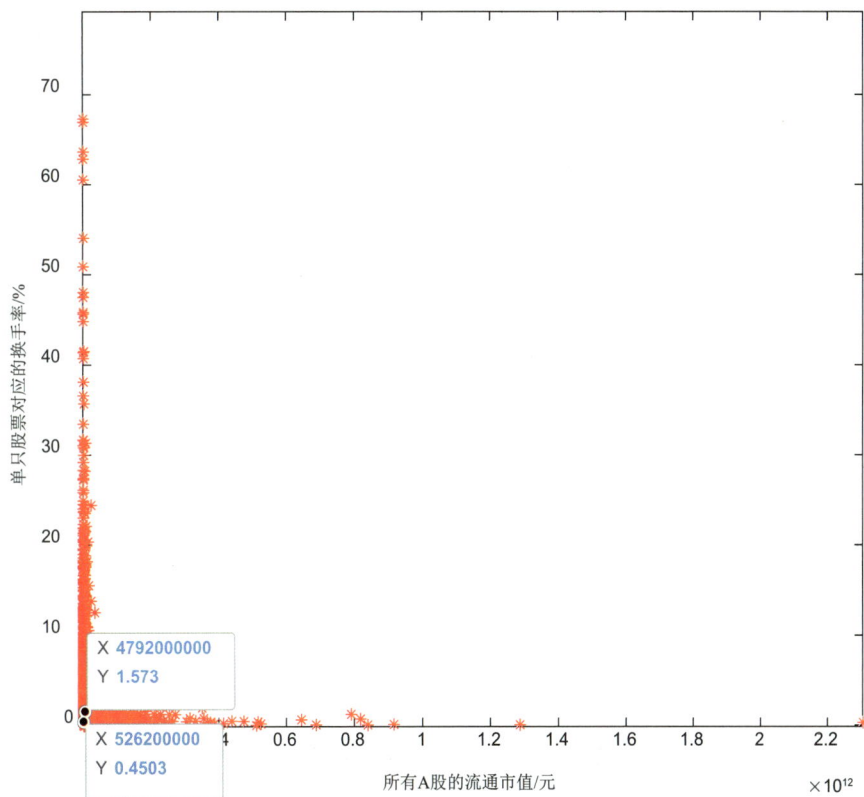

图 3-6　A 股全指成分股 *K*-means 聚类结果

对比图 3-5 的聚类中心，图 3-6 中不同的是，A 股全指成分股聚类的簇内个股相差悬殊，尤其是流通市值规模相差一个数量级，而少数个股的换手率甚至超过 60%。

考虑到 A 股全部股票数量众多，聚成两类相当粗糙，可以考虑对上一层聚类过的簇内数据进行进一步的钻取式聚类。我们将上一层每一簇再聚类成两个子类，然后把两个子类再次聚成两个子类别……直到能够清晰地观测量价因子的显著性差异，如图 3-7 所示。

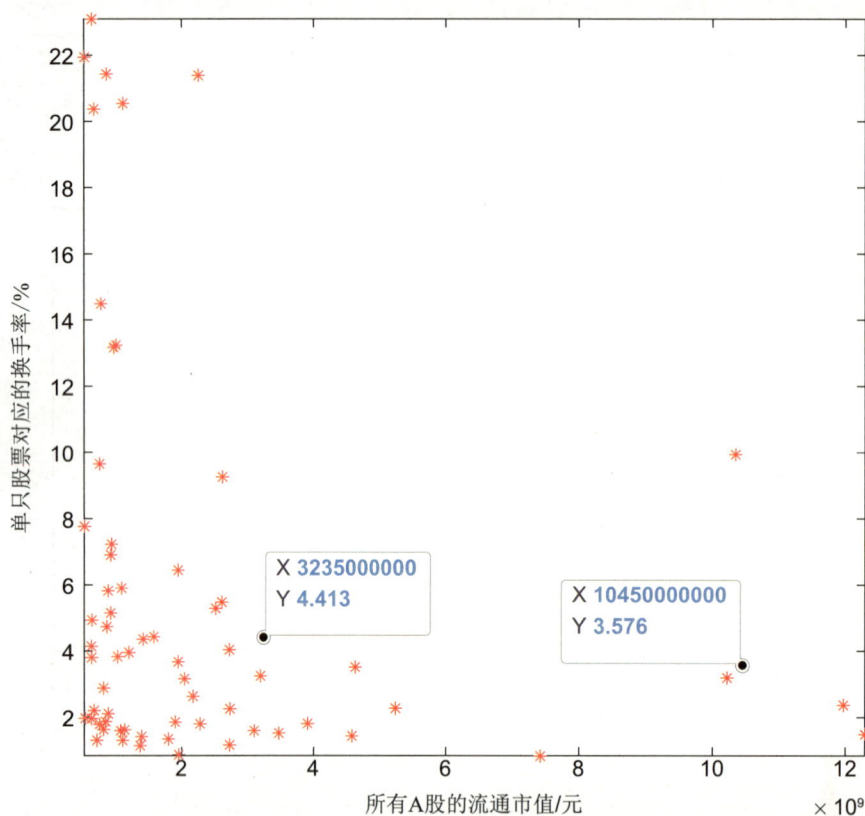

图 3-7　A 股全部成分股子类在多次聚类后的簇图

图 3-7 显示这次聚类效果很好，多数个股聚集在左侧聚类中心的周围，少数游离的个股位于右侧的聚类中心附近。**每一次聚类都能进行规则挖掘，然后形成条件单。**

3.7　行为金融交易法

3.7.1　前景理论

什么是行为金融学？抛开晦涩难懂的严谨学术定义，行为金融学就是心理学和金融学结合的一门学科，研究人的投资行为和思考惯性。行为金融学也是一门交叉学科，展现出很强的生命力和创新力。

曾有人分析过赌场的 1000 个数据，发现胜负的概率分别为 53% 与 47%，其中赢钱离场的人平均盈利 34%，而输钱离场的人平均亏损 72%。胜负概率相近、赔率相差悬殊的原因是人的劣根性，使赌场并不需要做假就可以获利——损失厌恶的心理会使投资 (投机) 者在发生亏损时不愿意止损。

有一个心理学实验，让人们在以下两组之间做一个选择。

(1) 获得收益 100 元；

(2) 有 51% 的概率获得收益 200 元，有 49% 的概率获得收益 0 元。

多数人会选 (1)，因为可以稳赚 100 元。

如果改变实验条件：

(1) 损失 100 元；

(2) 有 51% 的概率损失 200 元，有 49% 的概率损失 0 元。

多数人会选 (2)，因为人们潜意识中会有规避损失的侥幸心理。

以上心理学实验说的就是行为金融学的"前景理论"：大多数人在面临获利的时候具有风险规避的心理；在面临损失的时候具有风险喜好的心理。赌场的案例就符合这一理论，损失厌恶使失去的感受比得到的感受深刻得多。

用一个成语概括就是：趋利避害。

经典的金融学研究市场"应该"是什么样子的，而行为金融学研究的是市场"实际"是什么样子的。比如有人告诉你地上有 1000 元，传统金融学倾向认为不可能，因为有的话肯定早被人捡走了。行为金融学倾向认为："怎么不可能？"你跑过去一看，果然有 1000 元，开开心心地捡走了 [3]——行为金融学认为，多数人或者一个人的多数时候都是非理性的，群体决策会朝着意见一致的方向趋同、靠拢——只要有人告诉你地上有 1000 元，大家都一窝蜂跑去捡，像极了股市踩踏的情景。

所以，行为金融学也是一种投资决策的思考方式，它的特别之处在于决策时考虑了感性的一面。

有一个小故事，笔者至今记忆深刻，这是关于林肯幼年的一段经历，大概意思是：林肯父亲在西雅图有一座农场，农场布满了石头。正因为如此，父亲才能够以较低的价格买下了它。母亲想把石头都搬走。父亲说，别瞎耽误工夫，如果石头可以搬走的话，原来的主人早就搬走了，我们就不可能用这么划算的价钱买到这座农场。有一年，父亲去城里买马，母亲带着林肯及兄弟姐妹一起在农场劳动。母亲说："让我们把这些碍事的石头搬走，好吗？"于是他们开始挖那一块块石头。用了不长时间，他们就把那些石头搬弄走了。事实证明，那些石头并不像父亲想像的那么难处理，只要往地下挖一英尺，就可以把它们搬走。

不是说感性总会欺骗你，只是它也有失真的一面。

股票市场之所以存在"应该"与"实际"之间的差异，还是因为 A 股参与主体是个人投资者，而他们在投资决策时往往是非理性的，理性决策的要素被主观抑制了。举一个例子。中彩票是小概率事件，意味着买彩票中大奖是统计学上的"不可能事件"。但是，买彩票的人依然很多，很多人聚合在一起进行非理性投资，能让整个市场的走向发生改变。这是资本市场"应该"与"实际"之间存在巨大差距的根本原因。我们可以用行为金融的公式表述，即

$$V = Pv \tag{3.11}$$

式中：V 表示行为金融学中的期望价值。前景理论研究表明，个体在行动之前，都会考虑会带来什么前景，也就是后果、结果。前景大小用"期望价值"来衡量。

P 表示决策时的思考权重。比如个体倾向将小概率高估，**把不太可能赋予绝对不可能的决策权重**（古今中外，亘古未变，如林肯幼年在农场搬石头的经历），而把极有可能看成绝对可能。

v 表示 S 形形态的价值函数，收益、价值越大或财富越多，人们感受到的幸福感往往会产生边际递减效应。比如，顶级富豪往往将财富看成账户数字，现实中对钱没兴趣的人确实存在，他们都是超高净值者。

需要说明的是，式 (3.11) 虽然能反映投资行为的真实性，但是难以精确刻画诸多自变量，比如给 P 赋予具体的数值就比较难——**这是一种主观的量化**。

3.7.2　面向未来

从行为金融学的角度来看，个人投资者的投资行为体现出寻找参考点的核心规律。比如某员工年终奖发了 5 万元，按道理他应该很开心，但实际未必开心——当他得知小组负责人年终奖为 50 万元时，他大概率不开心。

买入股票的持仓成本、买入基金的净值、盈亏平衡点、股价相比低点已经上涨的幅度等，这些都是感性投资者决策时的心理参考点。为了避免受到心理参考点的干扰，投资决策要抓住**"面向未来"**这一投资法则。

举一个例子。最近 5 年贵州茅台的股价连续大涨，如图 3-8 所示，股价从当初的100 多元 / 股猛涨到 2600 多元 / 股，远远超过绝大多数资产的同期收益。

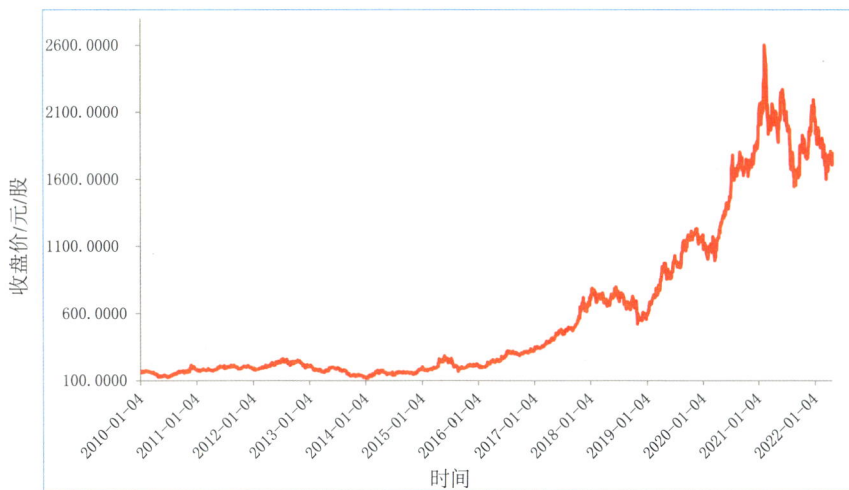

图 3-8　贵州茅台 (600519.SH) 最近 12 年的股价走势

但是，作为市场交易主体的个人投资者，依靠茅台股价上涨而获得 10 倍以上高额回报的却寥寥无几。原因是什么？很简单，个人投资者会在投资决策的时候不自觉地参考过往的"参考点"——多年来茅台股价都在 200 元 / 股的附近徘徊，现在已经超过 1000 元 / 股，股价"太高"，风险"太大"。机构投资者更加理性，不会仅参考"股价"(所谓的参考点，动态的) 这个单一指标，而是会面向未来评估这只股票的财务基本面和利润增长速度，再加上茅台酒本身具有工艺和原料方面的稀缺性，高股价是其在资本市场长期受到追捧的结果。

同时，个人投资者群体中普遍存在"低股价幻觉"效应——认为股价越低，将来的成长性就越好。

价值投资者的代表，如巴菲特和芒格，一般会在优质股票股价低的时候提前布局，在股份顶点尚未完全到来的时候提前抛售。而金融大鳄索罗斯则认为，只要市场上大众的预期一致，就值得投资。因此，行为金融学投资的基本原则是：**不买理性投资者或者专业机构投资者认为最好的那只股票，而是买别人都觉得最好的那只股票**(即使估值超过 60 倍)——这便是行为金融学另一个核心规律——投资要符合群体预期，市场是非理性的，市场是感性的。

3.7.3　信息交易者与噪声交易者

行为金融学认为，个人投资者会重蹈覆辙，这次买错股票了，下次还会买，不会改变。因此，理论上，跟普通投资者行为相反就是有效的投资策略，比如对于"追涨杀跌"，专业投资机构只需沿着相反的方向做多、做空即可。**不过，这也仅是理论上的构想，在投资实践中未必行得通。比如做策略投资时跟市场的"追涨杀跌"方向相反，虽然风险更小，但是很难在市场上募到资金，因为市场热度没上来或者恐惧情绪没有消退。**

在投资实践中，行情不好，基金浮亏，个人投资者会对基金经理感到不满，但是，个人投资者若赎回基金，自己去买股票或者投资理财产品，亏了也不会有怨言。小时候，笔者在农村老家收割稻谷的时候，经常看到田里有小孩割稻谷，如果不小心浪费一点点稻谷，大人都会训斥小孩。但是这些大人农闲时候去打牌，一输就是几十块钱甚至上百块钱，他们一点也不心疼。这就是人性。这种情形也许用"行为金融学"才能解释清楚。对于多因子投资模型来说，任何因子都解释不清，而市场恰恰不乏"噪声交易者"。

行为金融学有一个很重要的贡献，笔者认为是行为资产定价模型 (behavioral asset pricing model，BAPM)，限于篇幅，对于具体的数学模型就不展开推导了。它把市场上的交易对象分成两类：信息交易者和噪声交易者，并给出结论，即

$$\beta_{\text{BAPM}} = \text{NTR} + \beta_{\text{CAPM}} \tag{3.12}$$

式中：β_{BAPM} 表示基于 BAPM 的因子暴露；

β_{CAPM} 表示基于 CAPM 的因子暴露；

NTR 表示噪声交易风险。

BAPM 与 CAPM 之间存在相反相成、相生相克、相似相容、相辅相成的关系，需要着重强调以下两点。

(1) NTR 的值是很难准确估算的，并且有效时间很短。

(2) 由于噪声交易者承担了更多的风险，理论上，收益应该更高，不过投资实践结果跟我们直观的感受恰好相反。噪声交易者承担的风险大，但是可能收益小，风险与回报常常是非对称性的。因此，笔者**基于个股视角而不是投资者视角对式 (3.12) 进行优化，即**

$$\text{BCTR} = \lambda\beta_{\text{BAPM}} + (1-\lambda)\beta_{\text{CAPM}} \tag{3.10}$$

式中：BCTR 表示个股风险的总暴露灵敏度；

λ 表示弹性系数。

至此，笔者结合经典的投资理论——CAPM 思想，再结合 BAPM 思想，清楚地发现一只股票的涨跌主要源于以下两方面因素。

- 市场对个股影响的权重。
- 个人投资者对个股影响的权重。

显然，λ 越大，市场越趋于非理性；反之，则趋于理性。个股的涨跌是 β_{BAPM} 和 β_{CAPM} 相互影响的结果。

第4章　量化策略

4.1　量化投资流程与策略分类

4.1.1　策略实现流程

量化投资的完整流程是什么样的呢？如图 4-1 所示。

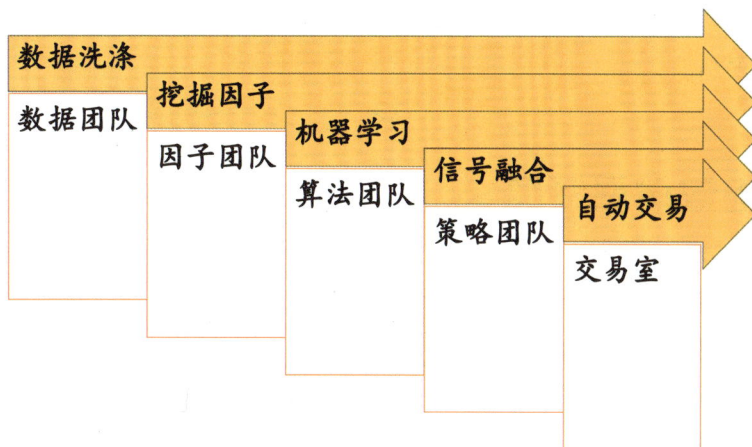

　　传统交易都是由人工完成的，而量化策略的交易大部分由程序自动化完成，只在突发重大行情时由人工完成。本章具体介绍各种量化策略。实际上，在二级市场赚钱并不容易，因为无论在行情最高点（牛市）还是最低点（熊市），交易量都极其稀少。量化策略因其无论牛熊市都有可能盈利而独树一帜。

4.1.2 量化策略分类

图 4-2 罗列了常见的经典量化策略，对于各式各样的套利策略本章就不再重点介绍了。其中，指数增强策略、对冲中性策略和量化选股策略都是股票策略。量化选股策略中的 Smart β 是区别于传统市场因子 β 的一种说法，是指通过优化指数 (如沪深 300、中证 1000 等) 的选股和权重，增大因子暴露，从而超越原来指数，实现"青出于蓝而胜于蓝"的目标，不再注重特定指数的跟踪误差，拥抱风险敞口。关于量化选股本书第 8 章也有涉及，本章便不再单独介绍了。

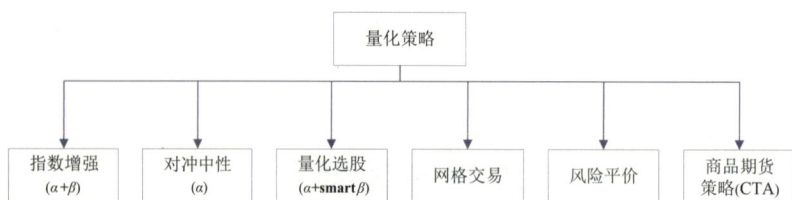

图 4-2 量化策略分类 [①]

关于网格交易策略，一部分券商已经把它封装成 T0 机器人了，专门用于算法套利，以增厚收益。还有一些投资策略，基金经理已经将其封装成基金产品了，比如"狗股策略"，市场上公开交易的红利指数基金多数都使用了"狗股策略"的原理。此外，新股申购、一级半市场定增等策略也有可能出现在量化策略中，需要留意政策文件和市场环境对策略的影响。

4.2 指数增强策略

指数增强策略是指在所跟踪的目标指数当中，定量选出来几十只或者几百只股票 (取决于指数规模大小和基金规模大小)，成立一个新的股票组合，该组合能继承原来指数的 β 收益，同时还能产生指数没有的 α 收益，如图 4-3 所示。其中，β 收益是市场大盘的趋势收益 (或称为暴露收益)，而 α 收益则是投资经理通过策略投资主动获取的超额收益。股票遴选的具体方法可以参考本书第 3 章内容。

指数增强策略在复制指数的基础上，增加了主动管理的理念，获取的是指数收益和超额收益。衡量指数增强策略好坏时主要考察**跟踪误差**和**超额收益水平**。指数增强策略不追求绝对收益，而是旨在战胜指数的同时还能"盯住"指数。如果绝对收益很

---

① CTA，commodity trading advisor，商品期货策略。

高但跟踪误差较大，也不是成功的指数增强策略，而且业绩的一致性效果往往不能重现。

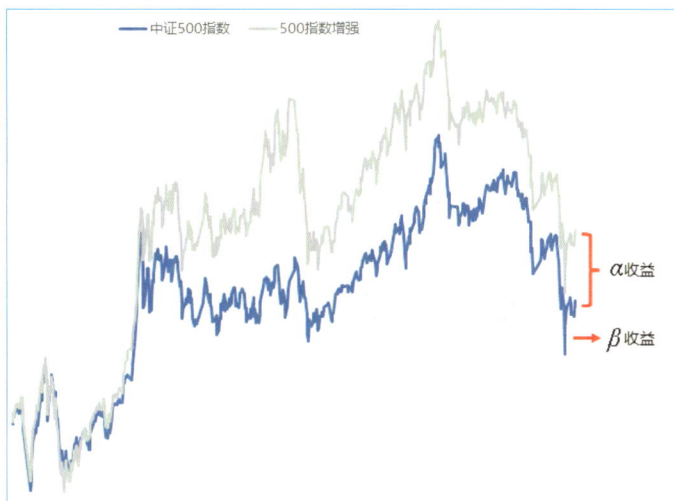

图 4-3　一只中证 500 指数与其指数增强

　　指数增强策略的大部分收益仍是 β 收益，所以持有时间不能太短，完全开放式或者封闭期很短的指数增强基金，其业绩往往不会很好，还是需要一定的时间"捂"住不动，静观行情起起落落，若如诗经《诗·王风·采葛》所云"一日不见，如三秋兮"，大抵是不行的，持有此种策略性基金的投资者需有较强的耐心。

　　指数增强策略在国内正式用于交易，距今也有十多年的历史了，相对成熟。无论是公募基金还是私募证券基金，都有不少指数增强策略产品。例如，沪深 300、中证 500 等指数，与其对应的指数增强量化基金较多；小盘股指数中证 1000，也有对应的指数增强产品。

　　图 4-4 是两只沪深 300 指数增强型公募基金复权单位净值与沪深 300 指数之间的走势比较，最下面的曲线是沪深 300 指数，中间的曲线是指数增强基金 (A)，最上面的曲线是指数增强基金 (B)。从 A 和 B 两只指数增强型的量化基金 6 年多的投资收益来看，指数增强基金可以长期优于对应的指数，说明"优中选优"基于条件概率的策略是有效的，而并非像有些人所说的："指数增强基金短期能优于指数，长期收益与指数相差无几。"不过，有的增强指数基金较长区间内的业绩不如跟踪的指数。

　　从证券资产管理规模上看，指数增强是经常使用的量化策略，也就是 $\alpha + \beta$ 的策略。随着我国证券市场制度持续完善，市场越来越规范，获取 α 超额收益会越来越难。几乎所有丰厚的 α 收益都源于各式各样的套利。

图 4-4　2016 年 1 月 1 日至 2022 年 5 月 20 日指数增强基金复权单位净值

4.3　对冲中性策略

4.3.1　策略原理

对冲中性策略，顾名思义，就是把 β 收益对冲掉，只取 α 收益。

国内对冲中性策略大同小异，具体操作过程：定量优选沪、深两市股票，使用股指期货对冲工具，同时构建多头和空头头寸以对冲市场风险。只要股票多头收益大于做空股指的收益，对冲中性策略的绝对收益就会大于 0。也就是说，同时进行多头和空头操作，对冲投资组合的 β 系统性风险，以获得与市场组合相关性较低的超额收益 α。

那么，在实际操作过程中，如果同时进行做多和做空操作，正负收益抵消，难以产生绝对正收益，是不是对冲中性策略就会无效呢？当然不是！

我们以沪深 300 股指期货为例。一边做多沪深 300 一部分成分股，一边做空沪深 300 股指期货，只要多头股票组合的收益率能超过沪深 300 指数的收益，就会产生绝对的 α 收益。因此，若投资经理择股择时的能力较强，对冲中性策略就能盈利，就会有超额 α 产生。一言以蔽之，对冲中性策略只赚 α 收益。

所以，依据对冲中性策略的原理，股票多头和股指空头在基金净值中的占比并非相等或相近，视具体行情而定。

另外，风险对冲是需要成本的，所以上述策略的收益并不是最终收益，需要减掉对冲成本，如图 4-5 所示。

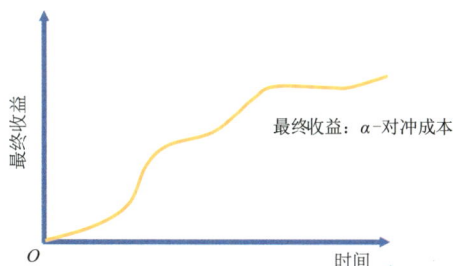

图 4-5　对冲中性策略原理

4.3.2　期货升贴水

股指期货投资中会使用较多的对冲工具。期货是有升水和贴水行情的，我们以中证 500 为例来说明。股指期货贴水，就是指股指期货的价格比现货价格低，所以叫"贴水"；股指期货升水，就是指股指期货的价格比现货价格高。用"基差"来表示现货和期货的价差程度，基差 = 现货价格 − 期货价格。下面笔者以中证 500 股指期货 (IC00. CFE) 为例说明升贴水。中证 500 期现货升贴水行情如图 4-6 所示。

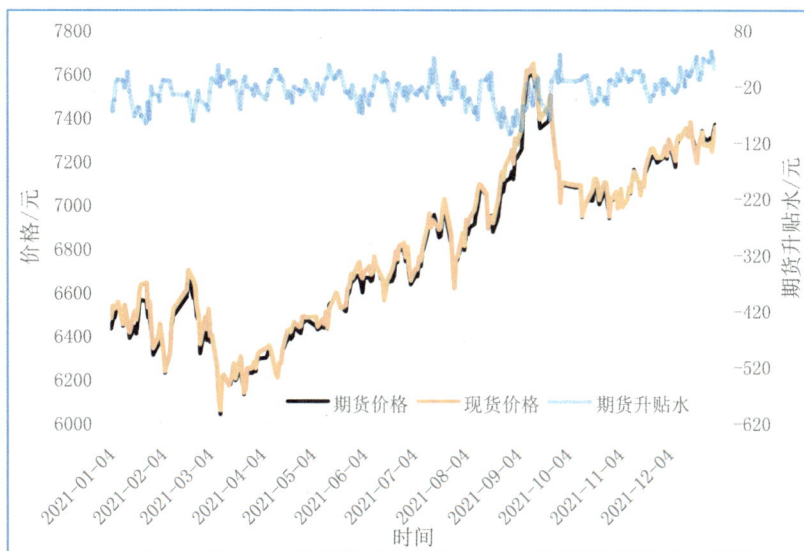

图 4-6　中证 500 期现货升贴水行情

贴水形成的原因可能是中证 500 成分股停牌、分红或者市场的过度反应等。如果股指期货持续贴水，假设中证 500 期现货基差为 100 点，那么这个 100 点的基差在合约交割日到来的时候会变成 0，对冲端就要承受 100 点基差的亏损，如此会导致中性对冲策略的整体业绩平平甚至亏损。

那么，如果在期货深贴水的情况下，我们可否做多期货 (假设方向对了)，最终通过行情上涨修复沪深 300 的期现货基差来赚取收益呢？肯定不行的。股指期货虽然是一种双向交易的合约，但是因为在股票期货交易中目前只能做多，所以在对冲策略里，股指期货开立的合约几乎都是做空的。即使超额收益 α 较高，但加上股指期货缴纳的 20% 保证金，相当于 α 打八折，再扣除可能出现的通道费、服务费，最终的投资收益一般不会特别高。**因此对冲中性策略相对稳健但收益普遍不会特别高，这也符合金融领域"风险与收益呈镜像关系"的基本投资原理。**

需要说明的是，**有的时候对冲中性策略还会保留一定的多头敞口以增厚收益，此时需要注意深度贴水情况下的风控。**

4.3.3　ETF 对冲概述

除了上述金融期货的对冲手段，理论上，还可以进行场内 ETF 的风险对冲。我们已经知道，做空也叫卖空，是指投资者预计股票 (或其他证券) 会下跌，跟券商借入一部分股票 (融券)，然后先卖后买，也就是先把从券商借来的股票高价卖掉，股价下跌后再买入相等份额的股票还给券商。与之对应的是做多，也叫买空，是指预期股票会上涨，跟券商借钱 (融资)，然后先买后卖，也就是先用从券商借来的钱买入股票，等股票上涨后再卖出股票，最后再还给券商同等数量的资金。

为什么券商愿意做融资融券的生意呢？一方面是因为融资融券是有利息的；另一方面是因为券商有佣金收入。高换手率会增加券商和证券基金机构的收入。

部分 ETF 之所以具备套利和对冲的功能，主要是因为 ETF 具有以下属性。

- 有不少 ETF 基金都提供融资融券服务。当前，场内融资保证金比例一般为 100%，融券保证金比例为 50%。
- ETF 也是竞价交易的，由于市场炒作、非理性因素 (尤其是情绪因子) 的存在，指数 ETF 短时间内会出现较大的折价率或溢价率，场内 ETF 与对应场外 ETF 联接基金之间 (比如场内外套利)、场内 ETF 最高价与收盘价之间 (比如融券套利)，皆会出现短时间大幅背离。
- 部分黄金 ETF、恒指 ETF、中概互联 ETF 不受 A 股 *T*+1 交易限制，能实现

T0 回转交易。

不过，在目前的投资实践中，基于 ETF 做对冲的交易不多见，主要是因为对冲成本和交易门槛均较高。

此外，在极端情况下，也需要留意其流动性。例如，2021 年 1 月 26 日，上交所官网发布《关于暂停 500ETF 基金 (512500) 融券卖出的公告》，公告称发现 500ETF 基金 (证券代码：512500) 融券余量已达到该证券上市可流通量的 75%，将从当日起暂停该标的证券的融券卖出。

4.4　网格交易策略

4.4.1　网格交易原理

网格交易策略运用的是低吸高抛的原理——下跌时，分档买入；上涨时，分档卖出。简单说，建仓之后，每涨一定程度就卖掉一部分，每跌一定程度就加仓，反复"倒腾"，如图 4-7 所示，18 元假设是首次买入资产的价格。"倒腾"的好处是可以不断拉低持仓成本。网格交易本质依旧是高抛低吸，保证每一次卖出价格高于上次买入价格并严格执行。

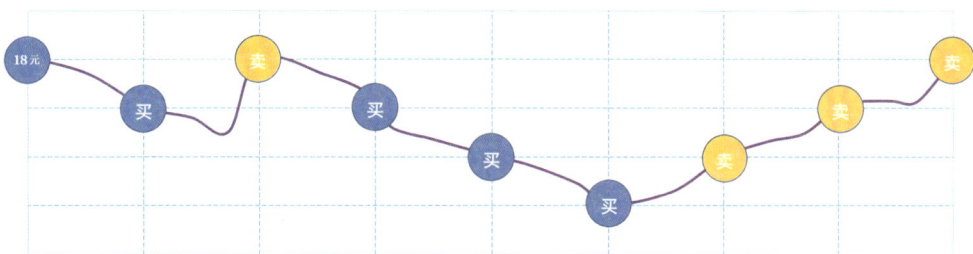

图 4-7　网格交易原理示意图

我们举一个具体的例子。假设一只基金在净值为 1 元的时候购入头寸，网格分辨率 (也就是网格刻度) 为 0.1 元 (净值间隔)，也就是说，该只基金在涨跌幅为 10% 时进行网格交易操作，上涨 10% 就卖出减仓，下跌 10% 就买入加仓。

初始净值为 1 元，则上涨卖出 (减仓) 的网格净值为 1.00+0.1=1.1(元)；同理，下跌买入 (加仓) 的网格净值为 1.00-0.1=0.9(元)，不突破网格价格，则不进行任何操作。第一个交易日的基金净值为 0.85 元，突破买入的网格 0.9 元阈值，所以买入，也就是进行加仓操作，如表 4-1 所示。

表 4-1　网格交易加减仓操作触发点

元

A	B	C	D	E	F	G	H
1	日期	净值	若本次触发交易价上限	若本次触发交易价下限	操作状态	下一次触发交易价上限	下一次触发交易价下限
2	建仓	1.00	—	—	—	1.1	0.9
3	第1天	0.85	1.1 (A)	0.9 (B)	加仓 (C)	1 (D)	0.8 (E)
4	第2天	0.95	1 (F)	0.8 (G)	不操作	1	0.8
5	第3天	0.96	1	0.8	不操作	1	0.8
6	第4天	0.91	1	0.8	不操作	1	0.8
7	第5天	1.01	1	0.8	减仓	1.1	0.9
8	第6天	0.96	1.1	0.9	不操作	1.1	0.9
9	第7天	0.85	1.1	0.9	加仓	1	0.8
10	第8天	0.88	1	0.8	不操作	1	0.8
11	第9天	0.89	1	0.8	不操作	1	0.8
12	第10天	0.79	1	0.8	加仓	0.9	0.7

怎么才能掌握网格交易的原理呢？**一个有效且简单的方法就是自己把表 4-1 中的数据用 Excel 计算一遍。一边计算一边思考其原理，便能很快掌握**。为了方便读者更好地学习网格交易策略的原理，笔者把 Excel 每一步计算公式罗列在表 4-2 中，读者可以对照学习。

其中，A2 是 Excel 中 A2 位置的单元格，其值代表一个价格网格的分辨率常数，本例中的分辨率常数是 0.1，刚才已经介绍过了。Excel 用符号"$"表示固定表格所选单元格的具体位置，这是 Excel 基础知识，不用详细介绍。表 4-1 外围的上面一行和左侧一列灰色填充部分，是 Excel 原始数据单元格对应的横竖坐标。

表 4-2　Excel 计算公式汇总

表 4-1 所示单元格位置对应的字母代号	计算公式
A	=C2+$A$2
B	=C2-$A$2
C	=IF(C3>=D3," 减仓 ",IF(C3<=E3," 加仓 "," 不操作))
D	=IF(F3=" 加仓 ",E3+$A$2,IF(F3=" 减仓 ",D3+$A$2,G2))

（续表）

表 4-1 所示单元格位置对应的字母代号	计算公式
E	=IF(F3=" 加仓 ",E3-$A$2,IF(F3=" 减仓 ",D3-$A$2,H2))
F	=G3
G	=H3

那么，不断做网格交易，在原理上是怎么保证持仓成本持续下降的呢？假设初始资产总值为 0(简化分析)，且每次分档交易的本金是相等的，上一次买入份额为 A_1，买入价格 (即净值) 为 P_1；触发价格网格并卖出份额为 A_2，卖出价格为 P_2，显然存在

$$A_1 \cdot P_1 = A_2 \cdot P_2 \Leftrightarrow A_1 \cdot P_1 - A_2 \cdot P_2 = 0$$

根据网格交易卖出规则，卖出价格需要高于上次的买入价格，即

$$P_2 > P_1$$

所有参数大于 0，所以必定存在

$$A_2 < A_1$$

所以两次交易赚取的份额差 $A_1 - A_2 > 0$，赚取的资产

$$P_2(A_1 - A_2) > 0 \tag{4.1}$$

式 (4.1) 表示，在两次网格交易的过程中，每次交易 (一次买入和一次卖出) 虽然本金相同，但是多赚了份额和资产。从这种理想情形的网格交易中可以得出以下 4 点重要的结论。

- 高抛低吸，万变不离其宗。
- 行情下跌不断买入，增加份额；行情上涨时，不断套现，赚取收益。我们知道常规的基金定投策略是基于时间的成本平均，还有一种基于空间的定投策略，即不跌不买、一跌就买。空间定投的基础数学原理与网格交易大体一致。
- 对于每次买入的操作，后续都应当有卖出的操作与之对应和对冲，但在交易时间上是错开的；若没有后续对应的卖出操作，不断买入后可能出现大幅亏损。
- 网格交易底层逻辑跟"田忌赛马"是相似的，上驷对应对方中驷 (卖出)，中驷对应对方下驷 (卖出)，下驷对应对方上驷 (买入)，赢了两次钱输了一次钱，且每次赔率相等，所以网格交易无须在最高点卖出。

4.4.2　沪深 300 实证案例

我们以真实的沪深 300 指数网格交易为例，初次投入本金 40 000 元，后续每次网

格交易都使用相等金额 1000 元，网格分辨率为 1%。网络交易时间段为 2016 年 1 月
1 日至 2022 年 5 月 20 日的交易日。我们假设：

- 暂时不计入、不考虑交易费用 (如印花税)。
- 期间不考虑中途止盈。
- 不考虑基金的封闭期长短、临时开放申赎等期限问题。

最终投资业绩按照 XIRR[①] 方法，计算得出年化收益率为 5.63%，而且收益曲线很
稳健，如图 4-8(d) 所示。从图 4-8(b) 杆形图可以看出，1% 的网格分辨率还是太高，
交易相对频繁势必带来较高费用。图 4-8(b) 上部杆形图表示加仓所对应的时间点，下
部杆形图表示减仓所对应的时间点。所以，网格交易分辨率太高，会蜕变成完完全全
的 T0 高频交易。最后再从图 4-8(c) 可以直观看出，单边行情开始走强的时候，持仓
资产很快就卖完了；而行情单边下行时，资金会被深套。这也是网格交易策略的一个
劣势，在 4.4.3 节我们会专门进行剖析。

4.4.3　策略缺点与优化

通过 4.4.2 节内容我们已经知道，网格交易策略有一些弊端，比如行情暴涨，就
会出现全部卖掉 (空仓)、落袋为安的情景；当行情真正启动之时，在牛市容易踏空；
当行情暴跌时，资本金容易被套牢。

网格交易策略有一个特别重要的问题：网格头寸是需要择时的，此举对于收益率
的厚薄有至关重要的影响。所以，网格交易策略——尤其是接近 T0 网格，比如把分
辨率设置为 0.5%，既能实现 T0 相对高频的投资操作，交易费率又相对合理。网格交
易策略的定位应该是增厚收益，而不应期待过高的 α 收益。

此外，网格交易策略的资金利用率也存在很大的问题，具体体现在可投资金没有
规划性和计划性，根本不知道什么时候会触发网格交易，但同时可投资金还必须保持
充足 (只能做开放性的现金管理类投资)，毕竟什么样的市场行情都有可能出现。

为了同时解决头寸择时和资金规划问题，可以把基金定投与网格交易结合起来使
用，先将超过一半的资金用于基金定投，取得持仓平均价，然后用剩下的资金基于网
格交易进一步精细化降低持仓成本，相关计算公式为

$$T_1 = \lambda T$$

$$\tag{4.2}$$

$$T_2 = (1-\lambda)T \tag{4.3}$$

① XIRR是Excel中的一个函数，反映一组现金流的内部收益率。

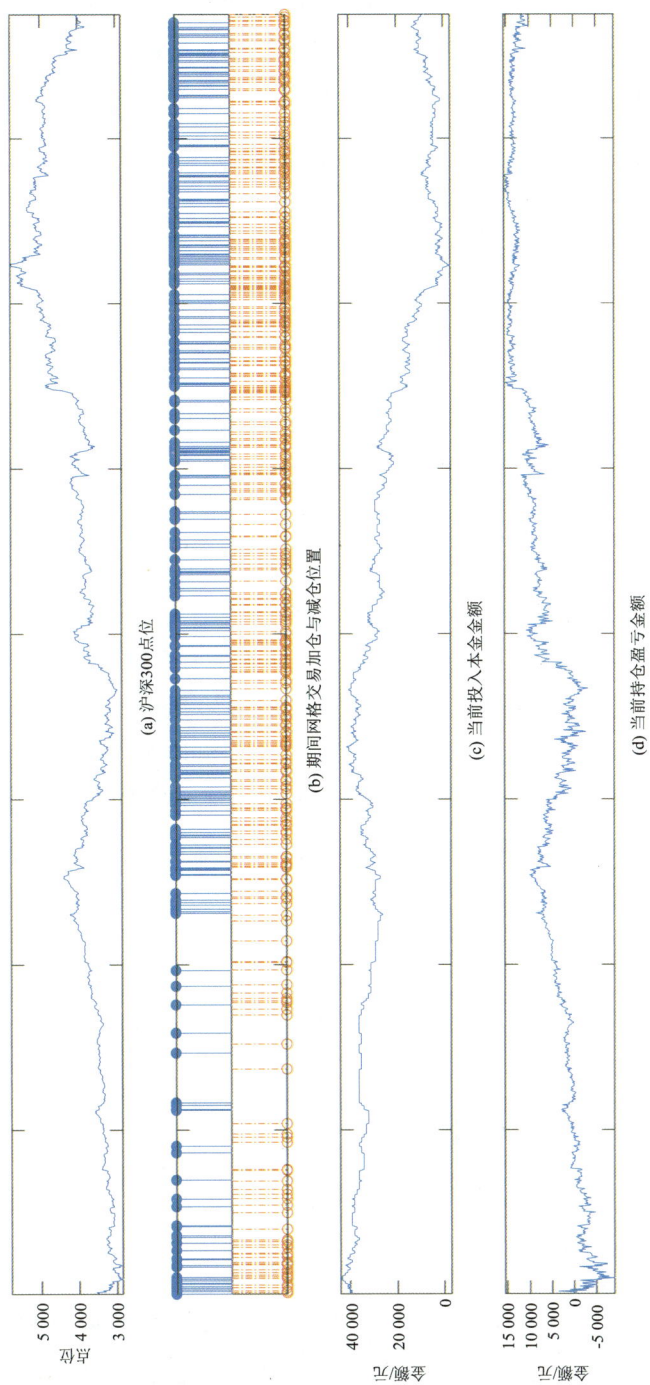

(a) 沪深300点位

(b) 期间网格交易加仓与减仓位置

(c) 当前投入本金金额

(d) 当前持仓盈亏金额

图 4-8　沪深 300 网格交易收益

式中：T, T_1, T_2 分别表示可投资金、定投资金和网格交易资金；

　　λ 表示分配给基金定投的资金比例，比如 λ 取 60%，应时刻动态调整。

　　当然，**如果市场行情反复震荡，且振幅极大，这对于网格交易策略来说，正是大显身手的绝佳时机**，而一般在这种行情下，运用其他策略的投资业绩都表现一般。

4.5　风险平价策略

4.5.1　原始模型

　　前文介绍了一些策略，但无论是在全球高通胀时期，还是在经济衰退时期，实行这些策略的投资收益都差强人意。那么，有没有一种战略性资产配置，不仅适合大牛市，还适合 20 世纪 20 年代德国大衰退时期，20 世纪 30 年代美国大萧条时期，抑或 2008 年次贷危机时期？理论上是有的，这种策略就是风险平价策略。

　　风险平价的经济学含义，是把投资放在人类几千年文明的历史长河中，将所构建的资产组合的风险平均暴露到不同经济环境下，从而能有效抵御市场风险的剧烈冲击，使得经济基本面无论处于何种状态，该资产组合的风险都是可控的。具体操作方法是把可投资金平均分成 4 份，将 25% 份额的资金投向经济增速高于市场预期时表现优异的资产，将 25% 份额的资金投向经济增速低于市场预期时表现优异的资产，将 25% 份额的资金投向 CPI 高于市场预期时表现优异的资产，再将 25% 份额的资金投向 CPI 低于市场预期时表现优异的资产。以桥水基金为例，其资金投向结构如图 4-9 所示。

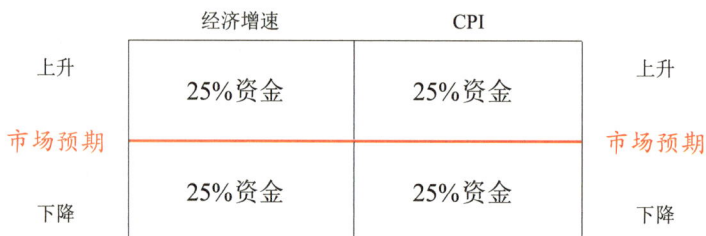

图 4-9　桥水基金风险平价模型图

　　现代投资学的风险平价注重资产组合内部的风险平衡，能将风险均匀分摊到组合内各种资产当中去，并且力图用数学模型去精确刻画风险分摊逻辑。

　　我们开始组建证券类的资产组合，标的包括基金、股票、债券等。为了简化计算，假设每一种资产的彼此相关度是相等的 (投资实践中相关度是不会相等的，有差异)，并约定如下符号。

σ_i 表示资产 i 的风险比，如最大回撤、方差、标准差等；

X_i 表示资产 i 在组合中的仓位比例；

ξ 表示常量。

很显然，风险平价模型的原理是，每一种资产对于组合的波动风险贡献程度是相等的，也可以这么说，资产组合把风险平等分配给每一种资产，故而也叫"风险平价策略"。通过控制风险资产的仓位水平，让风险大的资产仓位小一点，风险小的资产仓位相应大一些，便能实现资产组合的风险均衡。依据风险平价原理，可以得出

$$\sigma_1 X_1 = \sigma_2 X_2 = \sigma_3 X_3 = \cdots = \sigma_i X_i = \xi \tag{4.4}$$

式 (4.4) 可变形为

$$\begin{cases} X_1 = \dfrac{\xi}{\sigma_1} \\ X_2 = \dfrac{\xi}{\sigma_2} \\ \cdots \\ X_i = \dfrac{\xi}{\sigma_i} \end{cases} \tag{4.5}$$

同时要保证

$$X_1 + X_2 + X_3 \cdots + X_i = 1 \tag{4.6}$$

将式 (4.5) 代入式 (4.6) 中，得

$$\xi = \cfrac{1}{\dfrac{1}{\sigma_1} + \dfrac{1}{\sigma_2} + \dfrac{1}{\sigma_3} + \cdots + \dfrac{1}{\sigma_i}} \tag{4.7}$$

将式 (4.7) 代入式 (4.5) 中，就能求解每种资产的仓位比例 X_i。不过，这个原始模型虽然容易理解，但是也有缺陷，比如资产配置的思路是静态的，以过去测算未来的仓位多寡，没有考虑到与时俱进的时效性。当然，也可以不断迭代模型，不断动态修正仓底和仓位。

4.5.2　常规模型

投资实践中，资产之间的相关度不可能为 0，而且彼此之间的相关度也不太可能

相等，所以前一节介绍的风险平价模型需要进一步拓展。

由第 3 章 3.1.1 节的内容可知

$$r = \frac{\mathrm{Cov}(X,Y)}{\sqrt{D(X)}\sqrt{D(X)}}$$

r叫做线性相关度，算符$\mathrm{Cov}(X,Y)$表示数组X和Y之间的协方差，$D(X)$和$D(Y)$分别表示数组X和Y的方差。因此，协方差其实等于

$$\mathrm{Cov}(X,Y) = r\sqrt{D(X)}\sqrt{D(X)}$$

有了上述统计学知识做铺垫，再来求解资产之间不同相关度的风险平价权重（仓位）就容易很多了。同理，对于符号的含义进行如下约定。

σ_i^2表示资产i的波动方差；

Cov_{ij}表示资产组合中资产i与资产j的协方差，且$i \neq j$；

n 表示组合内资产的数量。

我们现在将资产风险波动拆解成两部分：资产i的自身波动方差σ_i^2，以及资产i与组合内余下所有资产波动协方差之和。

第一部分：资产自身波动总方差

资产组合内所有资产波动方差之和为

$$\sum_{i=1}^{n} X_i^2 \sigma_i^2$$

第二部分：组合内资产彼此之间的波动协方差

显然，组合中单一资产i与单一资产j的协方差（$i \neq j$）两者之间的协方差为

$$\mathrm{Cov}_{ij} = r_{ij}(X_i\sigma_i)(X_j\sigma_j)$$

所以，单一资产i与组合中所有资产彼此之间的协方差总和为

$$\mathrm{Cov}_i = \sum_{j=1}^{n} r_{ij}(X_i\sigma_i)(X_j\sigma_j),\ (j \neq i)$$

推而广之，组合内所有单一资产与剩余所有资产之间的协方差总和为

$$\mathrm{Cov} = \sum_{i=1}^{n}\sum_{j=1}^{n} r_{ij}(X_i\sigma_i)(X_j\sigma_j),\ (j \neq i)$$

第三部分：合成资产组合的方差与协方差

资产组合的所有波动风险是将第一部分资产波动风险与第二部分协方差波动合在一起，即

$$\sigma(X) = \sqrt{\underbrace{\sum_{i=1}^{n} X_i^2 \sigma_i^2}_{\text{波动方差}} + \underbrace{\sum_{i=1}^{n}\sum_{j=1}^{n} r_{ij}(X_i\sigma_i)(X_j\sigma_j)}_{\text{波动协方差}}}\quad (j \neq i)$$

而单一资产 i 对资产组合总波动风险的贡献为

$$\sigma_{X_i} = \sqrt{X_i^2 \sigma_i^2 + \sum_{j=1}^{n} r_{ij}(X_i \sigma_i)(X_j \sigma_j)} \quad (j \neq i)$$

$$\sigma_{X_i}^2 = X_i^2 \sigma_i^2 + \sum_{j=1}^{n} r_{ij}(X_i \sigma_i)(X_j \sigma_j) \quad (j \neq i)$$

(4.8)

第四部分：单一资产对于资产组合的风险贡献比例

单一资产 i 对资产组合的波动标准差贡献比例 $\partial(X_i)$ 为

$$\partial(X_i) = \frac{\sqrt{X_i^2 \sigma_i^2 + \sum_{j=1}^{n} r_{ij}(X_i \sigma_i)(X_j \sigma_j)}}{\sqrt{\sum_{i=1}^{n} X_i^2 \sigma_i^2 + \sum_{i=1}^{n}\sum_{j=1}^{n} r_{ij}(X_i \sigma_i)(X_j \sigma_j)}} = \sqrt{\frac{X_i^2 \sigma_i^2 + \sum_{j=1}^{n} r_{ij}(X_i \sigma_i)(X_j \sigma_j)}{\sum_{i=1}^{n} X_i^2 \sigma_i^2 + \sum_{i=1}^{n}\sum_{j=1}^{n} r_{ij}(X_i \sigma_i)(X_j \sigma_j)}}$$

则单一资产 i 对资产组合的波动方差贡献比例 $\partial^2(X_i)$ 为

$$\partial^2(X_i) = \frac{X_i^2 \sigma_i^2 + \sum_{j=1}^{n} r_{ij}(X_i \sigma_i)(X_j \sigma_j)}{\sum_{i=1}^{n} X_i^2 \sigma_i^2 + \sum_{i=1}^{n}\sum_{j=1}^{n} r_{ij}(X_i \sigma_i)(X_j \sigma_j)} \quad (j \neq i)$$

(4.9)

$\partial^2(X_i)$ 公式虽然是清楚的，但是若要真正掌握还是有些难度的，下面笔者以大类资产债券和股票的配置来具体说明其原理。

2017 年 5 月 4 日至 2022 年 4 月 29 日交易日期间，经计算，已知中证国债指数 (H11006) 的年化波动率为 1.6298%，同期上证 50 指数 (000016) 的年化波动率为 20.0255%。通常，年化波动率 σ_{year}^i 的计算方法为

$$\sigma_{\text{year}}^i = \sqrt{\sigma_i^2 \times 252}$$

经过计算，已知两种资产之间的相关度为 -0.1902，相关性很小。如果将这两种资产进行组合，其中中证国债持仓占比 90%，上证 50 股票持仓占比 10%。两种单一资产对于组合的风险贡献程度分别是多少呢？

依据式 (4.9)，计算得出债券对于资产组合的风险贡献比例为

$$\partial^2(X_1) = \frac{0.9^2 \times 1.6298\%^2 + (-0.1902) \times 0.9 \times 1.6298\% \times 0.1 \times 20.0255\%}{0.9^2 \times 1.6298\%^2 + 0.1^2 \times 20.0255\%^2 + 2 \times (-0.1902) \times 0.9 \times 1.6298\% \times 0.1 \times 20.0255\%}$$

$$= 31.5757\%$$

(4.10)

同理，计算得出股票对于资产组合的风险贡献比例为

$$\partial^2(X_2) = \frac{0.1^2 \times 20.0255\%^2 + (-0.1902) \times 0.1 \times 20.0255\% \times 0.9 \times 1.6298\%}{0.9^2 \times 1.6298\%^2 + 0.1^2 \times 20.0255\%^2 + 2 \times (-0.1902) \times 0.9 \times 1.6298\% \times 0.1 \times 20.0255\%}$$
$$= 68.4243\%$$

(4.11)

注意：式 (4.10) 和式 (4.11) 之所以分母里的协方差乘 2，是因为中证国债指数与上证 50 指数的协方差，跟上证 50 指数与中证国债指数的协方差是一样的，所以实际计算了两次。比较最终计算的 $\partial^2(X_1)$ 和 $\partial^2(X_2)$ 结果，可以发现，尽管权益类资产股票仓位仅有 10%，但是仍然给整个资产组合贡献了超过 68% 的风险波动。

4.5.3　模型求解

依据风险平价的思想，一定有

$$\sigma_{X_1} = \sigma_{X_2} = \cdots = \sigma_{X_i} = \cdots = \sigma_{X_n}$$

假设还是进行债券和股票两种大类资产的均衡配置，依据式 (4.8)，则有

$$X_1^2 \sigma_1^2 + r_{12}(X_1\sigma_1)(X_1\sigma_2) = \sigma_{X_1}^2 = \sigma_{X_2}^2 = X_2^2 \sigma_2^2 + r_{21}(X_2\sigma_2)(X_1\sigma_1)$$

因为只有两种资产，存在 $r_{12}(X_1\sigma_1)(X_2\sigma_2) = r_{21}(X_2\sigma_2)(X_1\sigma_1)$，所以有

$$X_1^2 \sigma_1^2 = X_2^2 \sigma_2^2$$

且存在 $X_1 + X_2 = 1$，可求出

$$X_1 = \frac{\sigma_2}{\sigma_1 + \sigma_2}, \quad X_2 = \frac{\sigma_1}{\sigma_1 + \sigma_2}$$

但是，若资产数量超过两种呢？比如再添加黄金和大宗商品两类资产，模型的求解可就不容易了。以此类推，资产数量不断增加，那么，怎么求解这种资产之间有相关性的风险平价策略的权重 X_i 呢？

理论上，严格的风险平价应当满足

$$\sigma_{X_1} = \sigma_{X_2} = \cdots = \sigma_{X_i} = \cdots = \sigma_{X_n} \tag{4.12}$$

由式 (4.12) 可知

$$\sigma_{X_i} = \sigma_{X_j} \quad \forall i, j, \ j \neq i \tag{4.13}$$

也就是说，理想的风险平价模型一定满足

$$\sigma_{X_i} - \sigma_{X_j} = (\sigma_{X_i} - \sigma_{X_j})^2 = 0 \tag{4.14}$$

然而，在投资实践中，严格的风险均摊是不存在的，即

$$(\sigma_{X_i} - \sigma_{X_j})^2 \neq 0 \tag{4.15}$$

只能让式 (4.15) 的"理想解"无限趋近于 0，则有

$$\min \sum_{i=1}^{n}\sum_{j=1}^{n}(\sigma_{X_i}-\sigma_{X_j})^2 \tag{4.16}$$

式 (4.16) 的理想解 $\min \sum_{i=1}^{n}\sum_{j=1}^{n}(\sigma_{X_i}-\sigma_{X_j})^2=0$。如果不能满足**理想解**，则求出其**最优解**（极小值/最小值）。显然式 (4.16) 的约束条件就是 X_i 大于 0，即

$$\text{subject to} \begin{cases} j \neq i \\ \sum_{i=1}^{n}X_i = 1 \\ X_i > 0 \end{cases}$$

式 (4.16) 如何求解呢？这个方程式是没有解析解的，只有数值解。可以使用运筹学专业软件求解，也可以使用各种多约束非线性规划的程序工具包求解，还可以使用 AI 算法（比如遗传算法）来求解，求解的方式方法很多。若读者碰到具体的数值场景，编程求解即可。

笔者依据资产组合的构成风险成分进行投资模型的数学公式推导，所以本书介绍的策略理论推导过程跟同类其他著作有很大不同。

4.5.4　增强模型

常规模型有较大不足，比如虽然每一种**大类资产**的风险均衡了，但是因为风险与收益是镜像关系，各种资产的投资收益可能相互抵消，最终收益曲线平滑但是绝对收益率不高。一种增强策略是寻找相关度尽量小的大类资产构建组合，此举意在构建不相关的投资回报流；第二种增强策略需结合成长性进行分析。

- 对未来成长性好的资产，通过 3～5 次调仓，增加该核心大类资产的占比（一般不超过 35%），具体持仓上限可以依据凯利投资准则的胜率和赔率来计算。
- 对于未来增长空间较小的大类资产，直接降低至极小仓位，比如 2%，但不清仓。
- 对于无法明确是否有成长性的大类资产，可以先按照风险平价原理预置仓位，后续逐步调整。

那么，核心大类资产仓位该如何确定呢？直接有效的方法便是"美林投资时钟"，依据经济增速和 CPI(consumer price index，消费者物价指数) 高低将经济发展划分成 4 个阶段，如表 4-3 所示。

表 4-3　美林投资时钟

序号	阶段	经济增速	CPI	理想资产类别	理想行业板块
1	衰退	↓	↓	债券	防守性成长
2	复苏	↑	↓	股票	周期性成长
3	过热	↑	↑	大宗商品	周期性价值
4	滞涨	↓	↑	现金	防守性价值

不过"拿来主义"未必好用，投资实践中，投资者倾向依照广义货币 M2 增速来进行大类资产投资，更加科学、有效。若 M2 增速加快，以实物资产为理想投资标的，比如房地产、黄金和大宗商品 (或者实物资产对应的金融资产)；而若 M2 增速下降，以金融资产 (主要包括股票和债券) 为相对理想的投资标的。所以，遴选增强型核心资产一共分成以下三步。

(1) 依据广义的货币增速确定大类资产类别。

(2) 寻找具体的产业或者行业。

(3) 寻找相关产业或行业对应的龙头股或基金。

如图 4-10 就是典型的增强型风险平价的**实证案例**。其中，蓝色线是业绩比较基准沪深 300 指数，**走势一路向上**的是增强型风险平价模型。一方面，因为采用了风险平价策略，所以资产组合的整体波动相对较小，不太会出现大起大落的情形；另一方面，因为在不同时间，三次重仓(30%)投资了三种核心大类资产，所以α超额收益较为明显。因此，增强型的风险平价策略较好地平衡了降低资产组合的风险与攫取α超额收益两者之间的关系。

收益率走势

图 4-10　增强型风险平价实证案例

在投资核心大类资产时，应注意以下三个关键点。

● **难以充分获取信息，理论与预期有差距。**

- 需要动态调整。
- 应提前分批买入。

笔者以为，风险平价模型只是投资模型的一个"雏形"，有利于控制全局风险。在投资实践中，投资者还需要根据对收益率的要求，对部分资产的仓位进行适当调整。

4.5.5　杠杆模型

此处还以本章 4.5.2 节案例为例。依据 $X_1 = \dfrac{\sigma_2}{\sigma_1 + \sigma_2}$ 可知，在风险均衡的情况下，债券的仓位占比为

$$X_1 = \frac{\sigma_2}{\sigma_1 + \sigma_2} = \frac{20.0255\%}{1.6298\% + 20.0255\%} = 92.48\%$$

则股票所占仓位为

$$X_2 = 1 - X_1 = 7.52\%$$

笔者将债券和股票分别为组合贡献的收益画在一张图上，如图 4-11 所示。

图 4-11　资产组合收益率与股票、债券分别贡献的收益率

从图 4-11 可以得出以下三点结论。

- 相对权益类资产来说，风险平价资产组合总体收益率不高。
- 资产组合回撤较小，夏普比率高。
- 业绩走势形似"指数增强策略"，可见同一量化产品由多策略构成。

资产组合之后，如果收益率不高，那么资产配置的意义是什么呢？

风险平价策略的意义在于，从资产的风险贡献角度构建投资组合，让各种资产的风险处于相对平衡的水平，这样的投资组合虽然期望收益不高，但夏普比率很高，通过增加组合的杠杆，可能会实现更高的收益水平。全球专业的投资机构在使用风险平价策略的时候，常常会用到杠杆。增加杠杆可以增加收益，同时也增加了风险。

还可以不对整体资产组合增加杠杆，而是对其中单一资产增加杠杆，所需的资金总量更少，余下资金可用于其他投资。

不过，增加杠杆不仅会导致风险急剧上升，且操作更加复杂，非专业机构不能为之。过度使用杠杆，或许市场只需要一次回调，即使是专业机构也可能一蹶不振。

4.6 CTA 策略

CTA(commodity trading advisor) 策略指的是商品期货策略，以买卖商品期货及衍生品为主进行投资操作。因为期货投资能在下跌过程中通过做空获利，所以在二级市场熊市或者波动率大的时候，采用商品期货策略，业绩往往能一枝独秀。

因为有些读者不是专业人员，所以笔者罗列了期货的一些基础知识，方便非期货专业背景的读者理解。

> **期货**：一种交易协议，分成实物期货和金融期货两类：实物期货包括原油期货、大豆期货等；金融期货包括国债期货、股指期货等。简单来说，就是买卖双方在协议（合约）中约定，在未来的具体哪天按照事先约定的价格，一手交钱一手交货，称为"交割"。一般交割发生在金融机构与商品持有方之间，跟个人投资者没有关系。另外，越临近交割时间，合约价格一般越低。
>
> **保证金**：按照交易所规则，期货交易实行保证金制度，每一笔交易必须交纳一定比例的保证金。当市场发生不利变化，比如保证金要亏完了，就需要追加保证金，否则会被交易所强行平仓，结果就是不能参与合约交易。另外，保证金都是有杠杆的，比如 10% 的保证金：若缴纳了 10 万元保证金，就能进行 100 万元 (10÷10%) 的合约交易，所以期货行情波动很大。

> **头寸**：头寸指的是个人或实体持有金融资产（如特定商品、证券、货币等）的数量。
>
> **平仓**：平仓又叫爆仓或斩仓，指的是投资者买入或卖出与其持有合约相同的品种、数量及交割月份但交易方向相反的合约，了结头寸的行为。
>
> **多头和空头**：如果投资者通过买入期货合约在市场上取得一个头寸，称多头头寸或在期货上做多；相反，如果投资者取得的头寸是卖出期货合约，称空头头寸或在期货上做空。多头和空头相互博弈导致合约价格暴涨暴跌。例如，美国当地时间2020年4月20日，美国西德州轻质原油期货5月结算价收于每桶 -37.63 美元（合约价格），人类历史上油价首次出现负数。
>
> **结算准备金**：投资者为了顺利交易结算，在交易所专用结算账户中预先准备的资金称为结算准备金。结算准备金是未被合约占用的保证金，而已经被合约占用的保证金称为交易保证金。
>
> **移仓换月**：移仓换月是指把手中临近交割月的原有期货合约平仓，同时开立跟上份合约交易方向相同的期货合约，建立新的期货合约头寸。比如2020年5月的原油合约(2005)，那么它需要在5月到期交割。一般做期货时都在合约到期之前，平掉到期合约，转入下一份合约，比如原油合约2006。需注意，移仓有成本。

CTA 策略主要用于跟踪期货的趋势，分为长期趋势跟踪策略、中期趋势跟踪策略和日内短期趋势跟踪策略。理论上，期货价格是商品未来的价格，现货价格是商品目前的价格，两者间的差距，即"基差"。当基差与持有成本偏离较大，就出现了套利的机会。

CTA 策略可以双向操作，理想情况是市场上涨的时候买多，市场下跌的时候卖空。当期货价格对现货价格的升水大于持有成本时，套利者可以实施正向期现套利，即买入（持有）现货的同时卖出同等数量的期货，等待期现价差收敛时平掉套利头寸或通过交割结束套利。

CTA 有以下两方面特有的风险。

(1) CTA 是带有杠杆的，与其他证券投资相比，风险与收益均更大。比如商品CTA 如果遇到紧缩的货币政策，那么大概率面临亏损。

(2) **即使看对趋势投资也会亏钱**。很多非专业投资者往往不能理解，采用 CTA 策略时将趋势判断对了并且及时交易了，为什么还会亏钱？商品期货合约是限时的，期货是一种高杠杆交易。你看好一只股票，可以持有几年，甚至一二十年。长期持有期货是不行的，期货到期就要交割，期货价格向现货价格回归，所以若只看趋势不一定能做对交易。

在 CTA 策略中，量化型策略占据重要地位，该类策略主要通过数学模型来寻找交易标的价格运行规律，以此获得盈利。常见的量化 CTA 策略有动量策略、套利策略、CTA 多因子策略等。量化 CTA 策略为了减小风险敞口暴露，多数使用日内交易。CTA 量化方法与二级市场量化方法有很多相似之处。

理论上，CTA 可以通过做空来对冲风险，也可以做多获利，无论股市涨与跌，CTA 策略都有**可能**赚钱，所以一般大类资产配置里面都会有 CTA 策略。**此外，一些量化基金增加了少量 CTA 策略，用于平滑波动，其实未必能增加绝对收益**，此举意在提升用户持仓体验。股市在下行或反复波动的时候，若能取得短期收益，逆势上涨，投资客户会刻骨铭心，强化了投资产品和策略的特色，在营销层面能够培植投资客户的忠诚度和信心。

4.7　量化策略的趋势

量化策略依靠统计学和机器学习进行交易，一旦遇到灾变，比如流动性缺失、市场风格切换太快、小概率的极端事件等，量化投资策略都可能在短时间内失效。大量投资机构若采用相同策略或风险因子，其有效性也会急剧下降。

量化策略短时间的业绩回撤并不代表量化策略的失效，会倒逼各个量化投资机构和管理人不断迭代策略和算法，有的会转向量化基本面研究；有的会对机器学习进一步升级，或从线性模型升级到非线性模型乃至更加复杂的模型；有的投资策略会部分放开风险敞口，比如指数增强策略，不再受跟踪误差的约束，拥抱波动，允许持仓组合按照 α 预期高低调整持仓股票组合，高收益高风险，也能获得一部分投资者的认可；还有的投资机构会加大部署先进的量化交易软硬件设备来争夺高频交易机会，只求比同类量化机构的业绩高出那么一点点——"多一盎司定律"①。

伴随各类衍生品工具的丰富和完善，未来整个量化投资行业成长空间很大，并加快呈现**"工具科技化，机构专业化，散户机构化"**的特征。

---

① 著名投资专家约翰·坦普尔顿通过大量的观察研究，得出了一条很重要的原理——"多一盎司定律"，意即只要比正常多付出一丁点就会获得超常的成果。

第 5 章　风险控制绕不开凯利公式

5.1　普适的凯利公式

我们先看两个案例。

案例一：在第二次世界大战时期，德国曾拥有世界上其他国家没有的战略性武器，比如导弹和潜艇。德军将潜艇用于封锁同盟国军舰，进而封锁同盟国军需供给。那么一道数学题来了，同盟国军舰是一艘一艘地通过德军潜艇封锁线更加安全，还是将军舰整合起来成为军舰编队一次性通过封锁线更安全？

如果军舰编队没有被德军潜艇发现，固然一艘军舰都不会损失，但是一旦被德军潜艇发现，整个舰队就会全军覆没。

案例二：中学数学课本上有一道经典的概率计算题，跟案例一有异曲同工之妙。为了普查某种疾病，对N个人进行抽血化验。化验方法有如下两种：①分别对每个人进行抽血化验，这时一共要化验N次；②把K个人分为一组，把同一组的K个人的血液混合在一起进行化验。如果混合血样是阴性的，则说明该组K个人的血样都是阴性的，因而这K个人只需化验 1 次；如果混合血样是阳性的，则需对K个人分别化验，这样K个人共做$K+1$次化验。哪种方式更科学、更便捷呢？

案例一说明的是风险控制，案例二说明的是效率提升，但两者的基础数学问题是一致的，并且也是金融学中"凯利公式"的雏形。在凯利公式诞生之前，金融投资相对粗犷，没有完善的风险控制理论。

5.2　胜率和赔率决定冒险投资的仓位

很多股民或者基民都看过《股票作手回忆录》这本书。这本书通过对杰西·利弗莫尔 (Jesse Livermore) 投机生涯的描述，再现了百年之前美国金融市场的纷乱与生机勃勃。

令人叹服的是，利弗莫尔从白手起家到积累上亿美元的财富，全部依靠自己的独立判断与操作。要知道，在当时的美国，一辆汽车不过值几百美元。所以当时利弗莫尔赚到的 1 亿美元，可能相当于今天的 100 亿美元以上。利弗莫尔还受到时任总统威尔逊的亲自接见。

然而可惜的是，即便是利弗莫尔这样的股市奇才，最终也未能全身而退。由于习惯重仓操作，利弗莫尔的资产波动极为剧烈，1929 年卖空赚得 1 亿美元之后，1931 年便只剩一半身家，1933 年资产全部归零，只得申请破产。

1940 年，这位华尔街最大的个人投资者在一家酒店里拔出手枪，为大起大落的人生画上了句点。到底是什么原因造成了利弗莫尔的失败？投资者怎样才能避免重蹈覆辙？我们还是从"凯利公式"入手吧。

假如一个非理性的投资者每次都动用全部资金进行投资，押准方向时固然获利丰厚 (在风险很高的期货市场，即使是圈内资深投资者，也经常看错期货行情)，然而只要一次重仓失误，就会血本无归。所以一个理性的投资者真正需要关心的是每次投入多少仓位，**最终结果与输赢的顺序无关**，只与采用的策略有关。

一般来说，当出现一个胜率高、赔率 (盈亏比) 也高的投资机会时，投资者可以通过重仓来博取利润；而当胜率偏低、获利却很高的机会出现时，则要抑制投机的冲动，将仓位控制在合理的范围之内。凯利公式解决的就是**"在胜率和盈亏比已定的情况下，每次该用多少资金去冒险"**这个问题。

在投资界，赔到倾家荡产的多是一些技术不错的老手，利弗莫尔就是其中的一位。利弗莫尔年轻时没有什么资本，白手起家，在"股票赌场"里混迹多年，养成了重仓下注的习惯，保持资本高仓位持续运转。从他的交易经历来看，不论是股票还是棉花与大豆期货，每次他都动用超高杠杆全仓操作。利弗莫尔相信赚大钱的机会存在于长期波动中，并且相信市场行情是可预测的。

利弗莫尔的天才头脑固然带来了极高的胜率，成就了资产上亿元的传奇，但是动辄以命相搏的交易习惯也令他数次濒临破产。前几次都是因为有贵人相助，利弗莫尔才得以东山再起。只可惜当时还没有出现风险管理的思想。试想一下，如果利弗莫尔将凯利公式与自己的市场天赋结合在一起，结局是否会有所不同呢？但是历史没有如果。

沉舟侧畔千帆过，病树前头万木春。相比利弗莫尔，能够应用凯利公式的现代投资者无疑是幸运的。投资者需要了解的是，应用凯利公式的首要目的不是提高资产增长率，而是控制极端风险。**凯利公式**也叫凯利方程式，英文叫 Kelly Formula 或 Kelly Criterion，该公式是由约翰·拉里·凯利 (John Larry Kelly) 于 1956 年在《贝尔系统技术期刊》中发表的，**常用于游戏投注和金融投资的风险控制**。

5.3　公式推导

假设投资 1 元钱，固定年化收益率为P，投资期限为N年，计算复利投资，则N年之后预期本息 (资产或者财富值) E合计为

$$E = 1 \times (1+P)^N \tag{5.1}$$

由于市场是不确定的和非理性的，年化收益率P很难长时间维持不变，所以我们给式 (5.1) 增加以下两个条件。

- 赔率未必等于常数 1，而是一个变量。
- 每次拿出一部分资金去投资。

什么是胜率和赔率呢？

胜率：交易笔数中，盈利的笔数所占比重。

赔率：赔率又称盈亏比，指盈利交易金额与亏损交易金额的比值，可以理解成盈利的倍率。比如一项投资，成功了可以赚 100 元，失败了需要赔 40 元，皆不含本金，那么赔率就是 100/40=2.5；或者成功了可以赚 50 元，失败了需要赔 50 元，那么赔率就是 1。所以，胜率 ≠ 1- 赔率。

基于以上两个条件，还是用 1 元本金投资。假设每次拿出F元来投资，由于本金是 1 元，F同时也表示每次投资的仓位比例；胜率为P，赔率是B，投资期限 (或次数) 仍然是N，那么不难知道：

- 投资成功一次赚取FB。
- 投资失败一次亏损F元。
- 投资成功的次数为NP，投资失败的次数为$N-NP$。

投资N次，成功和失败先后顺序无差别，则投资成功NP次的预期资产为

$$1 \times (1+FB)^{NP}$$

反之，投资失败$N-NP$次的预期资产为

$$1 \times (1-F)^{N-NP}$$

则投资N次后，预期资产为

$$E = [1 \times (1+FB)^{NP}] \times [1 \times (1-F)^{N-NP}] \quad (5.2)$$

对式 (5.2) 两边同时取自然对数，得

$$
\begin{aligned}
\ln E &= \ln\left\{ \left[1 \times (1+FB)^{NP}\right] \times \left[1 \times (1-F)^{N-NP}\right] \right\} \\
&= NP\ln(1+FB) + (N-NP)\ln(1-F) \quad (5.3)\\
&= N\left[P\ln(1+FB) + (1-P)\ln(1-F) \right]
\end{aligned}
$$

为了最大化（极值）资产收益，对式 (5.3) 两边求导并令其等于 0，得出

$$N\left[P\ln(1+FB) + (1-P)\ln(1-F) \right]' = 0 \quad (5.4)$$

则根据式 (5.4) 解出

$$F = \frac{PB + P - 1}{B} \quad (5.5)$$

5.4 计算机动态模拟

为了对凯利公式有更深入的认知，我们对其进行计算机动态模拟。模拟条件如下所述。

- 胜率为 P，从 20% 到 90%，每间隔 10% 模拟一次。
- 赔率是 B，从 −2 到 2，每间隔 0.2 模拟一次。
- 投资期限（或次数）按照 $N=5$、20、100 分别模拟一次。
- 赔率 B 模拟值存在负值，所以负数结果只取实部，忽略虚部。

模拟结果如图 5-1、图 5-2 和图 5-3 所示。其中，横坐标 F 表示每次拿出的投资资金占可投资金的仓位比例，比如每次只拿 10% 的资金用于投资；纵坐标 E 表示资产或财富值；图形标题对应胜率 P；每一幅图的曲线共有 21 条，表示相同模拟条件下、不同赔率 B 对应的资产曲线 E。

从图 5-1、图 5-2 和图 5-3 可以得出很多投资规律。

- 胜率越小，投资越接近赌博，胜率在 0.4 以下，赔率即使达到 2，几乎都不会存在翻盘的机会。
- 无论胜率有多高，并且即使赔率也很高，只要每次投资仓位太高，基本上资产会很快衰减到 0，也就是倾家荡产。
- 胜率、赔率与资产都不是线性关系，而是指数级、几何级的曲线关系，所以，胜率、赔率不同程度的扰动（也叫“信息熵”）可能导致最终资产规模相差悬殊。如果运用凯利公式投资，由于市场的不确定性很大，导致波动风险会很大，风险敞口小的策略都不太适合使用凯利公式或者不适合在满仓时使用凯利公式。
- 其他规律不再一一列举，读者可以自己对照模拟图观察和分析。

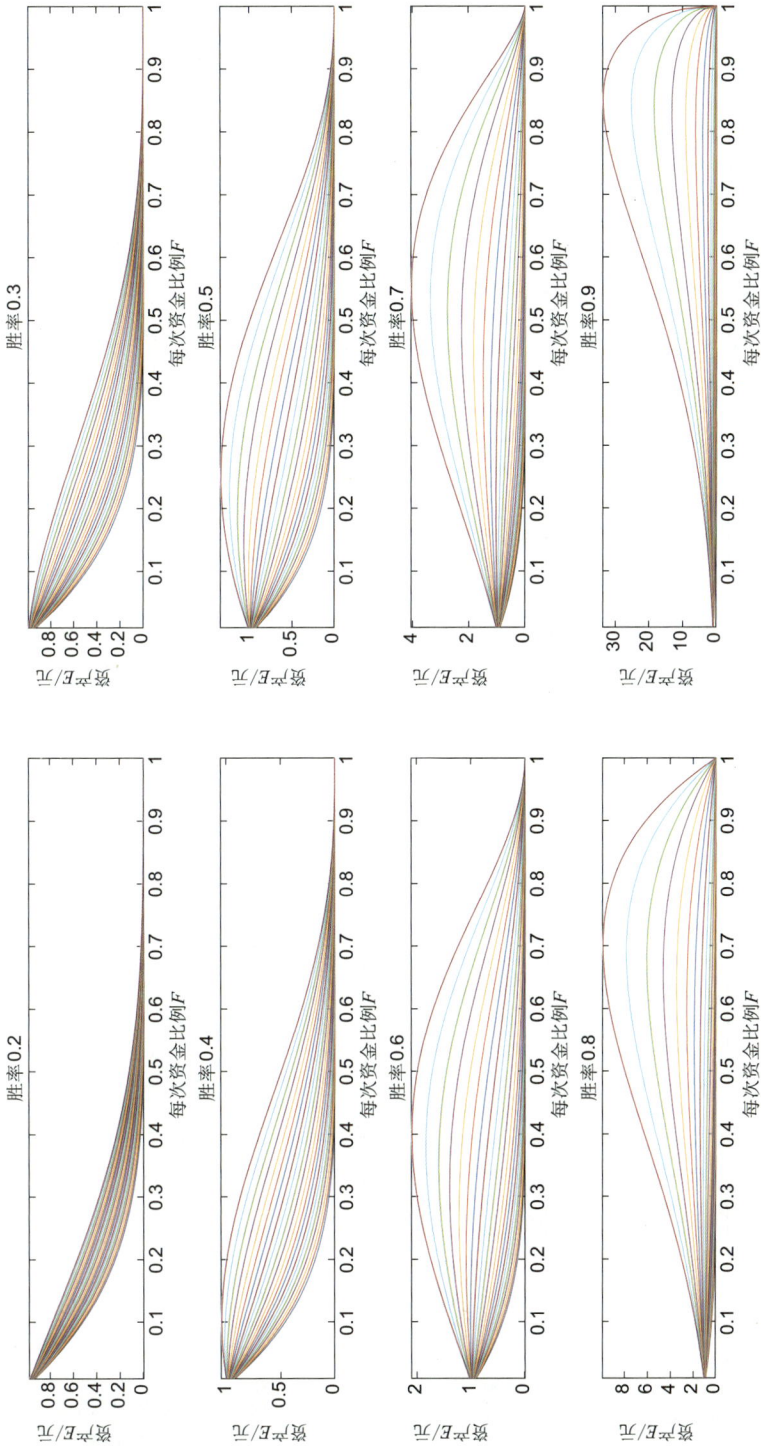

图 5-1 投资 5 次的模拟图

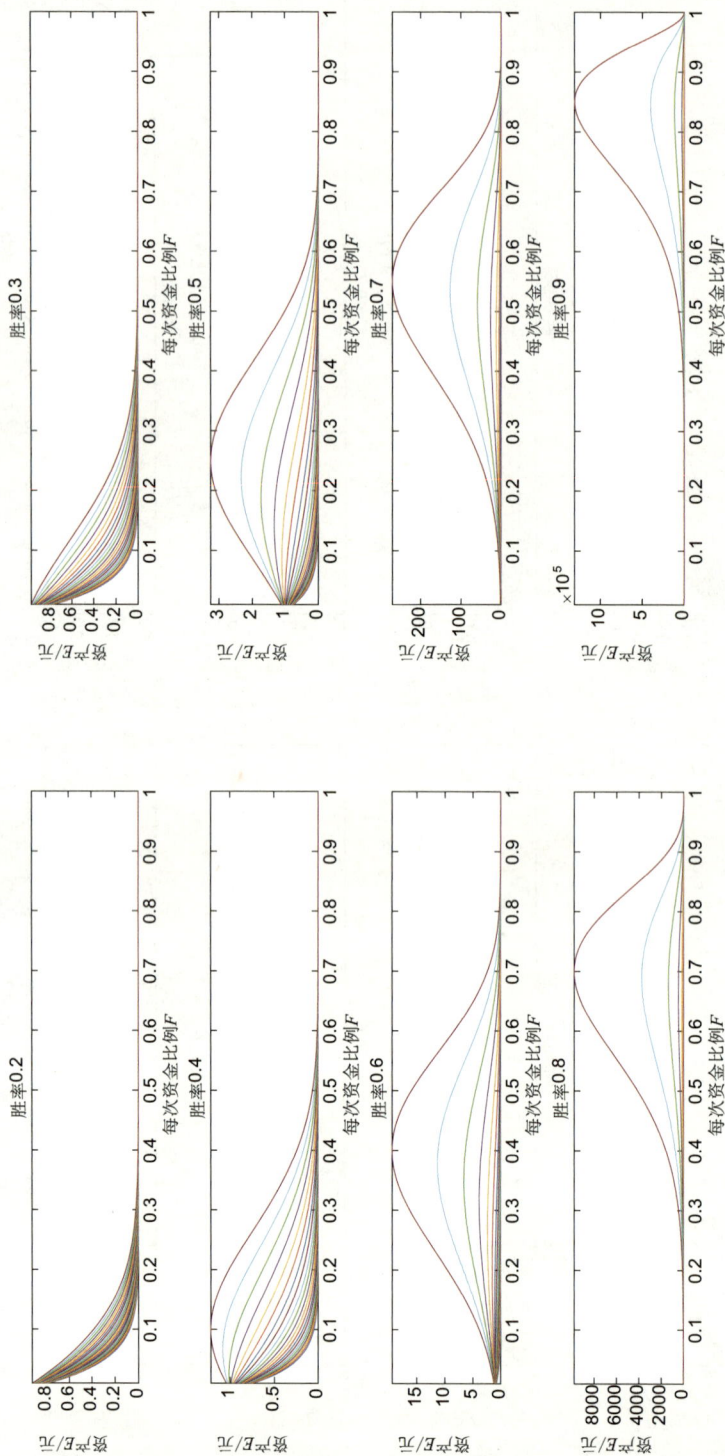

图 5-2　投资 20 次的模拟图

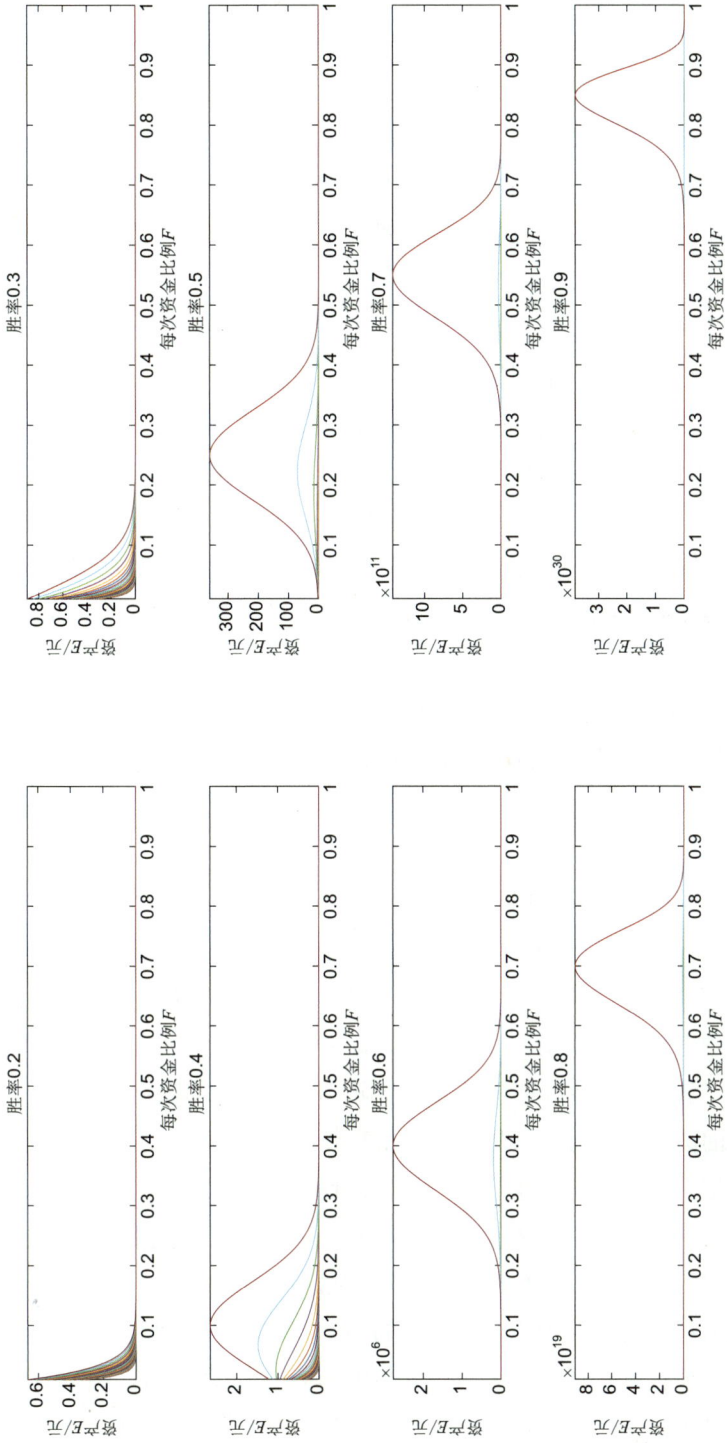

图 5-3　投资 100 次的模拟图

5.5　凯利投资准则

凯利公式是投资界公认的较为重要的公式，但不是表现在具体的投资实操层面。如果要选出金融行业最重要的一个数学公式，首推"凯利公式"。

胜率 P 和赔率 B 的先验数值都是难以定量计算的，所以凯利公式对于现代投资理论的主要贡献，还是体现在投资准则的底层逻辑上。假定先自定义以下两个概念。

投资：统计学上期望收益率为正。

投机：统计学上期望收益率为负。

凯利公式带给投资行业重要的原理和规则如下所述。

第一，不轻易参与信息熵接近 1（ $p=0.5$ ）或者低于 1 的投资。

"熵"在不同领域、不同环境中，定义是不一样的。例如在信息领域一般叫做"香农熵"，也叫"信息熵"；在统计力学中一般叫做"玻尔兹曼熵"；等等。

"信息熵"指的是，一件事情的发生带给我们信息增加的数量。越是常规的事情，信息熵越少；越是有影响力的事件，对我们信息熵的补充越有价值，能让我们更清楚地认知未知。

如果 $P < 0.5$ ，并且我们投资还赚到钱了，我们把投资收益与投资亏损期望值的差值归因于"运气"。如果 $P < 0.5$ ，首先保证不去参与，即使赚钱了，也是运气的原因，是不太可能再现和持续的。因此，当运气或者手气转向时，一定要离开投机的这个地方，不能够继续下去。

第二，信息熵可以毁灭一切经典的投资数学公式。

笔者仔细研究过中美两个资本市场，无论是在规模还是在结构上都鲜有相似点。但是，有三个行业在中美两个市场皆表现优秀，那就是消费、医药（医疗）和银行。很多现代投资理念努力寻找新的"赛道"、新的"风口"，但是巴菲特和芒格却长期坚持**逆向思维**。虽然巴菲特也重仓了苹果公司，但是他认为苹果公司不是高科技公司，而是全球领先的消费品公司，只是消费产品升级了。

我们都知道，科技是第一生产力，但是为什么科技行业赛道无法持续增长呢？因为科技公司的信息熵较高，具体涉及技术专利、技术授权、技术研发、技术外包、技术升级、技术方案整合、第三方合作技术等。从凯利公式来看，投资的不确定性很高。所以，**与其说凯利公式带给现代金融很多的策略，倒不如说凯利公式奠定了现代投资学的"基础"**。现代投资理念越来越倾向"因为……所以"，而不再偏向"虽然……但是"的投资逻辑。

第三，严禁过度下注或者仓位过重，否则会陷入万劫不复之地。

只要胜率 P 不是 100%，每次投资的仓位 F 一旦超过 85%，计算机模拟结果显示，资产 E 大概率很快归 0。笔者需再啰嗦一次：凯利公式解决的是"**在胜率和盈亏比已定的情况下，每次该用多少资金去冒险**"这个问题。凯利公式提出之后，金融投资的风险控制理论才慢慢成形。

对于投资者来说，还可以使用凯利公式分配消费、医药（医疗）、银行三种权益资产的投资比例，以"1-PE 百分位"作为胜率参考值，以"ROE 百分位 / ROE 百分位期望值"作为赔率参考值。也就是说，先计算这三大类资产总体可投比例是多少（比如 35%），再在这个整体比例里面确定消费、医药（医疗）、银行三部分仓位。比如给这三个行业分配的资金比例分别是 15%、10% 和 10%，**最后按照时间序列**，根据 PE 和 ROE 不断调整资金仓位。这个案例相对简单，不再赘述。

所以，基于凯利投资准则和风险平价都可以进行资产组合的风险控制。

第四，资本市场上，时间是最大的不确定性。

凯利公式适用的条件也是"大数定理"，但是时间往往具有很大的不确定性，万事万物皆是如此。投资市场上之所以会出现机构抱团、基金定投等，都是为了对抗时间的不确定性。

第 6 章　交易信息系统外接

6.1　接入门槛

　　交易信息系统外部接入是指证券公司提供信息系统接口或其他信息技术手段，使外部投资机构能够接入证券公司交易系统并接收投资者交易和查询指令的行为。随着证券市场的发展，公募基金管理人、保险公司等机构投资者交易占比逐年上升，传统以人工为主的操作方式已不能满足其分仓管理、统一风控等需求，因此一部分外部投资机构希望能够接入券商交易信息系统。

　　自动化交易是指通过既定程序或特定软件，自动生成或执行交易指令的交易行为。2015 年以后，券商交易信息系统外部接入暂停，对股票量化交易以及整个量化行业都造成了影响。

　　毫无疑问，投资的合规性应该牢记在心。投资实践应该以监管规定为指导原则。

　　2019 年 2 月 1 日，中国证监会就《证券公司交易信息系统外部接入管理暂行规定 (征求意见稿)》(以下简称 "规定") 向社会公开征求意见。新规对券商交易信息系统外部接入业务相关要点进行了明确。业内人士认为，此举有利于提高 A 股市场流动性，各类量化交易有望迎来春天。

　　那么，哪些投资者可申请接入呢？依据 "规定" 第六条：证券公司可以为符合《证券期货投资者适当性管理办法》第八条第一项或第三项规定，且自身存在合理交易需求的专业投资者提供交易信息系统外部接入服务。

援引《券商中国》2019 年 2 月发表的查询相关规定后的结论，上述专业投资者包括：经有关金融监管部门批准设立的金融机构，包括证券公司、期货公司、基金管理公司及其子公司、商业银行、保险公司、信托公司、财务公司等；经行业协会备案或者登记的证券公司子公司、期货公司子公司、私募基金管理人；社会保障基金、企业年金等养老基金、慈善基金等社会公益基金；合格境外机构投资者 (QFII)、人民币合格境外机构投资者 (RQFII)。

私募基金管理人应当为私募证券投资基金管理人，最近一年末管理产品规模不低于 5 亿元，且接入的产品应当经中国证券投资基金业协会备案。从规定上看，对于私募基金管理人的准入资格有具体要求，由于量化私募基金的规模当前已经高于量化公募基金的规模，这对于量化私募基金来说是利好消息。

在风险控制方面，"规定"给出全程管理要求，比如第十条指出：证券公司应当采取必要措施了解投资者交易策略、交易品种、交易频率、交易周转率等交易关键要素，充分评估投资者交易行为对证券市场秩序、信息系统安全的影响。交易关键要素发生重大改变的，证券公司应当重新评估。

"规定"还有很多其他重要内容，不再列举，读者可自行参考中国证监会官网公示的《证券公司交易信息系统外部接入管理暂行规定 (征求意见稿)》的全文。

按照证监会公开的《〈证券公司交易信息系统外部接入管理暂行规定 (征求意见稿)〉起草说明》，与交易信息系统外部接入有关的风险主要包括：一是业务合规风险。业务与技术高度结合，投资者及相关方有可能借助交易信息系统外部接入参与持牌业务的部分环节，违规开展证券业务。二是信息安全风险。外接系统的信息技术风险可能传导至证券公司，影响证券公司业务正常运转。三是市场风险。如果信息系统稳健性不足或者证券公司把关不严，生成异常"大单"、连续报单或者发生透支，可能影响证券市场秩序。

当然，规定也是需要不断调整、与时俱进的。

6.2　系统外接 IT 架构

除了对准入资格有要求，接入券商交易信息系统在交互上也是有限制的，并且对整个信息系统架构的风控要求很高 (金融风控和信息安全风控)，所以一部分实力不强的投资者，实际上是无力部署和安全运维整套系统的。中国股票交易 IT 架构如图 6-1 所示。

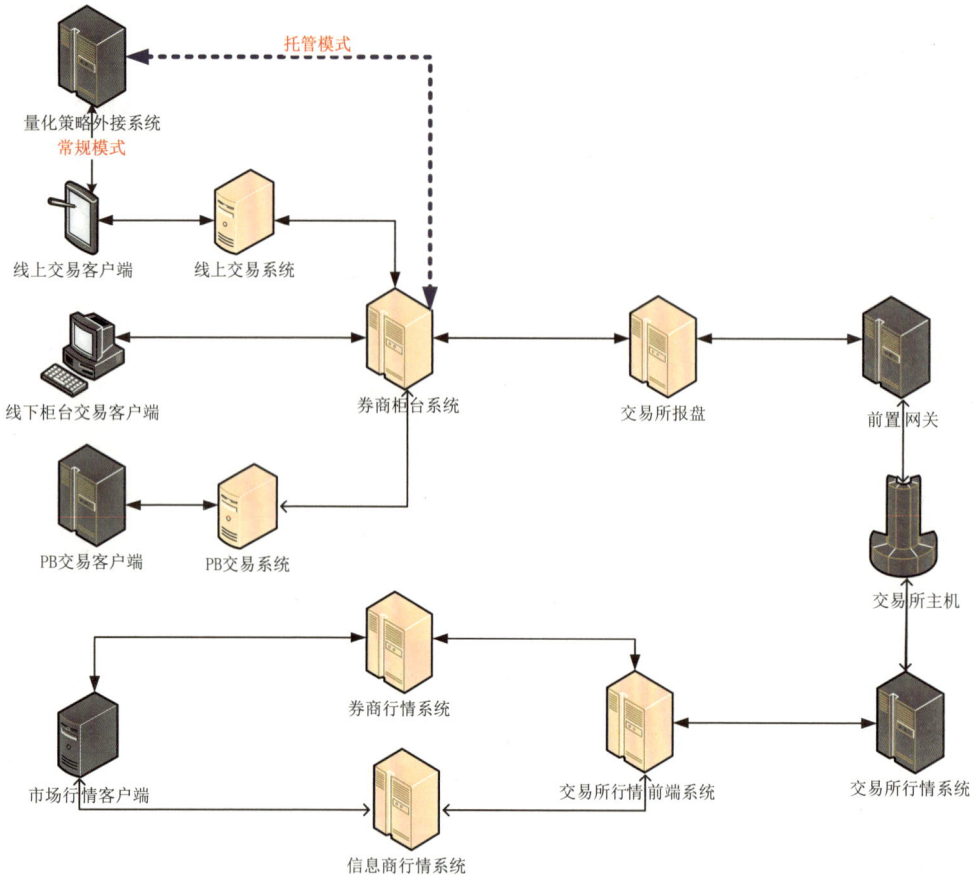

图 6-1 中国股票交易 IT 架构

图 6-1 左侧深色系统表示机构客户和个人客户端系统，右侧深色系统表示沪深两市交易所的系统，中间浅色标记的系统是券商系统。整个系统分成两部分，上半部分是交易系统，下半部分是行情展现相关系统。

前置网关，又叫做交易所前置 CS(communication server)，也就是"交易所前置通信服务器"，是券商柜台用于向交易所发送交易指令的中间件服务器。PB(prime brokerage) 指的是主经纪商，一般是资方。柜台交易系统是客户交易的下单系统，一般面向股票经纪业务和程序化交易。股票交易的 IT 系统也是需要不断升级的，以便适应新的交易规则以及采用更先进的技术。

期货量化系统也采用客户端系统、期货公司的系统和与交易所系统相似的IT结构，有兴趣的读者可以自己深入了解相关知识，在此就不重点介绍了。

下篇　AI 方法及投资策略

下篇主要介绍 AI 算法和量化策略的各类实证案例。笔者同样将部分核心和特色内容罗列出来，以飨读者。

章号	核心计算机技术与数学方程式	量化实证案例独特内容
第 7 章 遗传算法在黄金投资中的应用	① 遗传算法与弗洛伊德梦的解析法 ② 多约束非线性双目标函数的遗传算法求解	① 美国 CPI、美国 10 年期国债利率和 WTI 原油价格三者对于伦敦现货黄金的定价贡献度超过 95% ② 基于皮尔逊相关度的新型资产配置模型
第 8 章 大规模神经网络及股票非量价复合策略	① 鲨鱼寻腥与神经网络最速梯度训练 ② 绝妙的排列组合演绎法 ③ 创造性设计了 5 层大规模径向基小波神经网络的深度数学理论 ④ 首创神经网络训练多尺度分析	① 复合策略 = 神经网络 + 平仓 + 网格交易 ② 针对使用 AI 算法预测股价在实际交易中准确率不高的难题，进行原因解析并提供解决方案
第 9 章 小波分析及金融工程多维度应用	① 傅里叶变换和小波变换图谱对比 ② 本章原创数学公式： $\Delta t \times \Delta S \geqslant \Delta P$	① 量子力学与量子基金运作逻辑 ② 首创"市场熵"概念及计算方法 ③ DJI.GI 行情趋势抽取 ④ 业内首创"噪声分贝技术"，用于识别可转债市场的炒作行为，并适用于对公开市场其他证券类产品的投资行为分析 ⑤ 在整个证券量化行业，利用小波分析作为工具的研究成果还很少，本章实证案例众多、翔实，或有助于补充行业成果 ⑥ 小波在金融领域的应用尚属探索阶段。对于本章列举的三大实证案例，在过往的著作中难以找到相似或雷同的，本章案例具有启发性和探索性的双重价值
第 10 章 前沿研究与探索	① 首创股票能量守恒定理，并命名为"LZ 证券能量守恒定理" ② 原创数学方程式： $$E_{\text{LZ}} = \frac{\frac{1}{2}v^2 + h}{\text{PE}}$$	将投资学与物理学等学科知识进行碰撞、探索、融合

第 7 章　遗传算法在黄金投资中的应用

从本章开始，笔者将分三章介绍 AI 量化投资的内容。这三章内容各有侧重：第 7 章着重讲解量化投资模型的 AI 求解方法——少数投资模型异常复杂，需要先进的工具才能求得最优解或理想解；第 8 章着重讲解 AI 机器学习的原理以及搭建 AI 投资模型训练股票样本对的因果逻辑；第 9 章着重展现 AI 在实际投资应用场景中的巨大威力。

7.1　AI 算法思想

7.1.1　边缘活跃效应

恩格斯在《自然辩证法》里说过："在分子科学和原子科学的接触点上，物理学家和化学家都承认自己无能为力，然而应当在这点上期待最大的成果。"

不同学科的交叉领域常常会形成一门新的科学，是"新科学"的"生长点"，是最具生命力、最活跃的地方。例如，数学中的数字 0 总是最活跃；解析几何中直线与曲线相切的点总是数学研究者经常关注的地方；蜡烛火焰结构中略带淡蓝色的外焰温度最高，焰心温度最低；台风边缘处风力最大，风眼的风力为零级；给锅里的水加热时，靠近锅边的水先沸腾；电荷在导体的尖端边缘的地方容易聚集；海岸是陆地和海洋作用最强烈的地方；磁铁两端的 N/S 极磁性最强。

在科学与美学的边缘往往会诞生划时代的技术或作品，因为肯定真的和肯定美的是一致的，真的就是美的，美的就是真的。记得在学生时代，笔者在做几何证明题的时候，经常需要作辅助线，而辅助线的作法往往符合几何对称美学。

很多划时代的理论成果，其方程表达式都具有美学对称形式，比如麦克斯韦方程组、拉普拉斯算子、梯度最速偏导函数等；再如用高分辨率相机拍下纳米微观结构，这些崎岖不平、酷似山峰的微观精细结构的照片为摄影师在国际摄影大赛上赢得了至高荣誉；就连"旁观者清，当局者迷"这句俗语也蕴含着活跃的边缘哲思。

7.1.2　AI 算法时代

现代的 AI(人工智能) 算法五花八门。AI 算法逻辑框架在最近二十年来没有取得大的进步，不断突破的是**应用场景的日益增多和 AI 芯片算力的不断提高**。

我们身处 AI 时代，智能手机、车联网、物联网等终端，对于系统级芯片 (system on chip，SoC) 的 PPA(performance, power, area，即性能、功耗、尺寸) 约束框架提出了更高的要求，系统级芯片平台也是先进技术的集大成者。面对动辄几百亿、几千亿颗晶体管的芯片设计规模，以及异构集成、系统级封装、晶圆级芯片封装技术 (chiplets) 等新的封装方向，业界已经开始使用 AI 技术设计芯片了，尤其在版图、布线、建模、电路模拟等方面的智能化，已取得长足的进步。当然，在"从 0 到 1"的创造阶段以及决策阶段，仍需要人类工程师主导。笔者解释一下芯片专业术语"异构"：SoC 使用不同的内核被称为"异构"，使用相同的内核被称为"同构"。将芯片安装在不同机器上，应用场景不同，对于内核的频点要求不同，如果使用异构集成方式可以适时变频，就能减少功耗。芯片比较特殊，既要注重性能又要追求功耗。

科技类机构研发工作的本质是在特定范式下的精准重复执行的行为，一部分研发人员看起来有 10 年的工作经验，或许是 1 年的研发工作经验用了 10 年。随着芯片**设计与智造**的进一步发展，也许能把人工研发的很多工作都"抢"走。

因此，未来就业时，要避免跟人工智能"抢饭碗"，要增强"人"的核心竞争力。

需要说明的是，AI 算法商业化应用场景目前并不多，从算法研发 (尤其是深度学习)，到算法商业化部署落地，成本都很高。举一个例子，可以使用 AI 图像识别系统来高精准度筛选服装织物表面的瑕疵，但实际上使用几个工人就完全可以代替，而两者在成本数量和结构上相差甚大。不过，AI 成熟之后就可以上云计算，采购公有云也是降低成本的有效途径之一。

鉴于 AI 进步的趋势不容忽视，现在，我们评价算法有没有价值；未来，算法或许能够评价我们的思考有没有价值。或许，未来人类终将被算法所支配。

笔者以为，未来应该没有独立的 AI 产业或者行业，未来 AI 或许跟现在的水、电、煤、网络一样稀松平常。

7.1.3　量化投资在我国的发展阶段

通过 AI 进行量化投资时，最好在 AI 算法与投资策略之间找到完美的契合点，而 AI 算法也是一门边缘交叉学科，是生物学、心理学、物理学、数学、计算机等多学科的融合。各种学科交叉之处往往展现强劲的发展势头。

量化投资在我国经历了以下四个发展阶段。

第一阶段： 2008 年美国次贷危机发生后，大量海外量化基金人才回国，国外的量化投资理念传入我国，但是国内 0.1% 的印花税以及 $T+1$ 交易规则，让这些归国的量化投资人才，局限于使用简单的线性组合多因子选股策略 (用多因子给个股评分，生成股票清单)，量化策略的其他技术无用武之地，量化基金的发展一度停滞不前。

第二阶段： 2015 年场外配资推动股市暴涨暴跌之后，做空股指期货受限 (限制日内开仓交易量)，外部机构暂停接入券商交易系统。

第三阶段： 市场有序恢复，技术不断进步，2017 年以后量化基金开始在规模上崛起。从 2017 年到 2020 年，量化基金存续资产规模 (asset under management，AUM) 的年复合增长率超过 60%。2019 年，量化基金规模增至 2820 亿元，同比增长 88%；2020 年，量化基金规模猛增至 8670 亿元，同比增长 204%。

第四阶段： 以机器学习为代表的 AI 量化投资开始兴起，各大量化基金机构纷纷布局大算力平台，陆续引入 AI 算法及芯片。AI 量化投资方兴未艾，并未完全成熟。散户投资者越来具有机构投资者的特性，噪声交易者大为减少，AI 量化投资策略得以如火如荼地发展。

7.2　遗传算法概述

7.2.1　重度参与飞机发动机设计

遗传算法 (genetic algorithm，GA)，也叫基因算法，是模仿生物进化的一种智能算法，具有优异的计算功能，尤其是超几何曲面的**全局**寻优功能。

通用电气公司和 Rensselaer 综合技术学院的一组研究人员曾经成功地将遗传算法

用到一种商业客机使用的高涵道比喷气发动机涡轮的设计之中。这种涡轮由好几级静止和旋转的叶扇组成，安装在近似圆筒形的涵道里，是发动机的核心部分。涡轮设计至少涉及 100 个变量，每个变量的取值范围各不相同，由此形成超过 10^{387} 个点的搜索空间。涡轮设计方案的"适应度"取决于它满足一组限制的程度如何，这组限制有 50 个左右，如内壁和外壁的形状，涵道内各点燃气气流的压力、速度和扰动情况等。一般情况下，一个工程师独立工作并获得一个满意的设计结果大约要用几周时间。运行基于遗传算法的发动机模拟软件和专家系统有助于引导设计人员找出有意义的修改方案，工程师用这样的专家系统在不到一天的时间里就能完成一种设计。

从上面的实例可以看出，对于多约束的非线性规划问题的寻优，遗传算法相对一些常规的优化算法，能够较快地获得较好的优化结果，并且往往还能获得全局最优解。遗传算法能够同时处理群体中的多个个体，即对搜索空间中的多个解进行评估，减少了陷入局部最优解的风险，所以遗传算法已被各行各业的技术人员广泛地应用于组合优化领域，包括资产组合权重调优、深度学习、控制自动化等。

7.2.2　生物学基础

在一定的时间里，有一群兔子，其中一些兔子比另外一些兔子跑得快，而且更聪明，这些兔子被狐狸吃掉的可能性比较小，因此它们中的多数能存活下来并繁殖更多的兔子。当然，一些跑得慢且愚蠢的兔子也会存活下来，只是因为它们比较幸运。这些存活的兔子开始生育，生育的结果是兔子遗传物质的充分融合：一些跑得慢的兔子生出跑得快的兔子，一些跑得快的兔子生出跑得更快的兔子，一些聪明的兔子生出愚蠢的兔子，等等。后代小兔子平均来说要比上一代兔子跑得更快且更聪明，因为躲过狐狸猎杀而生存下来的兔子多数是跑得更快且更聪明的兔子。同样，狐狸也经历相似的过程，否则兔子如果跑得太快又太聪明，狐狸可能就抓不到兔子了。

兔子的生存遵循以自然选择学说为核心的现代生物进化理论，其基本观点是：种群是生物进化的基本单位，生物进化的实质是种群基因频率的改变。基因突变和基因重组、自然选择及隔离是物种形成的三个基本环节，它们的综合作用最终导致新物种的形成。在这个过程中，基因突变和基因重组产生生物进化的原材料，自然选择使种群的基因频率定向改变并决定生物进化的方向，隔离是新物种形成的必要条件。

新物种形成的途径有两种：渐变式和爆发式。渐变式主要通过变异的逐渐积累而形成亚种，再由亚种形成一个或多个新种，这种新种的形成途径是渐变式的。这些新种的形成又分为两种类型，即继承式新种形成和分化式新种形成。爆发式新物种形成途径是指不通过亚种这一阶段而迅速形成新物种，其分为三种类型，即杂交产生新种、染色体结构变化形成新种和多倍体化的新种。遗传算法融合了渐变式和爆发式两种思想。

7.3　遗传算法关键数学原理

1975 年，密歇根大学的 J. Holland 教授提出"遗传算法"模型，并出版了颇有影响力的著作 *Adaptation in Natural and Artificial Systems*。不过"遗传算法"这一专业术语其实是由 J. Holland 教授的学生 J. D. Bagley 于 1967 年在其毕业论文中首次提出来的。

遗传算法是模拟达尔文生物进化论和孟德尔遗传学原理的计算模型，是一种通过模拟自然进化过程搜索最优解的方法。J. Holland 教授提出的遗传算法属于简单遗传算法 (simple genetic algorithm，SGA)，之所以称为 SGA，是因为算法求解过程严重依赖比较武断的随机化选择，但是仍具有里程碑式的意义。

SGA 由编解码、个体适应度评估和遗传运算三个模块构成 (现代遗传算法也是由这三个模块构成的)。遗传运算包括染色体复制、交配、变异甚至倒位等。改良的遗传算法和融合新型技术的遗传算法都是 SGA 的变异形式。在遗传算法中，定义种群或群体为所有编码后的染色体集合，表示每个个体的是其相应的染色体。

基于生物学的智能算法有很多，比如蚁群算法、遗传算法、免疫算法、神经网络等，但是能把算法机理抽象得与对应的生物学原理近乎完美契合，或许只有遗传算法这一种算法。比如大名鼎鼎的神经网络，其实跟人脑机理完全不是一回事。

7.3.1　编解码

1. 编码

我们首先介绍遗传算法的第一个模块编解码。遗传算法的编码有浮点编码和二进制编码两种，这里只介绍二进制编码规则。二进制编码既符合计算机处理信息的逻辑，也方便染色体进行复制、交配和突变等遗传计算。设某一参数的取值范围为 $(S, \wp)$，我们使用长度为 n 的二进制编码来表示该参数，则它共有 2^n 种不同的编码，该参数编码的对应关系为

$$00\ 0000\ 0000\cdots0000\ 0000=0 \rightarrow S$$
$$00\ 0000\ 0000\cdots0000\ 0000=1 \rightarrow S+d$$
$$00\ 0000\ 0000\cdots0000\ 0000=2 \rightarrow S+2d$$
$$00\ 0000\ 0000\cdots0000\ 0000=3 \rightarrow S+3d$$
$$00\ 0000\ 0000\cdots0000\ 0000=4 \rightarrow S+4d$$
$$\cdots$$
$$11\ 1111\ 1111\cdots1111\ 1111=2^n-1 \rightarrow \wp$$

比照**等差数列公差**的计算公式，用于控制计算精度d值的计算公式为

$$d = \frac{\wp - S}{2^n - 1} \tag{7.1}$$

已知染色体长度n值越大，d值就越小，精确到小数点的位数就越多。式(7.1)的实质，就是把2^n种二进制编码所覆盖的十进制数据放缩到区间$(S, \wp)$之内。

2. 解码

解码的目的是将二进制数据串还原成十进制。设某一个体的二进制编码为$C_n C_{n-1} C_{n-2} \cdots C_3 C_2 C_1$，则对应的解码公式为

$$x = S + \left(\sum_{i=1}^{n} C_i 2^{i-1} \right) \frac{\wp - S}{2^n - 1}$$

例如：设有参数$x \in [-1, 4.3]$，现用 5 位二进制数对x进行编码，很显然一共有$2^5 = 32$条染色体，即

00000, 00001, 00010, 00011, 00100, 00101, 00110, 00111

01000, 01001, 01010, 01011, 01100, 01101, 01110, 01111

10000, 10001, 10010, 10011, 10100, 10101, 10110, 10111

11000, 11001, 11010, 11011, 11100, 11101, 11110, 11111

对于任意二进制数据串，只要代入译码公式，就可以得到对应的解码，如$x_{36} = 11101$，对应十进制值为

$$\sum_{i=1}^{5} C_i 2^{i-1} = 1 \times 2^0 + 0 \times 2 + 1 \times 2^2 + 1 \times 2^3 + 1 \times 2^4 = 29$$

则对应参数值为

$$x = (-1) + 29 \times \frac{4.3 - (-1)}{2^5 - 1} = 3.8031$$

遗传算法的编码和解码在宏观上可以对应生物的基因型和表现型，在微观上可以对应 DNA 的转录和翻译两个过程。

7.3.2　复制运算

"复制运算"的原理：适应度大的个体更有可能遗传到下一代 (适者生存)。设种群中个体总数为 N (也就是染色体的总数)，个体 n 的适应度为 adapt_m，则个体 m 被选取的机率 $P_m = \dfrac{\text{adapt}_m}{\sum_{m=1}^{N} \text{adapt}_m}$。当个体复制的机率确定后，再产生 [0,1] 之间的均匀随机数来决定哪些个体参加交配，也可以使用有特定倾向的复杂随机数。若个体适应度高，那么被选取的机率 P_m 就大，则可能被多次选中，它的遗传基因就会在种群中扩散；若个体的复制机率小，则会被逐渐淘汰。所以，适应度函数的设计和干预机制很关键，否则强者基因遗传到下一代的机率更大，但是对立面就是生物基因的多样性被过早消灭，生物种群进入早熟状态，对应的遗传算法就无法迭代优化。

7.4　遗传算法寻优举例

下面通过一个案例，具体说明遗传算法的作业过程。

求：$\max f(x_1, x_2) = 5.2 x_1 \sin(7\pi x_1) + 8.8 x_2 \cos(5\pi x_2)$

$$\text{subject to} \begin{cases} 1.2 \leqslant x_1 \leqslant 4.9 \\ -2.5 \leqslant x_2 \leqslant 7.9 \end{cases}$$

$f(x_1, x_2)$ 函数的三维图形如图 7-1 所示。

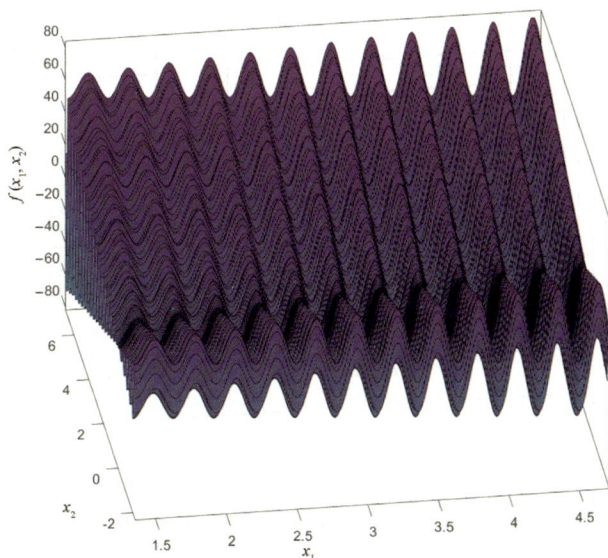

图 7-1　$f(x_1, x_2)$ 函数 3D 表面网状结构

7.4.1　编码

该实例同样要进行编码，即把变量转换成二进制数串。数串（也就是染色体）的长度n取决于所要求的精度，相关内容在"7.3.1 编解码"的编码部分已经介绍过了，此处不再赘述。自变量x的区间是$(S,\wp)$，假设要求的精度是小数点后 6 位，也就意味着每个变量取值被分成至少10^6个片段。对一个变量的二进制数串的位数用以下不等式组计算，即

$$2^{n-1}<(\wp-S)\times10^6\leqslant2^n-1 \tag{7.2}$$

推而广之，不失一般性。假设任何一个自变量计算结果的精度要求至小数点后k位，将式 (7.2) 两边同时取对数，则染色体长度n的解为

$$n=\mathrm{around}_{\mathrm{up}}\left[\log_2\left(\wp-S\right)\times10^k\right]$$

式中：符号$\mathrm{around}_{\mathrm{up}}$表示向上取整。

本例精度要求极高，需保留至小数点后 6 位，则自变量x_1构成的染色体数串n_1为

$$n_1=\mathrm{around}_{\mathrm{up}}\left[\log_2\left(\wp-S\right)\times10^k\right]=\mathrm{around}_{\mathrm{up}}\left[\log_2\left(4.9-1.2\right)\times10^6\right]$$
$$=\mathrm{around}_{\mathrm{up}}\,21.819\,093\,8\approx22$$

同理可得，x_2构成的染色体数串n_2为

$$n_2=\mathrm{around}_{\mathrm{up}}\left[\log_2\left(\wp-S\right)\times10^k\right]=\mathrm{around}_{\mathrm{up}}\left\{\log_2\left[7.9-\left(-2.5\right)\right]\times10^6\right\}$$
$$=\mathrm{around}_{\mathrm{up}}\,23.310\,080\,2\approx24$$

两个自变量染色体串合在一起进行遗传运算，则染色体数串$n_1+n_2=46$位。假设任一染色体初始值随机赋值为

$$\underbrace{1001101001000101000100}_{x_1}\underbrace{100001010000101000001011}_{x_2}$$

以上编码前 22 位表示x_1，后 24 位表示x_2，如表 7-1 所示。

表 7-1　染色体编码

自变量	二进制	十进制	实际值
x_1	1001101001000101000100	2 527 556	3.429 681
x_2	100001010000101000001011	8 718 859	2.904 720

将$\wp_1$对应的十进制代入公式$x=S+\left(\sum_{i=1}^{n}C_i2^{i-1}\right)\dfrac{\wp-S}{2^n-1}$，计算$[x_1,x_2]$，其实际值为$[3.429\,681,2.904\,720]$，则目标函数对应此染色体的函数值为

$$f\left(\wp_1\right)=f\left(3.429\,681,2.904\,720\right)=-1.457\,977$$

以此类推，如果初始种群的规模$N=20$条染色体，则剩下 19 条染色体的初始随机二进制编码$\wp_2\cdots\wp_{20}$字符串为

$$\wp_2 = [0101111001000101010100100101010000100010001000]$$
$$\wp_3 = [1011101001010101010101100101010101101010101001]$$
$$\wp_4 = [1011010001011101000100100100101101010011111010]$$

$$\cdots$$

$$\wp_{20} = [0001111001010101000100101001010101101010101011]$$

7.4.2　评价个体适应度

将目标函数值转为适应度值。对于极大值问题，**遗传算法中用目标函数来衡量个体适应度的大小**，并分别计算第 m 条初始染色体的适应度值 $\text{adapt}(\wp_m)$，即

$$\text{adapt}(\wp_m) = f(\wp_m), \quad m = 1, 2, 3 \cdots 20$$

比如第一条染色体 $\wp_1$ 适应度值为

$$\text{adapt}(\wp_1) = f(\wp_1) = -1.457\,977$$

如果是极小值问题，则可以对目标函数取负值，再转化成极大值问题求解。

7.4.3　新种群复制

并不是初始种群 20 条染色体都有机会进化到下一代（第二代），需要经过大自然"物竞天择，适者生存"法则的筛选——适应能力强的染色体有更大机会遗传到下一代。一般通过三步来决定哪条染色体被遗传复制到下一代，没有遗传到的初始染色体就被淘汰了。不满足约束条件的个体，赋予罚函数（或常数）降低其适应度值。

第一步，计算种群的适应度值总和 F，计算公式为

$$F = \sum_{m=1}^{20} \text{adapt}(\wp_m)$$

第二步，计算每条染色体被复制的概率 P_m，计算公式为

$$P_m = \frac{\text{adapt}(\wp_m)}{F}$$

第三步，计算每条染色体的累积概率 Q_m，计算公式为

$$Q_m = \sum_{j=1}^{m} P_j$$

我们利用计算机程序生成 20 次的随机数，然后依次按照规则挑选哪些染色体可以进化到下一代。比如第 1 次产生的随机数为 0.123 456，且假设 $Q_1 = P_1 = 0.021121$，$Q_2 = P_1 + P_2 = 0.121121$，$Q_3 = P_1 + P_2 + P_3 = 0.234567$，很容易得出

$$0.123\,456 \in [Q_2, Q_3]$$

所以选择染色体 $\wp_3$ 遗传到下一代。通过第 2 次、第 3 次……第 20 次产生的随机数遴选染色体复制到下一代的原理和步骤完全与第 1 次相同。染色体的适应度大，意味着 $[Q_{m-1}, Q_m]$ 区间跨度大，随机数发生器产生的均匀随机数就会有更大的概率落在较大长度的 $[Q_{m-1}, Q_m]$ 区间里，这样具有较大 P_m 值的染色体自然有更大机会复制到下一代。

7.4.4 交配点发生交配

交配点也是通过计算机随机数产生的。通过新种群复制的步骤，假设染色体 $\wp_2$ 和 $\wp_3$ 被选中作为交配的父代。交配的方式有单点交配和多点交配，本例取单点交配。计算机随机生成一个介于 0 ~ 45 的整数 (因为整个染色体数串的长度为 46)。假设所产生的整数为 "7"，那么约定 $\wp_2$ 和 $\wp_3$ 两条染色体自 "7" 位置 (即二进制串的第七位) 开始分割，在染色体 "7" 位置的右端部分进行交换而生成新的子辈染色体 $\wp_2^{\bullet}$ 和 $\wp_3^{\bullet}$，即

$$\wp_2 = \left[0101111\underline{00100010101010010010101000010001000100} \right]$$
$$\wp_3 = \left[1011101\underline{00101010101010110010101010110101010101001} \right]$$
$$\Downarrow$$
$$\wp_2^{\bullet} = \left[0101111\underline{00101010101010110010101010110101010101001} \right]$$
$$\wp_3^{\bullet} = \left[1011101\underline{00100010101010010010101000010001000100} \right]$$

其他染色体相互交配的方法是一样的。需要说明的是，种群交配不能过于频繁，过度交配会破坏新种群稳定结构；交配频率太低同样也不行，难以产生新的染色体，种群会面临早熟的问题。

7.4.5 基因突变

基因突变 (或称 "变异") 容易理解，就是某一个二进制的基因 (0 或者 1) 产生翻转，0 变成 1，1 变成 0。基因突变概率一般都很低。本例设置基因突变概率为 1%，即种群内所有基因都有 1% 的突变概率。在本例中共有 $46 \times 20 \times 1\% = 9.2$ 个基因发生突变，对确定发生突变的基因片段进行取整，有 $9.2 \approx 10$ 个，则该例中模拟基因突变步骤如下所述。

第一步，对染色体集合 $\{\wp_1,\wp_2,\cdots\wp_{19},\wp_{20}\}$ 的每一个基因片段进行数字编号，共有有 20 条染色体，编号是从 1 到 920 的阿拉伯数字。

第二步，用计算机**依次**产生 920 个均匀随机数，从中找出最小的 10 个随机数。

第三步，根据第二步产生的 10 个随机数找出基因片段突变对应的位置。比如第一个随机数对应的基因位置是 97，则因为 $46\times(3-1)+5=97$，所以第一个基因突变的位置在第 3 条染色体的第 5 个基因片段上，即

$$\wp_3^{\bullet}=\left[10111010010001010101001001010100001000100001000\right]$$

$$\Downarrow$$

$$\wp_3^{\bullet\bullet}=\left[10110010010001010101001001010100001000100001000\right]$$

变换成十进制为

$$\mathrm{adapt}\left(\wp_3^{\bullet\bullet}\right)=f\left(\wp_3^{\bullet\bullet}\right)=f\left(3.776\,570,3.554\,479\right)=42.860\,512\,3$$

剩下 9 次基因突变的原理是一样的，不再赘述。

如此，完整的遗传过程就结束了。接下来就要比较**最新一代**的 20 条染色体适应度值 $\mathrm{adapt}(\wp_1)$、$\mathrm{adapt}(\wp_2)\cdots\mathrm{adapt}(\wp_{20})$ 的大小。根据遗传生物学原理，适应度大的子代染色体适应环境的能力更强，保留这一代的**最大适应度**的子染色体，即

$$\max\left[\mathrm{adapt}(\wp_1)、\ \mathrm{adapt}(\wp_2)\cdots\mathrm{adapt}(\wp_{20})\right]$$

最后，反复进行迭代，直到适应度值收敛于理想结果。

以上基因突变过程模拟采用的是均匀随机数，采用其他形式的随机数也是可行的，比如正态分布的随机数等，可以依据算法的实际场景适配随机数的生成方法。此外，在第二步中，既然能选出最小的 10 个随机数，自然也可以选出最大的 10 个随机数——只要按照确定性的逻辑把基因突变的位置识别出来即可，方式方法皆可以灵活运用，尤其是在算法细节改良方面。

我们发现，哪怕一个基因片段发生突变，对个体适应度的影响常常也是很大的，所以基因突变需要控制在小范围、小概率的水平上。

以上仅是完成了遗传算法第一代的**完整**计算过程。继续迭代并设置若连续 200 代都不进化，则算法迭代自动停止。在此前提下，至**第 907 代**收敛到最大函数值附近，20 条染色体构成的种群进化的谱系如图 7-2 所示。

对应的两个自变量取值是

$$[x_1,x_2]=[4.632\,987,7.605\,892]$$

则较为优秀的适应度值 $\mathrm{adapt}(\wp_{\mathrm{excellent}})$ 为

$$\mathrm{adapt}\left(\wp_{\mathrm{excellent}}\right)=f\left(4.632\,987,7.605\,892\right)=90.171\,713\,7$$

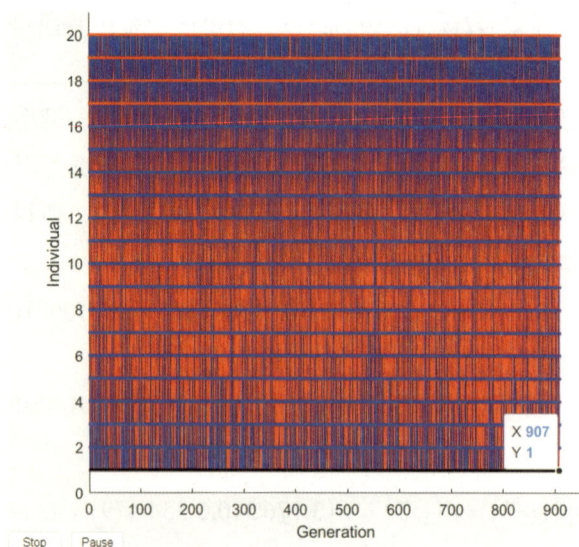

图 7-2　种群进化的谱系

从以上实例可以得出以下三点结论。

(1) 遗传算法本质上是一种启发式的随机搜索算法，所以遗传算法每次得出的结果都不尽相同；每次收敛到最优解附近，算法迭代的次数同样不尽相同，多次计算取最优值有助于提升算法的精度。

(2) 自变量在给定的约束条件下进行了无缝编码 (即这种编码方式能够表达解空间中的所有可行解)，所以从理论上讲，遗传算法有机会得到全局最优解。

(3) 上述 20 条染色体种群对于本例来说，规模偏小。同等条件下，笔者把初始种群规模改成 40 条染色体，经多次反复试验之后，发现运算收敛速度 (体现在迭代次数上) 有显著提升，并且结果收敛的精度更高。

7.5　遗传算法拓展

7.5.1　协力进化

协力进化的概念是埃利希 (Ehrlich) 和雷文 (Raven) 在讨论植物和植食昆虫 (蝴蝶) 相互之间的进化影响时提出的。借鉴生态系统中的协同和协作关系，詹森 (Jason) 提出了协力进化计算机制，并给出了系统进化算法的具体数学模型。

遗传算法建立在生物进化理论和染色体遗传变异的基础之上，该理论遵循优胜劣汰的自然选择机制，本质上体现了"胜者为王，败者为寇"的生物种群内部激烈的竞争关系。但实际上，生物在进化过程中，除了竞争关系，还有协作、寄生等关系。生物与生物之间、生物与环境之间存在"相似相溶和相反相成"的和谐共处的关系。所以，基于达尔文进化论和孟德尔遗传定律的遗传算法不可避免存在弱点，使用标准遗传算法处理异常复杂的优化问题时显得吃力。

7.5.2　遗传算法与弗洛伊德梦的解析法

遗传算法与弗洛伊德梦的解析法有内在关联吗？有。

一般认为梦是这样形成的：白天，人的大脑左半球工作最忙，它从感觉器官中接受信息，进行加工，解决可能出现的各种问题。同时，大脑右半球也悄悄地工作，神经元记录下那些自己来不及考虑的情绪和信息。当人们熟睡后，右大脑"主持"工作，白天印在大脑右半球的全部潜意识以虚拟梦的形式释放，比如白天因工作或生活问题感到焦虑，夜晚梦的主题基本会跟焦虑及其变形形式有关。

如果将梦的形成过程进行分解，梦由以下程序组建而成：梦的改装、梦的置换、梦的替代、梦的凝缩、梦的转移、梦的表现、梦的仿同、梦的颠倒和梦的选择。经由这些步骤对梦进行编译，编译后梦的内容一般难以识别，而后通过大脑的整合作用将这些代码碎片进行链接，形成连贯的梦的情节。这便是弗洛伊德梦的建模过程。译梦或解梦，则是梦的形成过程的逆运算。

下面着重介绍一下"梦的仿同"。

梦的仿同是指将梦思中具有某一相同属性的人或物的特征都集于某一人或某一物上，这个过程称为仿同（也叫集锦，即将相似相容的素材连接起来）。仿同一般用在人身上，而集锦一般用于事物上，当然"集锦"亦可用在人身上。**在仿同作用里，只有和共同元素相连的人方能表现在梦的显意里，其他人则被抑制了。这跟孟德尔的遗传定律原理是一样的，当显性基因存在的时候，隐性基因就不能表现出隐性性状，除非在完全隐性的环境里。**

梦在形成过程中都要经过审查。一些有违共识和有损伦理纲常的人和物的属性通不过梦的审查。尽管人在潜意识里或有兽性的一面，在力比多①的驱使下皆有原始冲动的取向，但是人类在后天学习过程中受到了文化、舆论、礼仪、法律、传统等方面的教化和约束，在实际生活中形成了牢固的自我约束意识，即便在梦中这种意识也没有消除，表现为梦的审查制度。在梦中不能逃脱梦的审查制度的素材演变成隐性，与另一个能够逃脱审查制度的人或物集成在一起，如此便能逃脱审查，这就是仿同（集锦）在

---

① 力比多是英文libido的中文译音，它表示一种性力、性原欲，即性本能的一种内在的、原发的动能、力量。

梦形成过程中所起的作用。梦在形成过程中，就这样伴随着"审查"与"欺骗"的相互博弈。

弗洛伊德梦的解析法隶属于心理学，而遗传算法是人工智能技术的一个分支，虽然表面看起来两者没有任何关联，但是仔细探究可知两者有众多相似之处。例如，梦的置换和替代类似遗传算法中染色体上基因片段的交叉和变异；梦的表现类似遗传算法中生物表现型向基因型映射的过程，也就是遗传算法中种群编码的过程；梦的颠倒类似遗传算法中的倒位运算……

本书把弗洛伊德梦的解析法与遗传算法联系起来，并非牵强附会，而是希望能起到抛砖引玉、举一反三的作用，希望能在梦与人工智能技术之间找到共生点，开发出一种"算法仿同"的高性能算法，希望这种算法有朝一日能被开发出来。因为**万物皆为算法**。

7.6　计算机程序设计框架

7.6.1　伪代码设计

对于具体可执行的遗传算法源代码，笔者在此不再讲解，本书毕竟不是一本纯粹的编程书籍。此外，编程语言有很多，很难说哪种语言好用和高效。本节主要介绍遗传算法的伪代码，它能帮助读者厘清算法的逻辑关系，这就跟写作文的时候要列提纲的道理是相似的。

```
BEGIN
    t = 0 ;
    初始化P(t);
    计算P(t)的适应值;
    while (不满足停止准则)do
        begin
        t = t+1 ;
        从P(t-1)中选择P(t);
        重组P(t);
        计算P(t)的适应值;
        end
    END
```

7.6.2　参数设计准则

在单纯的遗传运算当中，也并不总是向结果收敛，即使在单峰或单调函数里也是如此。这是因为种群的进化能力已经基本丧失，种群早熟。为了避免种群早熟，参数的设计一般需遵从以下原则。

1. 种群初始化

初始种群的生成是随机的；在初始种群生成之前，尽量做好区间估算，以免初始种群分布在远离全局最优解的编码空间，导致遗传算法的搜索范围受到限制，同时也为算法减轻负担。如果是二维、三维或者四维（第四维以颜色深浅表示）空间搜索的问题，笔者有一个相对有效的区间估算方法，就是用计算机大范围画出目标函数的图像，然后根据极值分布的自变量区间，不断缩小极值附近的自变量范围。举一个例子，还是以 $\max f(x) = 200\mathrm{e}^{-0.05x}\sin(x)$, $x \in [-3,3]$ 为例，如图 7-3 所示。

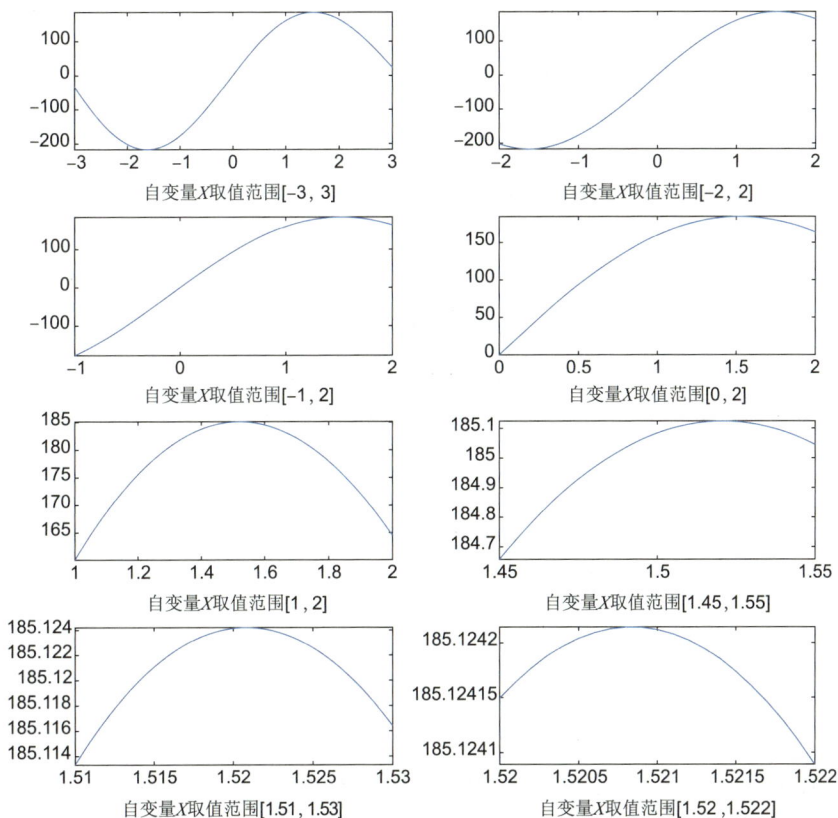

图 7-3 $f(x) = 200\mathrm{e}^{-0.05x}\sin(x)$ 自变量取值放缩图

2. 种群的规模

当群体规模太小时，很明显会出现近亲交配，产生病态基因，而且造成有效等位基因先天缺乏，即使采用较大概率的变异算子，生成具有竞争力的高阶模式的可能性仍很小，况且变异算子大概率对已有模式的破坏力极大。同时，遗传算子存在随机误差（模式采样误差），妨碍小群体中有效模式的正确传播，使得种群进化不能按照模式定理产生所预测的期望数量。当种群规模太大时，结果难以收敛且浪费资源，导致稳健性下降。对种群规模要不断调试，一般经验值不超过 200。

3. 变异概率

当变异概率太小时，种群的多样性下降太快，容易导致有效基因的迅速丢失且不容易修补；当变异概率太大时，尽管种群的多样性可以得到保证，但是高阶模式被破坏的概率也随之增大。变异概率的取值范围一般为 0.0001 ～ 0.2。

4. 交配概率

交配是生成新种群最重要的手段。与变异概率类似，交配概率太大容易破坏已有的有利模式，随机性增大，容易错失最优个体；交配概率太小则不能有效更新种群。交配概率的取值范围一般为 0.4 ～ 0.99。

5. 进化代数

如果进化代数太小，则算法不容易收敛，种群还没有成熟；如果进化代数太大，则算法已经收敛，或者种群过于早熟，不可能再收敛，继续进化没有意义，只会增加时间开支和浪费资源。进化代数的取值范围一般为 100 ～ 500，但也不是绝对的，不能奉为圭臬。本章讲解的黄金投资遗传算法中，就将进化代数阈值设置为 3000 代。

7.6.3 适应度函数调优

1. 遗传算法运行的初期阶段

种群早熟是遗传算法经常碰到的难题。群体中可能会有少数几个个体的适应度相对其他个体来说非常高。若按照常用的复制运算来确定个体的遗传数量，则这几个相对较好的个体将在下一代群体中占有很高的比例，在极端情况下或当群体规模较小时，新的群体甚至完全由这样少数几个个体所组成。这时交配运算就起不了什么作用，因为相同的两个个体不论在何处发生交配行为都不会产生新的个体。这样就会使群体的多样性降低，容易导致遗传算法发生早熟现象（或称早期收敛），使遗传算法所求出的解停留在某一局部最优点上。因此，在遗传算法运行的初期阶段，我们希望算法能够对一些适应度较高的个体进行控制，减小其适应度与其他个体适应度之间的差距，从而限制其复制数量，以维护群体的多样性。

2. 遗传算法运行的后期阶段

在遗传算法运行的后期阶段，群体中所有个体的平均适应度会越来越接近于群体中最佳个体的适应度。也就是说，大部分个体的适应度和最佳个体的适应度差异不大，它们之间竞争力相似，都有可能以相近的概率被遗传到下一代，从而使得进化过程无竞争性可言，只是一个随机选择的过程。这将导致无法对某些重点区域进行重点搜索，从而影响遗传算法的运行效率。因此，在遗传算法运行的后期阶段，我们希望算法能够对个体的适应度进行适当放大，放大最佳个体适应度与其他个体适应度之间的差异程度，以提高个体之间的竞争性。

7.7　黄金现货对冲套利

7.7.1　黄金投资重要属性

我们先来了解几个关于黄金投资的常识。

第一个常识：谁在买黄金？各国央行是黄金的主要买主。根据世界黄金协会 (World Gold Council，WGC) 发布的数据，截至 2020 年 11 月底，全球黄金 ETF 总持仓达到 3793 吨；截至 2021 年 12 月底，最近 10 年各国央行增持黄金的数量超过 4500 吨。**黄金的价格不是由散户决定的，也不是由市场供需关系决定的，而是由发达国家的央行和大型金融机构共同决定的。**

第二个常识：谁在卖黄金？一般情况下，很容易知道世界上谁在买黄金。不过，比较蹊跷的是，似乎不容易知道谁在抛售黄金。此外，黄金产能有限，这么大交易量的黄金从何而来呢——大部分黄金是发达国家卖出的。

第三个常识：黄金价格怎么定？金价不是由买方和卖方按供需关系决定的，而是由投资拉动的。比如，华尔街金融机构若在市场上抛出 ETF 黄金空单，全球金价大概率会暴跌；如果抛出多单，全球金价应该会暴涨。各国央行不断增持黄金，也会推动黄金价格不断上涨。

第四个常识：购买黄金能对抗通货膨胀是一个误解。黄金价格与 CPI 相关度不算高，相关系数总体在 0.3 左右，只有相关性，但不是强相关。**只有出现较为恶性的通货膨胀时 (CPI > 5%)，黄金才能成为避险资产。也就是说，黄金对抗通货膨胀，只有当 CPI 达到一定的阈值才成立。**笔者绘制了一张图来说明 1969 年至 2021 年美国 CPI(月度环比) 与伦敦现货黄金价格 (时序移动平均) 的相关性，两者一致性趋势依稀可见，如图7-4所示。CPI仅为黄金现货定价提供震荡性驱动力，但不是趋势性驱动力。

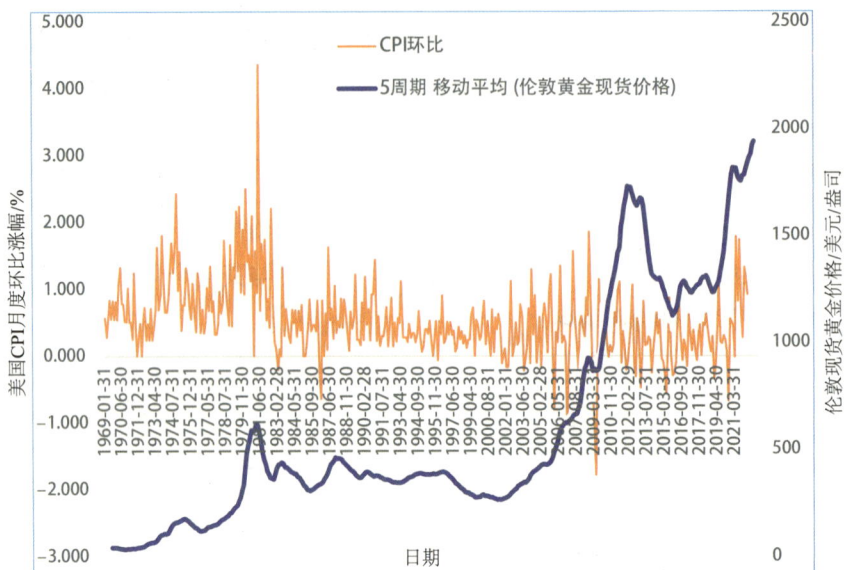

图 7-4　美国 CPI 环比与伦敦现货黄金价格相关关系

7.7.2　定价要素

伦敦现货黄金价格**主要**由美国 CPI、美国 10 年期国债利率和 WTI 原油价格三者决定。比如，黄金现货价格与 WTI 原油价格具有强正相关关系，如图 7-5 所示。

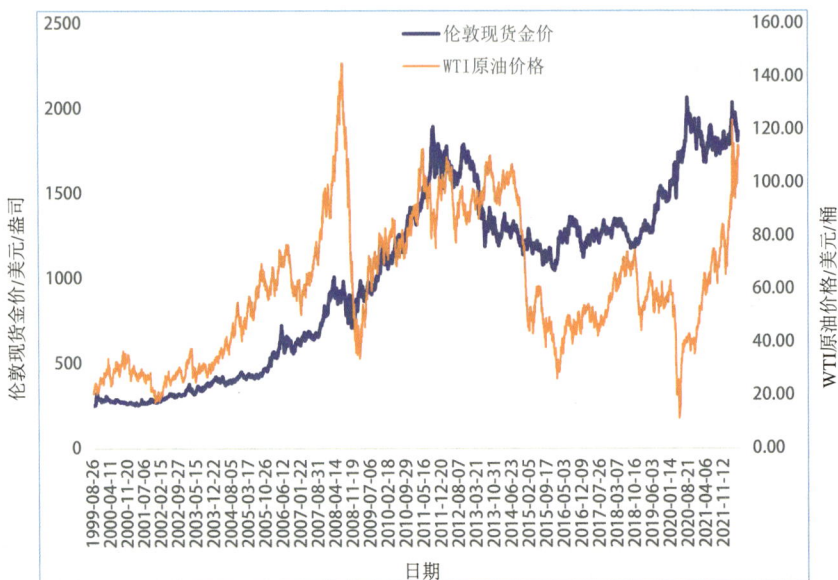

图 7-5　伦敦现货黄金价格与 WTI 原油价格正相关

再如，伦敦现货黄金价格与美国 10 年期国债收益率呈强负相关关系，如图 7-6 所示。

图 7-6　伦敦现货黄金价格与美国国债收益率负相关

一般情况下，只要资产的公允价格与现货价格产生短暂背离 (发现价值)，就存在很可观的程序化的微利套利机会 (行动价值)，这一点在债券、黄金等资产中表现得尤为显著。

我们已经知道市场上的交易者分成信息交易者和噪声交易者，并且还知道 $BCTR = \lambda\beta_{BAPM} + (1-\lambda)\beta_{CAPM}$，所以只要找出信息交易者赋予黄金涨跌的理性公允 (预期) 价格，在金价处于上升通道的时候，做空预期价格，做多现货价格，就能得出 β_{CAPM}。因此，第一步要做的就是为黄金信息交易者的**预期价格**组建数学模型。

7.7.3　组建模型

无论是投资者、投资经理还是分析师，常常希望利用确定的几个自变量来预测、解释某一种资产的价格变化。相对成熟的方式就是多元线性回归、多因子投资模型。本节要介绍的这种方法紧密结合遗传算法，可以用来预测和解释伦敦现货黄金的价格。

对于伦敦现货黄金预期的公允价格，我们基于美国国债利率、美国 CPI 和 WTI 原油构成的方程式来表达。一般为了对冲风险，都会用到主流资产配置模型，如表 7-2 所示。

表 7-2　主流资产配置模型

序号	方法	原理	优点	缺点
1	线性加权	假设有 N 种资产，为每种资产赋予 $1/N$ 的投资权重	简单易实现	分散效果不好

（续表）

序号	方法	原理	优点	缺点
2	均值-方差法	如果不同金融产品的收益是一样的，比较哪种产品的风险更小；如果不同金融产品的风险是一样的，比较哪种产品的的收益更大	兼顾收益与风险	历史数据滞后，效果不稳定
3	最小方差法	让投资目标函数总体方差最小	有效、简单	风险分散性不佳
4	最大分散法	各个资产波动率线性加权与投资组合波动率的比值最大化	分散化投资	收益一般
5	风险平价法	宏观模型：将不同资产平均组合在一起；微观模型：组合内各种资产的风险贡献程度是相等的	夏普比率很高，大概率正收益	超额收益不高

与表 7-2 中所列举的方法不同，笔者试图建立一个目标函数，使之与伦敦现货黄金价格的相关度最大，该目标函数为

$$\max \quad \mathrm{cor}(\alpha,\beta,\lambda) = \frac{\sum_{i=1}^{4087}[(E_i - \bar{E})(D_i - \bar{D})]}{\sqrt{\sum_{i=1}^{4087}(E_i - \bar{E})^2}\sqrt{\sum_{i=1}^{4087}(D_i - \bar{D})^2}}$$

$$\text{subject to} \begin{cases} E = \alpha A_i + \beta B_i + \lambda C_i \\ 0 < \alpha \\ 0 > \beta \\ 0 < \lambda \end{cases}$$

式中：E 表示信息交易者预期的伦敦现货黄金价格；

D 表示伦敦现货黄金交易实际价格；

$\mathrm{cor}(\alpha,\beta,\lambda)$ 表示目标函数，E 与 D 的皮尔逊相关度；

α 表示 WTI 原油相对 E 的权重；

β 表示美国 10 年期国债收益率相对 E 的权重；

λ 表示美国 CPI 当月值相对 E 的权重；

i 表示第 i 个数据研究对象、样本，实际样本数为 4087 对。

但是，这个模型不够完美，只能保证现货价格与 E 相关度无限逼近，却不能避免两者之间的相对差距。举例来说，三个线性函数 $y = 2x+1$，$y = 2x+2$，$y = 2x+5$，相关度是 100%，但是截距差距很大，映射到本例中就是两者金价的绝对值相差很大，这在投资实践中是不合理的。

AI 算法（这里是遗传算法）属于机器学习，相对机械、呆板，在计算过程中，并不会"有意识"地将权重分配到 α、β、λ 三个参数上，而可能会"挑选"相关度最大的某

一参数，为其赋予过大的权值。为了规避这种情形，我们额外新增一个目标函数，即

$$\min \text{var} \sum_{i=1}^{4087} |D_i - E_i|$$

式中：var 表示 α、β、λ 的波动方差，且 var 与 $\sum_{i=1}^{4087} |D_i - E_i|$ 是乘积关系。

显然，只有当 var 和 $\sum_{i=1}^{4087} |D_i - E_i|$ 都很小的时候，$\min \text{var} \sum_{i=1}^{4087} |D_i - E_i|$ 才能逼近极小值。

7.7.4　求解非线性多约束双目标函数

遗传算法是一种启发式搜索算法，每次的计算结果都不尽相同，笔者编写程序并运行超过 10 000 次。当遗传算法 (GA) 的种群进化到 3000 代左右的时候，种群就进化得很好了，如图 7-7 所示。

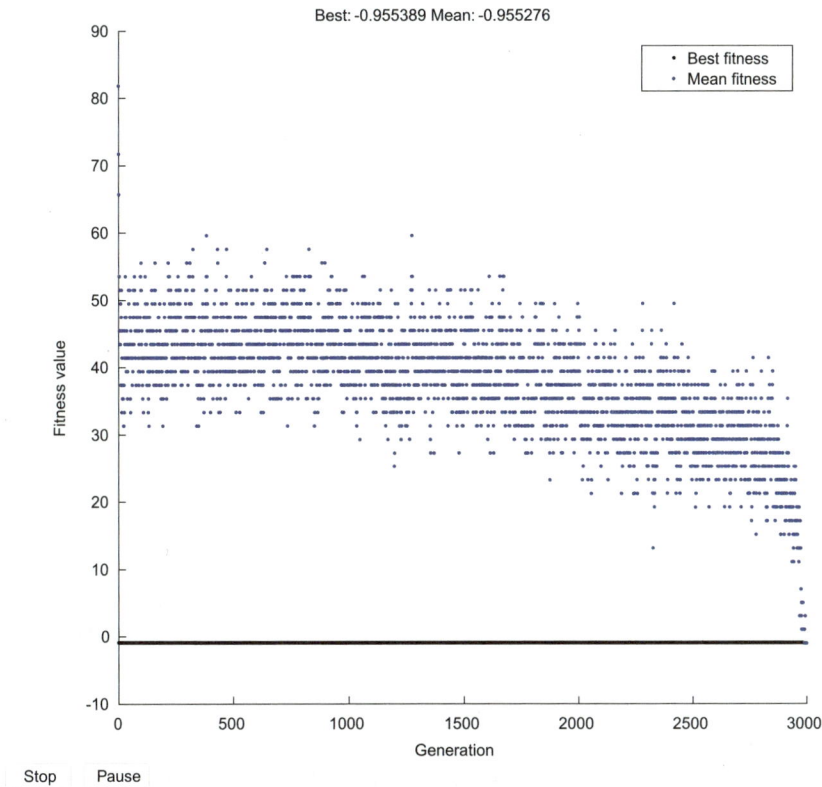

图 7-7　遗传算法寻优进化

图 7-7 中的 0.955389 **表示 E 与 D 之间的最大皮尔逊相关度**（也是 GA 的最佳适应度），不用理会负号——负号是遗传算法处理过程中的产物，这就是说，我们用 10 年期

美债收益率、WTI 原油和美国月度 CPI 就可以几乎精准地预测伦敦现货黄金的**价格运动**——现货黄金价格受到这三个因素的影响超过 95%，其他所有因子加在一起的有效贡献程度不足 5%。

7.7.5 套利策略设计思路

现货黄金价格本质是一种周期振动波函数，与经济学的"康波周期"理论密切相关。金价趋势研究时序长度通常以"年"为单位。现货黄金价格与预期价格同步性示意图如图 7-8 所示。其中，红色线表示黄金现货的预期价格。

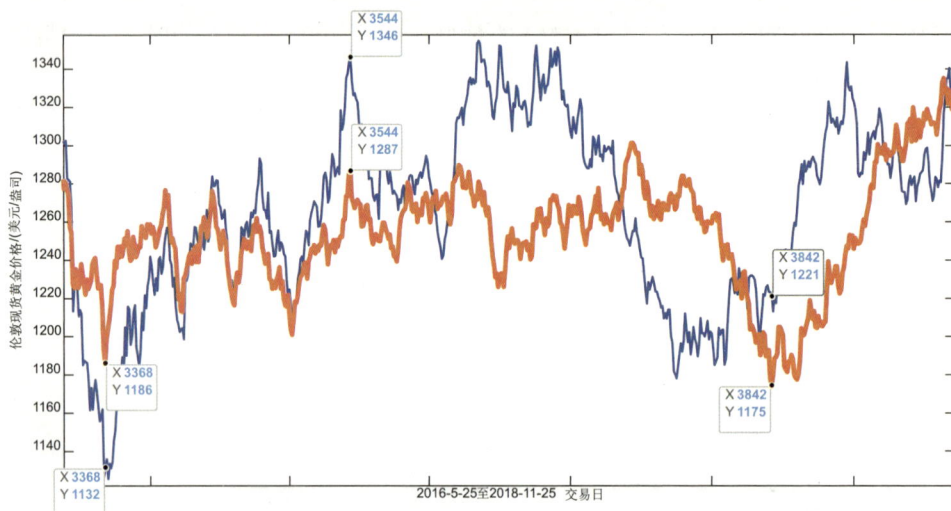

图 7-8　现货黄金实际价格与预期价格同步性示意图

这里的预期价格指的是 E，现货价格指的是 D。从图 7-8 极值点可以看出，**两者没有任何时间序列上的滞后性，即同一时刻两者价格是一致的**。

结合图 7-8 和图 7-9(蓝色线表示实际价格，红色线表示预期价格) 可以看出，现货黄金的实际价格与预期价格虽然在时序上**完全同步**，但是涨跌幅度**完全不对等**。现货价格 (实际价格) 是信息交易者与噪声交易者一起赋予的，同步不同幅，因而会出现黄金投资的套利空间。

本章旨在基于 AI 方法建立量化投资模型，所使用的 AI 技术相对后面的第 8 章和第 9 章，难度小很多，仅是为了抛砖引玉。

AI 量化投资尚未完全成熟，投资实践中还存在诸多障碍，"路漫漫其修远兮，吾将上下而求索"。世界上本没有路，**走着走着，也便有了路**，AI 量化投资亦然。

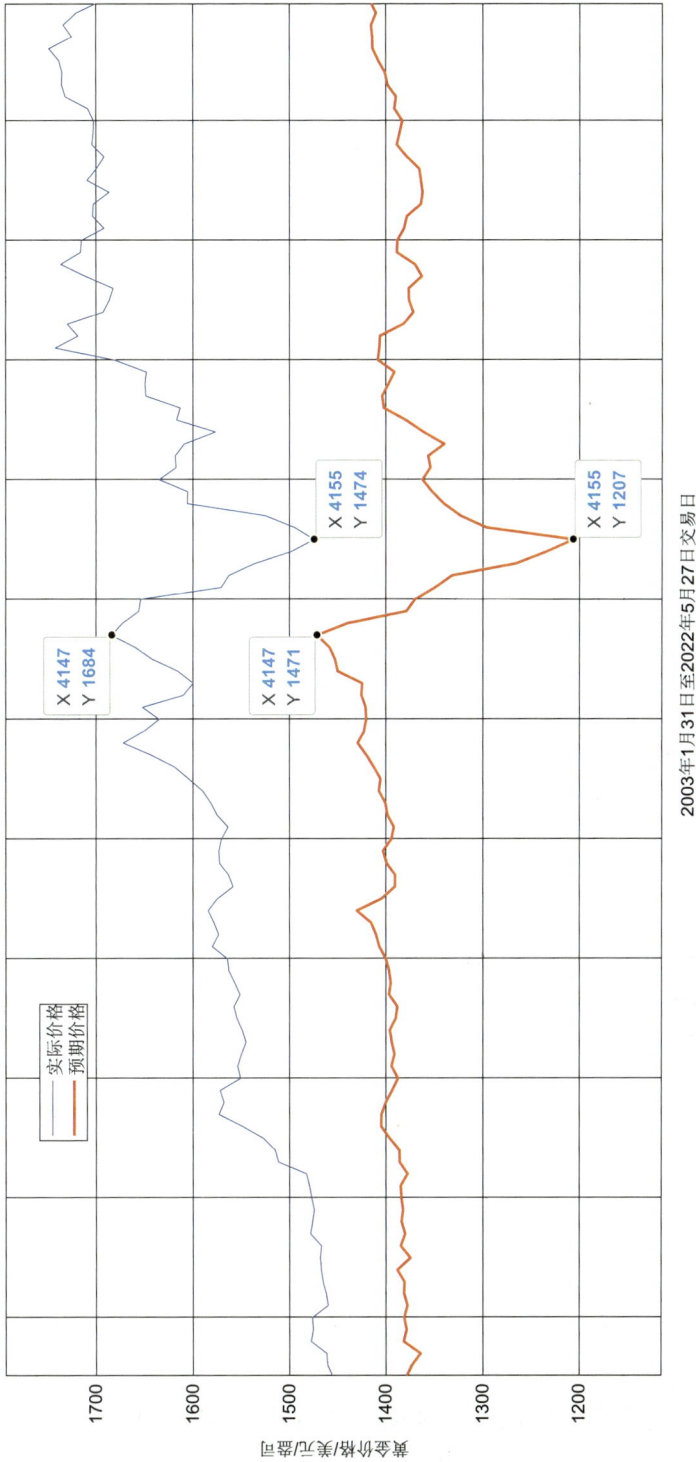

图 7-9　伦敦现货黄金实际价格与预期价格（公允价格）的时间序列

2003年1月31日至2022年5月27日交易日

X 4147
Y 1684

X 4155
Y 1474

X 4147
Y 1471

X 4155
Y 1207

实际价格
预期价格

黄金价格/美元/盎司

1700
1600
1500
1400
1300
1200

第 8 章　大规模神经网络及股票非量价复合策略

本章首先讲解了人工神经网络的基本原理，结合鲨鱼寻找腥味的习性，类比神经网络最速寻优算法；基于实际商用案例来说明神经网络的动态训练过程，**还介绍了大规模径向基小波五层人工神经网络的结构设计理论。**

其次，本章讲解了神经网络在证券量化复合策略中的应用和实施过程。对于 T0 策略，笔者没有选用常规的量价因子，**而是开发了基于神经网络做 T0、做网格的复合型策略**，在量化策略开发中不断探索有效性边界。

目前，AI 机器学习如火如荼。基于统计学的多因子和中高频策略，量化行业的同质化情形越来越严重，预期收益率势必会大幅下滑。依据 2022 年 2 月 26 日《上海证券报》发布的信息，2021 年量化指数增强产品超额收益的平均相关性从 2020 年的 0.14 猛然上升到 0.44，趋同现象变得更为突出。这些都会倒逼量化基金管理人不断探索机器学习的新方法，跳出固有的能力圈，摆脱量化策略的激烈竞争。

8.1　人工神经网络概述

8.1.1　网络结构

人脑中大约有 1000 亿个神经元，人脑仍然是人类所知最少的领域之一。人脑结构异常复杂，人脑网络结构拓扑如图 8-1 所示，这是 2000 年 7 月 *Nature* 杂志的封面图片。正因为人脑结构错综复杂，才使得从人脑科学中抽象出来的人工神经网络具有信息并行处理的能力、自学习能力和推理能力。

图 8-1　人脑网络结构拓扑示意图

人工神经网络 (artificial neutral network，ANN) 是由大量神经元相互连接，通过模仿人的大脑神经处理信息的方式，进行信息并行处理、非线性转换、多输入与多输出的复杂网络系统。

前向反馈 (back propagation，BP) 网络和径向基 (radical basis function，RBF) 网络是目前技术相对成熟、应用广泛的两种网络，而且笔者认为，常规 BP 网络是梯度学习算法 RBF 网络的特殊形式。通过本章的学习，读者会透彻领略到这一点。此外，擅长图像学习的卷积神经网络应用也非常广泛。如图 8-2 所示，神经网络的拓扑结构包括输入层、隐含层、输出层、各层神经元以及各神经元之间相互连接的方式。神经元里有激励函数，用于对训练样本进行高精度拟合。

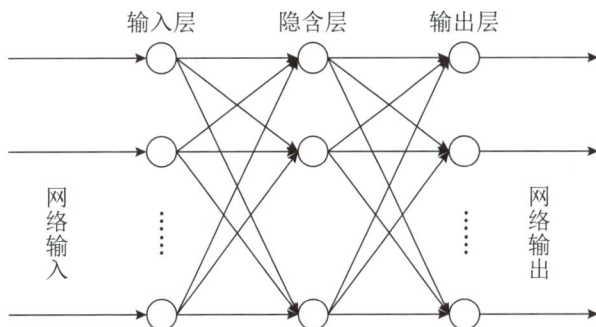

图 8-2　神经网络拓扑结构

除了 BP 网络、RBF 网络和卷积网络，还有在此基础上衍生出来的大规模深度神经网络，本章 8.7 节会专门介绍这方面的内容。深度学习神经网络是一种简化的生物学模型，具有数学可解释性和硬件架构 (冯·诺依曼结构) 可实现性。

不过，受限于布尔逻辑 (二进制数) 和冯氏架构带来的物理瓶颈，当前的 AI 芯片与人脑计算存在巨大差异，**所以神经网络跟真正的人脑仍然是完全不同的**。尽管深度学习在一些固定框架的任务上超越人类，但是与大脑的学习、认知、推理和总结等能力相比，当前人工智能平台还差得远。但是，神经网络也有优势，它可以不知疲惫地学习，且可以做到零遗忘。

8.1.2　激励函数

激励函数又称激活函数或传递函数，它通常有以下四种形态。

1. 阈值型

阈值型函数一般只用在简单分类的 MP(麦卡洛克 - 匹兹) 模型中，示例如

$$f(x) = \begin{cases} 0, & x < 0 \\ 1, & x \geqslant 0 \end{cases}$$

2. 线性型

线性型函数一般只在输入神经元和输出神经元时采用，示例如

$$f(x) = x$$

3. S 型

S 型函数常在隐含层神经元时使用，示例如

$$F\big[w(t+1)\big] < F\big[w(t)\big] 或 f(x) = \frac{1 - e^{-x}}{1 + e^{-x}}$$

有时候还会在激励函数的变量中耦合一个常数，以便调整激励函数所属神经元的输出幅度。例如，S 型激励函数可以改写成

$$f(x) = \frac{1}{1 + e^{-x}} \Rightarrow f(x) = \frac{1}{1 + e^{-cx}}$$

式中：c 为常量。

4. 小波型

小波函数的优势是在同等条件下，神经网络能很快收敛 (函数形状快速震荡衰减)，比如 Meyer 小波函数，如图 8-3 所示。

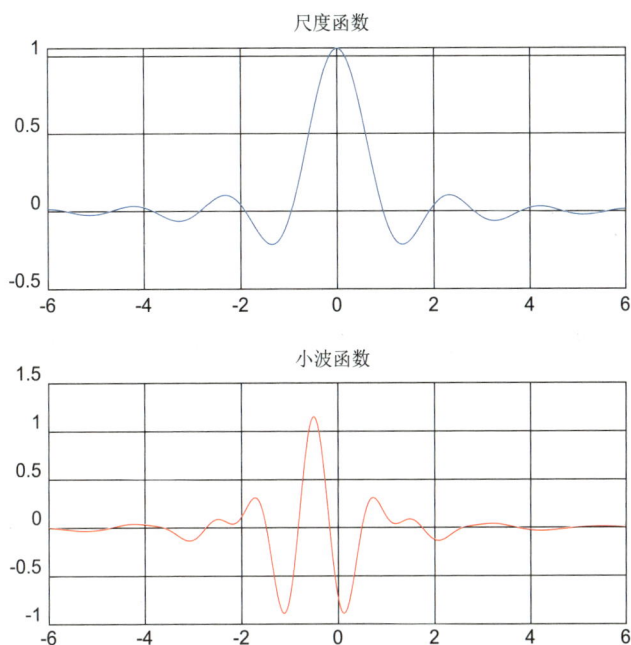

尺度函数

小波函数

图 8-3　Meyer 小波函数

8.2　经典神经网络模型

8.2.1　因式分解网络的学习步骤

前向反馈 (back propagation，BP) 神经网络是一种多层神经网络，它的名字源于网络训练过程中，调整网络权值的训练算法是反向传播算法 (error back-propagation training)。早在 1943 年，心理学家就提出了人工神经元数学模型，但是人工神经网络没有取得较大的进步，直到 20 世纪 80 年代中期才有了 BP 算法理论，不同学者相继给出完整的数学推导过程。据统计，大约 80% 的神经网络模型采用了 BP 网络或者它的变异形式，所以 BP 神经网络是基础网络。

1. 神经元信息收集

图 8-2 是一种常见的 BP 神经网络拓扑结构。BP 网络是一种具有三层或者三层以上神经元的神经网络，包括输入层、中间层 (隐含层) 和输出层。上下层之间实现全连接，而同一层的神经元之间无连接，输入层神经元与隐含层神经元之间的连接强度是网络

的权值(权重),其表示两个神经元的连接强度。隐含层和输出层任一神经元将前一层所有神经元传来的信息进行整合,通常还会在整合过的信息中添加一个阈值,这是为了模拟生物学中神经元必须达到一定的阈值才会触发传导的原理,然后将整合过的信息作为该层神经元输入。

2. 网络训练误差沿着最速下降的路径回传

将学习样本提供给输入神经元后,神经元的激活值(该层神经元输出值)从输入层经过各隐含层向输出层传播,在输出层的各神经元获得网络的输入响应,神经元计算网络输出与实际输出样本之间的误差,再从输出层开始,按照误差下降速度最大的方向(速度是位移的一阶偏导),反向经过各隐含层回传到输入层,期间逐步修正各连接权值,这种算法称为"误差反向传播算法",即 BP 算法,直到误差下降速度不再变化、误差在允许范围内或者训练次数已达上限,神经网络停止修正权重。

3. 用 BP 算法修正神经网络的权值和阈值

BP 算法的核心是数学中的"负梯度下降"理论,即 BP 网络的误差调整方向总是沿着误差下降最快的方向进行,常规三层 BP 网络权值和阈值调整公式(BP 网络的学习算法)为

$$w_{ij}(t+1) = -\eta \frac{\partial E}{\partial w_{ij}} + w_{ij}(t), \quad w_{jk}(t+1) = -\eta \frac{\partial E}{\partial w_{jk}} + w_{jk}(t)$$

$$B_{ij}(t+1) = -\eta \frac{\partial E}{\partial B_{ij}} + B_{ij}(t), \quad B_{jk}(t+1) = -\eta \frac{\partial E}{\partial B_{jk}} + B_{jk}(t)$$

式中：E 表示网络输出与实际输出样本之间的误差平方和;

η 表示网络的学习速率,即权值每次修正的幅度;

w 表示神经元之间连接的权值;

$w_{ij}(t)$ 表示 t 时刻输入层第 i 个神经元与隐含层第 j 个神经元的连接权值;

$w_{ij}(t+1)$ 表示 $t+1$ 时刻输入层第 i 个神经元与隐含层第 j 个神经元的连接权值;

$w_{jk}(t)$ 表示 t 时刻隐含层第 j 个神经元与输出层第 k 个神经元的连接权值;

$w_{jk}(t+1)$ 表示 $t+1$ 时刻隐含层第 j 个神经元与输出层第 k 个神经元的连接权值;

B 表示神经元各自的阈值。

根据神经元中的具体激励函数表达式,可以求出 $\frac{\partial E}{\partial w_{ij}}$ 和 $\frac{\partial E}{\partial w_{jk}}$ 解析式,因此一般激励函数都要求连续可导,功能简单的 MP 模型所使用的跳跃函数除外。

我们来看一个范例:BP 网络如何通过负梯度学习规则使 E 逐渐变小。假设有三

层 BP 网络，输入和输出层神经元激励函数选用 purelin 线性函数，隐含层激励函数选用 logsig 函数；网络输出和输入都是一维的，隐含层神经元数目为 3 个，学习速率 η 取 0.005；输入样本为 [0.1452 1.2851 −1.5669 −3.9438 2.4954 1.9090 −0.2231 2.3753 2.9316 −0.2142 −2.1140 2.2869]，输出样本为 [0.9175 1.6720 2.3963 0.0280 0.6425 1.1405 1.4095 0.5657 0.2578 1.2704 1.4905 0.9006]；对 w_{ij}、B_{ij}、w_{jk} 和 B_{jk} 初始化以后进行训练，网络前三次训练结果如表 8-1 所示。从表 8-1 中可以看到，网络通过负梯度下降学习规则自行修正权值和阈值，使 E 逐步变小并最终达到理想误差。

表 8-1　BP 网络训练过程参数动态修正

参数	E	w_{ij}	B_{ij}	w_{jk}	B_{jk}	$\dfrac{\partial E}{\partial w_{ij}}$	$\dfrac{\partial E}{\partial B_{ij}}$	$\dfrac{\partial E}{\partial w_{jk}}$	$\dfrac{\partial E}{\partial B_{jk}}$
第一次学习	19.1955	−0.0860 −0.0759 −0.0918	0.0511 0.0458 −0.0203	[0.0157 0.0728 0.0731]'	−0.0122	−0.0075 0.0170 0.0169	−0.0555 0.1284 0.1329	[6.5948 6.5791 6.3597]'	12.9300
第二次学习	16.4105 ⇓	−0.0860 −0.0756 −0.0916	0.0513 0.0468 −0.0192	[0.0450 0.1020 0.1014]'	0.0456	0.0101 0.0466 0.0456	0.0452 0.2094 0.2101	[5.8660 5.8573 5.6573]'	11.5468
第三次学习	14.1957 ⇓	−0.0858 −0.0752 −0.0912	0.0519 0.0481 −0.0179	[0.0711 0.1281 0.1266]'	0.0971	0.0374 0.0846 0.0827	0.1157 0.2624 0.2604	[5.2175 5.2146 5.0317]'	10.3130

注：表 8-1 中 [ ]' 表示矩阵的转置，因为 w_{jk} 和 $\dfrac{\partial E}{\partial w_{jk}}$ 为行向量。

8.2.2　基于视网膜感受视野设计 RBF 神经网络

在生物学领域，中枢神经元的感受视野是指能影响某一视神经元反应的视网膜或视野的区域。视网膜后极部有一直径约 2mm 的浅漏斗状小凹陷区，称为黄斑。视网膜上的光感受器 (杆体细胞和锥体细胞) 接受光并将它转换为输出神经信号，从而不同程度地激活众多神经节细胞、外膝状体细胞以及视觉皮层中的神经细胞。黄斑区域存在大量的视锥细胞，所以它是视网膜上视觉最敏锐的部位。视网膜的分辨能力是不均匀的，越靠近黄斑区，分辨能力越强。RBF 神经网络就是模拟视网膜的黄斑感受野功能，基本特性有两个：①距离感受野中心越近，视神经元越兴奋；反之，视神经元响应就越消极。②视神经元的激活区域呈现径向对称。

将上述生物视野感受原理映射到 RBF 神经网络，对其进行建模，得到

$$\psi_i(x) = G\left(\frac{\|x - c_i\|}{\sigma_i}\right) \tag{8.1}$$

式中：x 表示输入样本；

c_i 表示感受野中心，即中心点；

σ 表示宽度，它决定了径向基函数围绕中心点的宽度，此值越大，网络逼近效果越平滑，但是增加了大量神经元；

$\psi_i(x)$ 表示网络输出；

$G(\bullet)$ 表示径向基函数，即激励函数、传递函数或激活函数；

$\|x - c_i\|$ 表示距离函数，即网络样本值与数据中心（中心点）之间的距离。

隐含层神经元径向基函数通常选用 Gaussian 函数，则上述神经元响应模型可以转化成

$$\psi_i(x) = \exp(-\frac{\|x - c_i\|^2}{\sigma_i^2})$$

输入和输出神经元函数一般采用线性激励函数。RBF 网络具有全局逼近和超速学习的优点，且学习方式比 BP 网络更丰富，常见的有以下三种学习方式。

(1) 聚类方法。首先采用 K-means 聚类算法，即先用 K-means 法确定网络的数据中心，并根据各数据中心之间的距离确定隐含层神经元函数的宽度，然后用负梯度训练法求出各层神经元之间的连接权值。

(2) 梯度训练方法。根据网络能量函数（网络输出与实际输出样本之间的误差平方和），使用负梯度训练原理自行调节各神经元的数据中心、宽度以及各层神经元之间的权值。

(3) 正交最小二乘 (ordinary least squares，OLS) 训练方法。这种方法相对复杂一些，关键在于依据能量贡献的原理，使各隐含层神经元的径向基函数之间趋向正交性，从而使径向基函数之间没有信息冗余和性能上的相互耦合。

8.3　设计 BP 神经网络

8.3.1　鲨鱼嗅闻血腥味原理

通过学习前面的章节内容，我们已经知道 BP 神经网络训练过程依托"负梯度下降"

训练算法。研究表明，鲨鱼嗅闻血腥味浓度的方法与神经网络的负梯度最速下降算法高度契合。

生物学家已经证明，鲨鱼在闻到血腥味的时候，总是沿着血腥味最浓的方向追寻猎物。我们假设，血源在海平面上，并把坐标原点置于血源处。XOY 表面为海平面，Z 轴垂直朝下，则点 (x, y, z) 处的血源浓度 C（单位：ppm）的近似值为

$$C = e^{-(x^2 + y^2 + 2z^2)/10^4}$$

那么，鲨鱼从点 $\left(1, 1, \dfrac{1}{2}\right)$（单位：海里）出发向血源前进的路线 T 的方程是什么？鲨鱼追踪最浓烈的血腥味，而血源处血腥味最浓烈，所以鲨鱼按照血腥味浓度变化最快的路线，即沿着 C 的梯度方向前进即可找到血源。由梯度计算公式可知

$$\nabla C = \left(\frac{\partial C}{\partial x}, \frac{\partial C}{\partial y}, \frac{\partial C}{\partial z}\right) = 10^{-4} e^{-(x^2 + y^2 + 2z^2)/10^4} (-2x, -2y, -4z)$$

假设 T 的方程为

$$\begin{cases} x = x(t) \\ y = y(t) \\ z = z(t) \end{cases}$$

则 T 的切线向量 $\tau = (\mathrm{d}x, \mathrm{d}y, \mathrm{d}y)$ 必与 ∇C 平行，从而有

$$\frac{\mathrm{d}x}{-2x} = \frac{\mathrm{d}y}{-2y} = \frac{\mathrm{d}z}{-4z}$$

解初始值问题

$$\begin{cases} \dfrac{\mathrm{d}x}{-2x} = \dfrac{\mathrm{d}y}{-2y} \\ y\big|_{x=1} = 1 \end{cases}$$

得 $y = x$，解初始值问题

$$\begin{cases} \dfrac{\mathrm{d}x}{-2x} = \dfrac{\mathrm{d}z}{-4z} \\ z\big|_{x=1} = \dfrac{1}{2} \end{cases}$$

BP 神经网络的负梯度下降算法与此例道理一样，只是鲨鱼追逐的目标是猎物，而 BP 算法追求的是误差最小。负梯度下降训练算法是 BP 网络的核心部分，初学者往往对其缺乏深度的理解。从这个经典的鲨鱼案例中，不难得出以下两点结论。

(1) 梯度的本质就是链式偏微分。

(2) 从生物学的角度解释了沿着梯度方向变化量是最大的。

补充说明两点：

(1) 血源浓度 C 单位是 ppm，表示每百万份水中所含血的份数，与常见的"雾霾"

中可吸入颗粒物的含量单位一致。

(2) 为什么血源浓度的近似值是 $C = \mathrm{e}^{-(x^2+y^2+2z^2)/10^4}$？这是因为，血腥味扩散模型有更完整的方程式，即

$$\frac{\partial C}{\partial t} = D_x \frac{\partial^2 C}{\partial x^2} + D_y \frac{\partial^2 C}{\partial y^2} + D_z \frac{\partial^2 C}{\partial z^2} - u_x \frac{\partial C}{\partial x} - u_y \frac{\partial C}{\partial y} - u_z \frac{\partial C}{\partial z} - KC + \theta(x,y,z,t)$$

式中：$\theta(x,y,z,t)$表示(x,y,z)位置点t时刻单位体积、单位时间血源的排放量；$K(K>0)$表示海水的自我降解系数，海水有自我净化的能力。

8.3.2　网络学习案例化解析

假设有三层 BP 神经网络：第一层叫输入层，第二层叫中间层或者隐含层，第三层叫输出层。每一层由神经元构成，每层神经元之间由权值互相连接，每个神经元添加各自的阈值。其中，输入层神经元数量由输入样本的维数决定，输出层神经元数量由输出样本的维数决定，隐含层神经元的数量可以自主选择。下面以一家大型炼钢厂的实例来训练 BP 网络，希望读者能逐步了解 BP 算法。这个案例采用数据批处理矩阵进行训练，而不是用一个一个样本进行训练，这一点非常重要。

1. 准备训练网络样本

本例是一个对钢铁锻造开始温度进行预测的工业应用，通过该专项研究课题，我们可以初步了解 BP 网络在实际工业中的运用。根据冶金技术的机理，钢铁锻造的"开始温度"受到出钢时间、钢水净重量、吹止温度、高碳锰铁、低碳锰铁、硅锰铁、硅铁、铝块、石油沥青焦增碳剂、中碳锰铁、包龄、运输时间、等待时间这 13 个因子的影响，这 13 个因子便是网络输入样本，"开始温度"便是网络训练的输出样本。准确预测"开始温度"在冶金工艺中特别有价值，因为不论是高碳钢还是低碳钢，如果温度过高容易烧坏甚至脱碳；如果温度过低，锻打时容易出现裂纹并且难以成型。

本例 BP 神经网络的训练样本如表 8-2 所示，训练样本数量为 30 对。

表 8-2　训练样本

出钢时间/h	钢水净重量/t	吹止温度/℃	高碳锰铁/t	低碳锰铁/t	硅锰铁/t	硅铁/t	铝块/t	石油沥青焦增碳剂/t	中碳锰铁/t	包龄/炉/包	运输时间/min	等待时间/min	开始温度/℃
3	279 860	1673	0	5211	0	0	667	0	0	14	45.78	3.03	1557
6	274 000	1669	0	5116	0	0	501	0	0	56	9.23	9.37	1561

（续表）

出钢时间/h	钢水净重量/t	吹止温度/℃	高碳锰铁/t	低碳锰铁/t	硅锰铁/t	硅铁/t	铝块/t	石油沥青焦增碳剂/t	中碳锰铁/t	包龄/炉/包	运输时间/min	等待时间/min	开始温度/℃
6	280 000	1675	0	5050	0	0	497	0	0	77	22.42	8.83	1583
9	267 000	1650	0	5032	0	0	0	0	0	62	24.03	7.17	1553
6	280 000	1657	0	4655	0	0	498	0	0	19	28.52	12.3	1574
7	303 000	1659	0	1124	0	0	413	180	0	12	45.6	8.13	1568
7	283 000	1655	0	1112	0	0	447	176	0	84	46.18	8	1576
7	280 000	1649	0	1110	0	0	459	281	0	75	25.07	8.63	1575
5	278 000	1641	9876	0	0	2996	2604	472	0	13	30.55	10.27	1594
6	285 000	1659	2531	0	0	696	466	73	0	58	19.67	7.87	1570
9	279 737	1652	2326	0	0	702	413	64	0	11	33.93	7.07	1550
9	279 195	1658	2295	0	0	641	403	94	0	33	40.3	6.97	1566
5	274 000	1666	2208	0	0	747	404	103	0	8	25.45	11.8	1578
6	280 201	1671	2015	0	0	356	450	0	806	48	28.7	2.83	1591
6	275 000	1689	2011	0	0	512	566	0	1597	72	31.63	10.73	1585
5	273 000	1647	2003	0	0	603	415	0	0	26	21.4	8.78	1574
8	295 000	1633	1806	0	2032	307	305	0	800	16	27.02	10.92	1563
6	276 000	1646	1501	0	0	247	446	0	445	86	35.88	11.9	1532
7	292 000	1668	1295	0	3786	82	300	50	0	98	24.95	10.43	1563
5	290 000	1670	996	0	3507	0	449	0	151	5	45.55	9.72	1572
6	293 000	1687	203	0	0	700	296	154	0	59	37.68	8.53	1592
6	288 000	1659	0	0	2282	302	449	0	1005	15	25.5	11.45	1575
3	290 762	1671	0	0	2046	105	484	0	2715	39	45.3	2.83	1571
6	280 875	1658	0	0	2195	0	399	0	2452	7	23.27	7.03	1597
8	284 000	1625	0	0	2049	0	467	0	2714	59	34.65	8.2	1595
7	284 000	1661	0	0	2018	0	463	0	2649	56	19.13	11.17	1569
6	280 000	1669	0	0	2010	0	397	0	2582	13	16.2	9.13	1598
8	257 000	1662	0	0	2008	0	422	0	2492	55	10.8	9.03	1606
7	274 660	1675	0	0	1503	0	523	0	3326	55	11.22	10.87	1593
6	266 000	1673	0	0	1362	0	621	0	3299	61	11.33	9.33	1598

2. 确定网络初始参数

网络训练的具体参数如表 8-3 所示。本网络训练不添加动量因子（帮助跳出局部极小值）。

表 8-3　网络训练的具体参数

参数	数值
最大训练次数	5000
隐含层（中间层）神经元数量	12
网络学习速度（速率）	0.035
训练的目标误差	0.65×10^{-3}

3. 初始化网络权值和阈值

在这里，我们做以下约定。

(1) 将阈值写成与权值相似的形式，也就是说，将阈值看作样本输入为 1 的随机数，下面会做具体的说明。

(2) 将**每一行**作为一个输入维度，所以原数据需要转置。

接下来就要初始化网络的权值和阈值，赋予随机数矩阵。因为有 13 个输入因子、12 个隐含层（中间层）神经元，则第一层与第二层之间的权值 $w_{ij}(t)$ 为 12×13 的随机数矩阵：

$$
\begin{bmatrix}
0.059 & 0.114 & 0.286 & 0.341 & 0.256 & 0.261 & -0.074 & 0.249 & 0.040 & 0.368 & 0.357 & 0.273 & 0.224 \\
0.218 & 0.311 & 0.310 & -0.001 & 0.009 & 0.188 & 0.197 & 0.302 & 0.255 & -0.016 & 0.253 & 0.116 & -0.038 \\
0.059 & 0.207 & 0.039 & 0.231 & 0.196 & -0.093 & 0.108 & 0.227 & -0.069 & 0.134 & 0.194 & 0.061 & 0.022 \\
-0.002 & 0.280 & 0.139 & 0.199 & 0.049 & 0.279 & -0.044 & 0.014 & -0.058 & 0.037 & 0.331 & 0.040 & 0.286 \\
0.283 & -0.022 & 0.148 & 0.178 & 0.337 & 0.129 & 0.019 & 0.326 & 0.349 & 0.168 & -0.053 & 0.387 & 0.041 \\
0.235 & 0.322 & 0.067 & 0.151 & 0.126 & 0.223 & -0.002 & -0.017 & 0.272 & 0.347 & 0.250 & 0.359 & 0.234 \\
-0.009 & 0.257 & 0.290 & 0.367 & 0.152 & 0.227 & 0.112 & 0.251 & 0.033 & 0.100 & 0.058 & 0.355 & 0.249 \\
0.084 & 0.217 & -0.094 & 0.388 & 0.104 & 0.292 & 0.129 & 0.238 & 0.378 & -0.034 & 0.104 & 0.328 & 0.085 \\
0.137 & 0.345 & 0.079 & 0.075 & -0.078 & 0.057 & -0.088 & -0.022 & 0.321 & 0.338 & 0.280 & 0.319 & -0.058 \\
-0.093 & 0.220 & 0.295 & 0.187 & 0.077 & 0.148 & 0.389 & -0.091 & 0.191 & 0.018 & 0.319 & 0.078 & -0.096 \\
0.344 & 0.213 & 0.151 & 0.339 & 0.339 & -0.041 & 0.174 & 0.386 & -0.037 & 0.023 & 0.364 & 0.100 & 0.324 \\
0.324 & 0.229 & 0.183 & 0.258 & 0.073 & 0.183 & 0.172 & 0.050 & 0.136 & -0.006 & -0.001 & 0.128 & 0.280
\end{bmatrix}
$$

$w_{ij}(t)$ 为什么是 12×13 的随机数矩阵呢？因为根据图 8-2 神经网络拓扑结构，下一层每一个神经元都接受上一层神经元的信息。中间层有 12 个神经元，其中每一个神经元都接收输入层 13 个神经元传递过来的信息，传递过来的信息并不是全部交给中间层，而是需要赋予不同权值以后再传递给中间层，所以整个加权矩阵 $w_{ij}(t)$ 是 12×13 的构成形式。

神经网络的阈值达到某一个临界值时就可以激活神经元，也就是触发翻转状态。简单地讲，输入一个数值到网络神经元，会输出一个跟输入数值相比变化幅度很大的值。根据神经网络的结构不难理解，有多少个神经元就会有多少个阈值，则第二层神经元的阈值 $B_{ij}(t)$ 为 12×1 的矩阵（以下书写形式为转置），即

[0.015　0.168　0.340　0.351　−0.076　0.078　0.291　0.067　0.170　−0.061　0.071　0.182]'

那么，第二层与第三层之间的权值 $w_{jk}(t)$ 为 1×12 的随机数矩阵，即

[0.257　0.096　0.082　0.322　0.225　−0.065　−0.043　−0.058　0.327　−0.051　−0.098　0.212]

同理，第三层阈值 $B_{jk}(t)$ 为 1×1 的矩阵，即

[0.232]

4. 计算第一层神经元的输入和输出

为了简化理解，我们假设 X 为输入样本集合，也就是表 8-2 中 13 个输入因子的值，其数据规模为 13×30 的矩阵。假设第一层神经元中我们放置的是线性函数（也可以设置其他激励函数），则网络第一层输入和输出都等于实际输入样本的值，即 $O_1 = X$，I_2 是一个 13×30 的矩阵。需要特别注意的是，因为输入和输出样本的量纲以及量级都是不相同的，所以必须进行归一化处理。

5. 计算第二层神经元的输入

在第二层，神经元的输入 I_2 一定来自第一层所有神经元的值与阈值相加，所以 $I_2 = w_{ij}X + B_{ij}\text{ones}$ 是一个 12×30 的矩阵，其中 ones 是一个全为 1 的矩阵，这是因为我们把阈值看成输入样本为 1 的权值。据此很容易计算出 I_2（写成转置的形式）：

[−0.938　−0.711　−0.046　−0.453　−0.568　−1.056　−0.304　−1.075　−0.556　−0.722　−1.013　−0.888
　−0.903　−0.701　0.003　0.057　−1.109　−1.085　−0.769　−1.510　−0.968　−0.894　−0.240　−0.534
　−0.497　−0.362　0.188　0.299　−0.849　−0.649　−0.401　−1.203　−0.500　−0.572　0.033　−0.383
　−0.992　−0.735　−0.054　−0.179　−0.759　−0.774　−0.953　−1.295　−0.653　−1.049　−0.234　−0.438
　−0.887　−0.842　−0.070　0.023　−0.759　−0.727　−0.359　−1.124　−0.820　−1.193　−0.287　−0.247
　−1.066　−0.176　−0.164　−0.066　−0.560　−0.197　−0.185　−0.541　0.231　−0.830　−0.709　−0.025
　−0.641　−0.084　−0.041　0.182　−0.630　−0.099　−0.344　−0.550　0.361　−0.565　−0.346　−0.254

−1.041 −0.253 −0.209   0.022 −0.922 −0.461 −0.799 −0.774   0.017 −0.729 −0.557 −0.367
−0.613   0.271   0.404 −0.101   0.123 −0.370   0.559   0.853 −0.194 −0.071   0.303   0.509
−1.196 −0.418 −0.117   0.061 −1.425 −0.899 −0.667 −1.048 −0.368 −0.606 −0.648 −0.388
−1.439 −0.520 −0.282 −0.396 −0.858 −0.783 −0.651 −0.899 −0.369 −1.070 −0.758 −0.121
−1.125 −0.287 −0.184 −0.219 −0.683 −0.507 −0.463 −0.723 −0.074 −0.833 −0.552 −0.046
−1.351 −0.813 −0.429 −0.171 −1.246 −1.053 −0.496 −1.123 −0.777 −0.985 −0.961 −0.288
−1.149 −0.459 −0.146 −0.277 −1.262 −1.000 −0.745 −1.288 −0.175 −0.627 −1.066 −0.714
−0.224 −0.229   0.071   0.406 −0.961 −0.296 −0.056 −1.124   0.039 −0.453 −0.222 −0.156
−1.613 −1.042 −0.402 −0.307 −1.624 −1.363 −0.932 −1.354 −0.898 −1.131 −1.160 −0.699
−1.025 −0.570 −0.259   0.284 −1.098 −0.287 −0.381 −0.670 −0.215 −1.140 −0.693   0.075
−0.678 −0.590 −0.051   0.371 −1.245 −0.410 −0.424 −0.921 −0.133 −0.842 −0.321 −0.351
−0.123   0.299 −0.136   1.165 −1.080   0.124   0.056 −0.385   0.209 −0.159 −0.193   0.239
−0.599 −0.285 −0.468   0.456 −0.778 −0.261   0.269 −0.449 −0.151 −0.738 −1.065   0.043
−0.780   0.124 −0.105   0.249 −0.929 −0.316 −0.136 −0.805   0.208 −0.212 −0.513 −0.065
−0.889 −0.521 −0.392   0.306 −1.177 −0.481 −0.284 −0.969 −0.366 −0.987 −0.928 −0.107
−0.396 −0.320 −0.145   0.096 −0.933 −0.236 −0.112 −0.895   0.513 −0.387 −1.467 −0.759
−0.923 −0.723 −0.429 −0.086 −1.127 −0.595 −0.614 −1.249 −0.197 −1.105 −1.404 −0.511
−0.490 −0.511 −0.101   0.258 −0.872   0.131 −0.527 −0.744   0.402 −1.074 −0.726 −0.318
−0.319 −0.376 −0.132   0.533 −1.105 −0.060 −0.352 −1.110   0.109 −0.860 −0.576 −0.155
−0.786 −0.677 −0.393   0.081 −1.212 −0.580 −0.556 −1.396 −0.274 −1.056 −1.202 −0.400
−0.700 −0.708 −0.415   0.049 −1.198 −0.664 −0.940 −1.534 −0.403 −1.138 −0.921 −0.497
−0.289 −0.463 −0.140   0.378 −1.150 −0.256 −0.508 −1.470 −0.014 −0.891 −0.630 −0.291
−0.401 −0.617 −0.200   0.195 −1.251 −0.525 −0.691 −1.589 −0.149 −0.906 −0.860 −0.597]

6. 计算第二层神经元的输出

假设隐含层（第二层）神经元激励函数为单极S型函数，即$f(x)=\dfrac{1}{1+e^{-x}}$。前文已经介绍过该函数，第二层神经元的输出为$O_2=\dfrac{1}{1+e^{-I_2}}$。不言而喻，第二层输出的$O_2$也是一个12×30的数据矩阵，即

[0.281 0.329 0.489 0.389 0.362 0.258 0.425 0.255 0.364 0.327 0.266 0.292
0.288 0.332 0.501 0.514 0.248 0.253 0.317 0.181 0.275 0.29   0.44   0.37
0.378 0.411 0.547 0.574 0.3   0.343 0.401 0.231 0.378 0.361 0.508 0.405
0.271 0.324 0.487 0.456 0.319 0.316 0.278 0.215 0.342 0.26   0.442 0.392
0.292 0.301 0.483 0.506 0.319 0.326 0.411 0.245 0.306 0.233 0.429 0.439
0.256 0.456 0.459 0.484 0.364 0.451 0.454 0.368 0.557 0.304 0.33   0.494

0.345	0.479	0.49	0.545	0.348	0.475	0.415	0.366	0.589	0.362	0.414	0.437
0.261	0.437	0.448	0.506	0.285	0.387	0.31	0.316	0.504	0.326	0.364	0.409
0.352	0.567	0.6	0.475	0.531	0.409	0.636	0.701	0.452	0.482	0.575	0.625
0.232	0.397	0.471	0.515	0.194	0.289	0.339	0.26	0.409	0.353	0.344	0.404
0.192	0.373	0.43	0.402	0.298	0.314	0.343	0.289	0.409	0.255	0.319	0.47
0.245	0.429	0.454	0.446	0.336	0.376	0.386	0.327	0.482	0.303	0.365	0.489
0.206	0.307	0.394	0.457	0.223	0.259	0.378	0.246	0.315	0.272	0.277	0.429
0.241	0.387	0.464	0.431	0.221	0.269	0.322	0.216	0.456	0.348	0.256	0.329
0.444	0.443	0.518	0.6	0.277	0.427	0.486	0.245	0.51	0.389	0.445	0.461
0.166	0.261	0.401	0.424	0.165	0.204	0.283	0.205	0.29	0.244	0.239	0.332
0.264	0.361	0.436	0.571	0.25	0.429	0.406	0.339	0.446	0.242	0.333	0.519
0.337	0.357	0.487	0.592	0.224	0.399	0.396	0.285	0.467	0.301	0.42	0.413
0.469	0.574	0.466	0.762	0.254	0.531	0.514	0.405	0.552	0.46	0.452	0.56
0.355	0.429	0.385	0.612	0.315	0.435	0.567	0.39	0.462	0.323	0.256	0.511
0.314	0.531	0.474	0.562	0.283	0.422	0.466	0.309	0.552	0.447	0.375	0.484
0.291	0.373	0.403	0.576	0.236	0.382	0.429	0.275	0.41	0.272	0.283	0.473
0.402	0.421	0.464	0.524	0.282	0.441	0.472	0.29	0.626	0.404	0.187	0.319
0.284	0.327	0.394	0.479	0.245	0.356	0.351	0.223	0.451	0.249	0.197	0.375
0.38	0.375	0.475	0.564	0.295	0.533	0.371	0.322	0.599	0.255	0.326	0.421
0.421	0.407	0.467	0.63	0.249	0.485	0.413	0.248	0.527	0.297	0.36	0.461
0.313	0.337	0.403	0.52	0.229	0.359	0.364	0.199	0.432	0.258	0.231	0.401
0.332	0.33	0.398	0.512	0.232	0.34	0.281	0.177	0.401	0.243	0.285	0.378
0.428	0.386	0.465	0.594	0.241	0.436	0.376	0.187	0.497	0.291	0.348	0.428
0.401	0.351	0.45	0.549	0.223	0.372	0.334	0.17	0.463	0.288	0.297	0.355]

笔者这里稍微提醒一下，$f(x)=\dfrac{1}{1+e^{-x}}$是耦合e为基础的函数。以e为底有很多优秀的数学特征，比如e^x的导数是其自身，方便进行科学研究，而e符号最早由欧拉使用，他于 1737 年首次证明e是一个无理数。实际上，e不仅是一个无理数，而且是一个超越数。

7. 计算第三层的输入和输出

第三层的输入与第二层相似，$I_3 = w_{jk}O_2 + B_{jk}\text{ones}$，这是一个$1×30$的矩阵，所以有

[0.672 0.671 0.755 0.685 0.697 0.787 0.818 0.748 0.804 0.698 0.687 0.743 0.651 0.691 0.826 0.599 0.757 0.759 0.901 0.807 0.806 0.748 0.814 0.723 0.825 0.834 0.738 0.726 0.812 0.768]

为了便于书写，我们将 1×30 的矩阵分成三行来写，实际上是一行。对于第三层输出，我们通常将第三层神经元也设置为线性函数，所以有 $O_3 = I_3$，不再赘述。

8. 计算能量函数 E

计算能量函数是为了达到预定误差就可以停止训练网络。假设实际输出样本为 Y，则很容易由 E 的定义知道

$$E = \sum (Y - O_3)^2 = 15.3844$$

9. 计算第二层与第三层之间权值和阈值调整量

计算第二层与第三层之间权值和阈值调整量时，要用到鲨鱼追寻腥味的数学机理，这是一个链式偏微分方程，即

$$\Delta w_{jk} = -\eta \frac{\partial E}{\partial w_{jk}} = -\eta(Y - O_3)O_2$$

式中：Δw_{jk} 是一个 1×12 的矩阵，即

[−5.186 −6.678 −7.858 −8.963 −4.762 −6.391 −6.818 −4.959 −7.562 −5.331 −6.122 −7.375]

同理，则有

$$\Delta B_{jk} = \frac{\partial E}{\partial B_{jk}} = -\eta(Y - O_3)\text{ones} = -16.8983$$

式中：ΔB_{jk} 是一个 1×1 的矩阵。

10. 计算第一层与第二层（隐含层）之间权值和阈值调整量

先计算第二层与第三层之间权值和阈值调整量，然后计算第一层与第二层（隐含层）之间权值和阈值调整量，从中也可以看出误差反向传播的思路。我们注意到，对传递函数（激励函数）$f(x) = \dfrac{1}{1+\mathrm{e}^{-x}}$ 求导总会表现这样的特征：$f'(x) = f(x)[1-f(x)]$，下面求偏导会用到。根据简单的高数知识可知

$$\Delta w_{ij} = -\eta \frac{\partial E}{\partial w_{ij}} = -\eta w_{jk}(Y - O_3)O_2(1-O_2)X$$

式中：Δw_{ij} 是一个 12×13 的矩阵，即

[−0.121 −0.118 −0.060 0.724 0.449 0.494 0.759 0.595 0.722 0.638 0.061 −0.194 −0.250
−0.062 −0.050 −0.020 0.302 0.196 0.222 0.315 0.252 0.299 0.279 0.042 −0.083 −0.099
−0.055 −0.041 −0.016 0.274 0.169 0.207 0.286 0.229 0.274 0.256 0.039 −0.072 −0.090
−0.206 −0.149 −0.054 1.045 0.635 0.826 1.086 0.871 1.039 0.976 0.177 −0.281 −0.334

-0.127 -0.094 -0.043　0.610　0.349　0.462　0.636　0.504　0.595　0.573　0.107 -0.186 -0.176
　0.043　0.035　0.011 -0.199 -0.134 -0.141 -0.208 -0.166 -0.197 -0.180 -0.025　0.057　0.070
　0.025　0.023　0.010 -0.136 -0.088 -0.098 -0.142 -0.113 -0.135 -0.124 -0.020　0.038　0.045
　0.034　0.029　0.008 -0.157 -0.110 -0.110 -0.165 -0.132 -0.154 -0.147 -0.024　0.049　0.053
-0.220 -0.172 -0.058　1.046　0.698　0.775　1.095　0.878　1.043　0.974　0.146 -0.296 -0.351
　0.025　0.024　0.013 -0.147 -0.094 -0.107 -0.153 -0.122 -0.145 -0.135 -0.016　0.040　0.046
　0.073　0.039　0.015 -0.296 -0.178 -0.229 -0.310 -0.249 -0.294 -0.283 -0.028　0.067　0.110
-0.154 -0.107 -0.036　0.685　0.445　0.512　0.717　0.577　0.684　0.644　0.099 -0.177 -0.243]

同理，可得

$$\Delta B_{ij} = -\eta \frac{\partial E}{\partial B_{ij}} = -\eta w_{jk}(Y - O_3)O_2(1 - O_2)\text{ones}$$

式中：ΔB_{ij} 为 12×1 的矩阵（转置形式），即

[-0.896 -0.378 -0.343 -1.308 -0.759 0.249 0.170 0.198 -1.318 0.184 0.371 -0.862]′

11. 计算调整之后的权值和阈值

把 t 时刻的各层权值和阈值加上各自的调整量并赋予 $t+1$ 时刻的权值和阈值，即

$$w_{jk}(t+1) = -\eta \frac{\partial E}{\partial w_{jk}} + w_{jk}(t) = \Delta w_{jk} + w_{jk}(t)$$

$$B_{jk}(t+1) = -\eta \frac{\partial E}{\partial B_{jk}} + B_{jk}(t) = \Delta B_{jk} + B_{jk}(t)$$

$$w_{ij}(t+1) = -\eta \frac{\partial E}{\partial w_{ij}} + w_{ij}(t) = \Delta w_{ij} + w_{ij}(t)$$

$$B_{ij}(t+1) = -\eta \frac{\partial E}{\partial B_{ij}} + B_{ij}(t) = \Delta B_{ij} + B_{ij}(t)$$

12. 网络输出的值需要还原

在之前的训练网络中，输入和输出的样本对都经过归一化处理，所以这里需要将 O_3 还原成原始数据的量级：

[1537 1536 1532 1536 1535 1533 1531 1535 1523 1536 1536 1534 1538 1538 1531
1540 1534 1534 1528 1533 1531 1536 1535 1539 1534 1534 1538 1539 1536 1538]
很显然这是一个 1×13 的矩阵，这里同样为了美观分行书写。

以上便是 BP 网络训练的完整过程。需要注意的是，经过第一次训练之后，还原后的 O_3 每个数据之间差异很小，比如 1537、1536、1532 等数据之间很接近，那么这是什么原因呢？我们把这个问题留给读者思考。

至此，我们已经清晰地了解 BP 神经网络的训练机理。为了知其然并知其所以然，

我们用简单清晰的数学语言来总结一下。假设 $\vec{w}_{ij}$ 表示在 BP 算法搜索的超几何平面上相互正交的向量，则

$$\Delta \vec{w}_{ij} = \alpha_{11}\vec{w}_{11} + \alpha_{12}\vec{w}_{12} + \alpha_{13}\vec{w}_{13} + \alpha_{14}\vec{w}_{14} + \alpha_{21}\vec{w}_{21} + \alpha_{22}\vec{w}_{22} + \alpha_{23}\vec{w}_{23} + \alpha_{24}\vec{w}_{24}\cdots$$

式中：$\alpha_{11}, \alpha_{12}, \alpha_{13}, \alpha_{14}\cdots$ 表示系数常量；

$\vec{w}_{11}$，$\vec{w}_{12}$，$\vec{w}_{13}$，$\vec{w}_{14}\cdots$ 表示单位模向量。

当神经网络沿着负梯度的方向搜索时，遇到超几何平面上的极小值或者最小值的时候，必然存在以下表达式

$$\begin{cases} \dfrac{\partial E}{\partial w_{11}} = 0 \\[2ex] \dfrac{\partial E}{\partial w_{12}} = 0 \\[2ex] \dfrac{\partial E}{\partial w_{13}} = 0 \\[2ex] \dfrac{\partial E}{\partial w_{14}} = 0 \\[1ex] \cdots \\[1ex] \dfrac{\partial E}{\partial w_{21}} = 0 \\[2ex] \dfrac{\partial E}{\partial w_{22}} = 0 \\[2ex] \dfrac{\partial E}{\partial w_{23}} = 0 \\[2ex] \dfrac{\partial E}{\partial w_{24}} = 0 \\[1ex] \cdots \end{cases} \tag{8.2}$$

很显然，式 (8.2) 已经注定了 BP 算法只能找到极小值而无法保证一定会找到全局最小值。一旦陷入局部极小值，就不能继续朝整体最小值的方向行进。我们还知道，BP 算法沿着 E 变化量最大的方向搜索，所以越平坦的地方越不是网络偏好的搜索方向，而极小值附近常常比较陡峭，因此 BP 网络很容易滑下去，添加动量因子是一种常规改进策略。

添加动量因子的目的就是把前一次权值和阈值调整量，部分添加到本次的权值和阈值调整量当中来。这样做的好处是，假如本次训练陷入局部极小值而不能自拔，上一次的调整量还可以支撑神经网络"走出"局部极小值点继续寻找最小值。不过，有时候动量因子也无能为力。

8.3.3　网络训练多尺度分析

图 8-4 呈现的是神经网络训练时的收敛动态。从图 8-4 中可以清晰地看出，神经网络刚开始的输出看起来是一条直线，然后慢慢蜷缩，直至几乎完全拟合到目标输出值或者接近实际输出值。再一次直观说明，神经网络的本质其实也是拟合，一种非常精准的拟合。

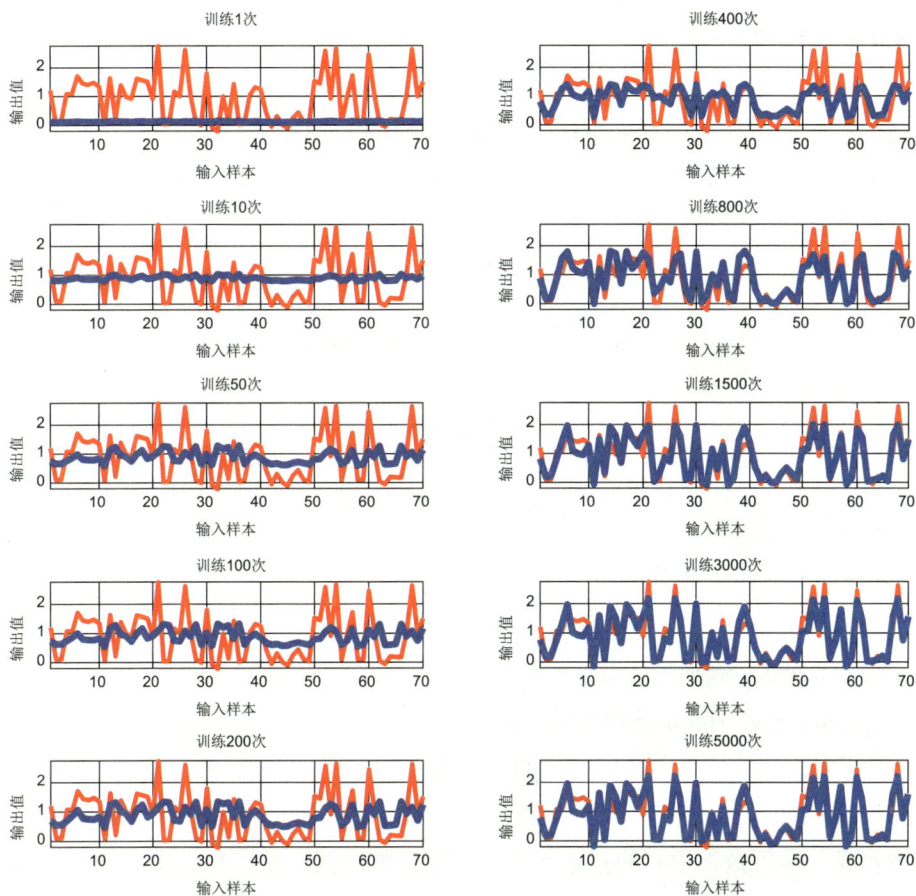

图 8-4　神经网络训练动态图

对于图 8-4 所呈现的训练过程，还可以从小波分析的"细节与平均"角度进行理解和分析。譬如，神经网络训练 10 次得到的其实是网络神经元输出的轮廓，而训练 5000 次的网络输出值减去训练 10 次的平均值，所得便是细节；同理，训练 5000 次的网络输出值减去训练 3000 次的网络输出值，所得便是噪声。可见，神经网络很大一部分资源被用于可能并无多大实用价值的噪声拟合。

总之，神经网络输出的平均值、细节和噪声可以通过多尺度分辨率进行分析。或许，读者暂时还不能理解这句话的意思，等学完第 9 章小波分析相关知识以后，自然能领悟到其含义。

8.4　设计 RBF 神经网络

8.4.1　梯度训练法

这里简单介绍一下梯度训练法的 RBF 网络结构。RBF 网络有三层，隐含层激活函数是 Gaussian 函数，第一层和第三层都采用线性传递函数。RBF 网络采用梯度训练法反向调整网络误差。同样，依据链式偏微分法则，我们得出网络数据中心、宽度和权值的调整量分别为（跟 BP 网络计算规则一模一样）

$$\Delta c_i = \eta_1 \frac{w_i}{\sigma_j^2} \sum_{j=1}^{N} e_i G(x_j)(x_j - c_i)$$

$$\Delta \sigma_i = \eta_2 \frac{w_i}{\sigma_j^3} \sum_{j=1}^{N} e_i G(x_j) \left\| x_j - c_i \right\|^2$$

$$\Delta w_i = \eta_3 \sum_{j=1}^{N} e_i G(x_j)$$

式中：G 表示 Gaussian 函数；

i、j 分别表示隐含层神经元和样本数量的下标；

c、σ、w 分别表示网络数据中心、宽度以及权值；

η_1、η_2、η_3 分别表示各自的学习速率；

e_i 表示网络输出值与样本值之间的残差。

梯度 RBF 网络跟 BP 神经网络不同的是，RBF 网络隐含层神经元由激活函数和距离函数构成，靠近数据中心的样本有更大可能性被激活；偏离数据中心的训练样本，网络对其响应程度低。

8.4.2　性能要素

由 RBF 网络结构可知，RBF 网络在学习过程中除了可以调节权值，还可以调节隐含层神经元的宽度和数据中心，神经元弹性更大，伸缩性更强，拟合精度更高。

RBF 神经网络的性能主要由以下几方面决定。

- 拓扑结构。

- 激励函数。
- 学习规则。
- 训练样本的覆盖面。
- 训练样本的非线性程度。

8.5　评价神经网络的泛化能力

评价神经网络的性能有很多指标，主要指标有以下两项。

(1) 网络学习所花费的时间和占用计算机内存容量的多少。显然，结构简单、容易实现、训练花费时间少的网络是理想的网络。大规模神经网络对服务器硬件的要求很高，单纯加大硬件资源投入不能有效解决网络训练所需的资源问题，应当从优化网络结构着手。

(2) 网络的泛化能力，也就是推理能力。泛化能力的强弱可以通过网络的训练、测试、实用效果三方面来评估。

泛化能力是否优越，通过神经网络事前测试就可以大致预估。好的神经网络在训练之后都是连续可导的 (激励函数采用硬极限函数的少数网络除外)。训练后的图形应当是光滑柔软的，具有较强的延展性和韧性；反之，如果训练完成的网络学习图像如图 8-5 一般，折线不光滑或者测试偏差较大，那么可以断定该网络基本上不具备较强的推理能力。

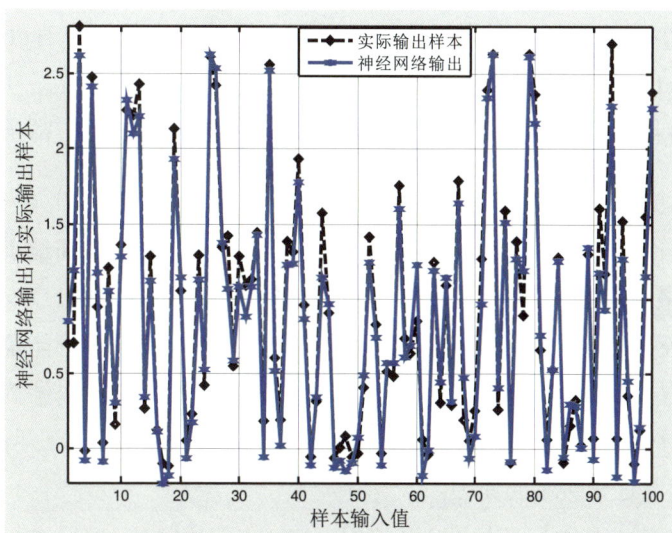

图 8-5　神经网络学习图像

8.6　神经网络核心技术与策略

8.6.1　震荡的成因

假定神经元权值修正的目标是极小化标量函数$F(w)$，如果神经元的当前权值为$w(t)$，且假设权值调节公式为

$$w(t+1) = w(t) + \Delta w(t) \tag{8.3}$$

式中：$\Delta w(t)$表示当前时刻的修正方向。显然，期望每次修正均有

$$F\big[w(t+1) < F(w(t))\big] \tag{8.4}$$

那么，什么样的$\Delta w(t)$才是合适的呢？对$F\big[w(t+1)\big]$进行一阶泰勒展开，得到

$$F\big[w(t+1)\big] = F\big[w(t) + \Delta w(t)\big] \approx F\big[w(t) + g^T(t)\Delta w(t)\big] \tag{8.5}$$

式中：$g(t) = \nabla F\big[w(t)\big]$，$\nabla F(w)$表示$F\big[w(t)\big]$的梯度向量。显然，如果取

$$\Delta w(t) = -cg(t) \tag{8.6}$$

式 (8.6) 中，c取较小的正数 (对应网络的学习速率)，即权值的修正向量沿负梯度方向取较小值，则式 (8.5) 的右边第二项必然小于零，将式 (8.6) 代入式 (8.5) 中，得

$$F\big[w(t+1)\big] \approx F\big[w(t) + g^T(t)g(t)(-c)\big] \tag{8.7}$$

式 (8.3) ～式 (8.7) 有丰富的内涵，在此简要罗列。

(1) 显然$g^T(t)g(t)(-c) \leqslant 0$。当$g^T(t)g(t)(-c) < 0$时，则$F\big[w(t+1)\big] < F\big[w(t)\big]$，这就是为什么沿着负梯度下降方向 BP 算法总能找到极值，也是 BP 算法的核心。

(2) 当$g^T(t)g(t)(-c) = 0$，即$g(t) = 0$，则$F\big[w(t+1)\big] = F\big[w(t)\big]$，这就是 BP 算法容易陷入局部极小值的原因。因为当能量函数陷入局部极小值时，有$g(t) = 0$，也就是$\Delta w(t) = -cg(t) = 0$，这时候神经网络就停在局部极小值而不能动弹。

(3) 式 (8.6) 取$\Delta w(t) = -cg(t)$，理论上取$\Delta w(t) = -c\underbrace{g(t)g(t)g(t)}_{2n+1\text{个}(n \geqslant 1, n \in Z^+)}\cdots$都是可行的，只是$n$越大，网络越复杂，而且学习时容易发生震荡。

(4) BP 算法经过初始化以后，寻优的初始点 A 是确定的，全局最小值所在的点即$g(t) = 0$对应的最优点 B(假设只有一个全局最小值点) 也是确定的。A、B 两点之间的线段或者该线段在能量函数超几何搜索平面上投影所得的线段很可能是算法寻优的最好捷径，因为寻优的路程可能最短，但是 BP 算法采用的是在各变量负梯度向量合力的方向上迂回寻优的方案，搜索路程一定大于 AB 线段长度或其投影所得的距离，这也是 BP 算法学习过程缓慢的原因。

(5) 式 (8.5) $F\big[w(t+1)\big] = F\big[w(t) + \Delta w(t)\big] \approx F\big[w(t) + g^T(t)\Delta w(t)\big]$只进行了泰勒级数的

一阶展开，是不完整的，精确表达式为

$$F\big[w(t+1)\big]=F\big[w(t)+\Delta w(t)\big]=$$

$$F\big[w(t)\big]+g^{T}(t)\Delta w(t)+\frac{(\nabla g)^{T}(t)\Delta w^{2}(t)}{2!}+\frac{\big[\nabla(\nabla g)\big]^{T}(t)\Delta w^{3}(t)}{3!}+\cdots+R_{n}\big[w(t)+\Delta w(t)\big] \quad (8.8)$$

将式 (8.8) 中的 $\Delta w(t)$ 用 $-cg(t)$ 替换，则有

$$F\big[w(t+1)\big]-F\big[w(t)\big]=g^{T}(t)g(t)(-c)+\frac{(\nabla g)^{T}(t)\big[-cg(t)\big]^{2}}{2!}+\cdots+R_{n}\big[w(t)-cg(t)\big] \quad (8.9)$$

式 (8.9) 表明，函数 F 只要具有 $(n+1)$ 阶导数，式 (8.9) 总是成立的。当 c 值取较小时，一般会有式 (8.10) 成立，即

$$\left|g^{T}(t)g(t)(-c)\right|\gg\left|\frac{(\nabla g)^{T}(t)\big[-cg(t)\big]^{2}}{2!}\right|\gg\left|\frac{\big[\nabla(\nabla g)\big]^{T}(t)\big[-cg(t)\big]^{3}}{3!}\right|\gg\cdots \quad (8.10)$$

所以

$$c\text{取较小值}\begin{cases}g^{T}(t)g(t)(-c)<0\\\dfrac{(\nabla g)^{T}(t)\big[-cg(t)\big]^{2}}{2!}\approx0\\\dfrac{\big[\nabla(\nabla g)\big]^{T}(t)\big[-cg(t)\big]^{3}}{3!}\approx0\\\cdots\end{cases}\qquad c\text{取较大值}\begin{cases}g^{T}(t)g(t)(-c)<0\\\dfrac{(\nabla g)^{T}(t)\big[-cg(t)\big]^{2}}{2!}\neq0\\\dfrac{\big[\nabla(\nabla g)\big]^{T}(t)\big[-cg(t)\big]^{3}}{3!}\neq0\\\cdots\end{cases}$$

这就是说，当 c 取较小值时，$F\big[w(t+1)\big]-F\big[w(t)\big]\approx g^{T}(t)g(t)(-c)\leqslant0$；但是当 c 取较大值时，由于 $\dfrac{(\nabla g)^{T}(t)\big[-cg(t)\big]^{2}}{2!}\neq0$ 及 $\dfrac{\big[\nabla(\nabla g)\big]^{T}(t)\big[-cg(t)\big]^{3}}{3!}\neq0$，$F\big[w(t+1)\big]-F\big[w(t)\big]\leqslant0$ 未必成立，还有可能 $F\big[w(t+1)\big]-F\big[w(t)\big]>0$，此时网络的能量函数值将会增大，于是发生学习过程震荡的状况，这就是为什么 c（相当于神经网络的学习速率）取较大值，网络训练容易发生震荡。

需要说明的是，同样大小的 c 值，在有的网络训练中发生了震荡，而在另一些网络训练中却没有发生震荡，这是因为 c 值大小是相对的，主要由能量函数的超几何平面的平坦程度决定。

对神经网络的性能进行定量分析是相当有难度的。关于神经网络的经验公式和数学理论在大部分情况下成立，而在少数情况下可能又不成立。

8.6.2　演绎推理法与绝妙的排列组合算法

在构建性能卓越的大规模神经网络之前，笔者先带读者了解数学推导中的"演绎

推导法"（即"演绎推理法"），一层层迭代演绎推理下去——从已知到新的未知。

大规模神经网络的数学原理虽然较为复杂，但是其网络结构的公式推导还是有规律可循的。大规模的深度神经网络也是由激励函数、学习法则、隐含层数量、拓扑结构等基本单元所组成的。我们可以借助数学领域的"演绎推理法"来设计复杂的神经网络结构，不管网络结构有几层，理论上都可以通过演绎法来无限叠加。

在下一节内容中，我们会设计大规模神经网络结构，笔者将以一则绝妙的排列组合算法说明这种"演绎推理法"的数学原理。设计神经网络结构是一门技术，也是一门艺术。

现有数列 $\{a_n\}$ 的通项为 $1,2,3,4,5\cdots n$，均为自然数，从这 n 个自然数中任取五个数（五个数各不相等），求所有四个数之积的总和 $\sum\limits_{m=1}^{n}\sum\limits_{k=1}^{n}\sum\limits_{j=1}^{n}\sum\limits_{i=1}^{n}a_i a_j a_k a_m (n\geqslant 4; i\neq j\neq k\neq m; i,j,k, m=1,2,3\cdots)$ 的通项公式。

我们可以按照这样的步骤进行演绎推理。

(1) 求 $1+2+3+\cdots+n$ 的值。

因为 $n=c_n^1$，所以

$$1+2+3+\cdots+n=c_1^1+c_2^1+c_3^1+\cdots+c_n^1$$
$$=c_{n+1}^2=\frac{n(n+1)}{2}$$

(2) 求 $1^2+2^2+3^2+\cdots+n^2$ 的值。

因为 $n(n+1)=A_2^2 c_{n+1}^2=n^2+n$，所以

$$n^2=A_2^2 c_{n+1}^2-n$$

借用上文 (1) 的结论可知

$$1^2+2^2+3^2+\cdots+n^2=A_2^2(c_2^2+c_3^2+c_4^2+\cdots+c_{n+1}^2)-\frac{n(n+1)}{2}$$
$$=A_2^2 c_{n+2}^3-\frac{n(n+1)}{2}$$
$$=\frac{n(n+1)(n+2)}{3}-\frac{n(n+1)}{2}=\frac{n(n+1)(2n+1)}{6}$$

注意：$1^2+2^2+3^2+\cdots+n^2=\dfrac{n(n+1)(2n+1)}{6}$ 与第 3 章秩相关 IC 求解的 spearman

法—— $r_{\text{spearman}}=1-\dfrac{6\sum\limits_1^n \mathrm{d}i^2}{n(n^2-1)}=1-\dfrac{6\sum\limits_1^n \mathrm{d}i^2}{n(n+1)(n-1)}$ 有相同的内在数学原理，第 3 章已经讲过，此处不再赘述。

(3) 求 $1^3 + 2^3 + 3^3 + \cdots + n^3$ 的值。

因为 $n(n+1)(n+2) = A_3^3 c_{n+2}^3 = n^2 + 3n^2 + 2n$，所以

$$n^3 = A_3^3 c_{n+2}^3 - 3n^2 - 2n$$

由上文 (1) 和 (2) 的结论可知

$$1^3 + 2^3 + 3^3 + \cdots + n^3 = A_3^3 (c_3^3 + c_4^3 + c_5^3 + \cdots + c_{n+2}^3) - \frac{n(n+1)(2n+1)}{2} - n(n+1)$$

$$= A_3^3 c_{n+3}^4 - \frac{n(n+1)(2n+1)}{2} - n(n+1) = \frac{n^2(n+1)^2}{4}$$

(4) 同理，得出

$$1^4 + 2^4 + 3^4 + \cdots + n^4 = \frac{n(n+1)(6n^3 + 9n^2 + n - 1)}{30}$$

(5) 求 $1^5 + 2^5 + \cdots + (n-1)^5 + n^5$ 的值。

因为 $A_5^5 c_{n+4}^5 = n(n+1)(n+2)(n+3)(n+4)$

$$= n^5 + 6n^4 + 11n^3 + 6n^2 + 4n^4 + 24n^3 + 44n^2 + 24n$$

$$= n^5 + 10n^4 + 35n^3 + 50n^2 + 24n$$

所以

$$n^5 = A_5^5 c_{n+4}^5 - 10n^4 - 35n^3 - 50n^2 - 24n$$

$$1^5 + 2^5 + 3^5 + \cdots + n^5$$

$$= A_5^5(c_5^5 + c_6^5 + c_7^5 + \cdots + c_{n+4}^5) - 10\sum_{n=1}^{n} n^4 - 35\sum_{n=1}^{n} n^3 - 50\sum_{n=1}^{n} n^2 - 24\sum_{n=1}^{n} n$$

$$= \frac{n^2(n+1)^2(2n^2 + 2n - 1)}{12}$$

(6) 现有数列 $\{a_n\}$ 的通项为 $1,2,3,4,5\cdots n$，均为自然数，从这 n 个自然数中任取两个（两个数不相等），求所有两数之积的总和，即

$$\sum_{i=1}^{n}\sum_{j=1}^{n} a_i a_j (n \geqslant 2; i \neq j; i, j = 1, 2, 3\cdots)$$

因为 $(1 + 2 + 3 + \cdots + n)^2 = 1^2 + 2^2 + 3^2 + \cdots + n^2 + \sum_{i=1}^{n}\sum_{j=1}^{n} a_i a_j$

$$= [\frac{n(n+1)}{2}]^2$$

而且 $1^2 + 2^2 + 3^2 + \cdots + n^2 = \frac{n(n+1)(2n+1)}{6}$

所以

$$\sum_{i=1}^{n}\sum_{j=1}^{n} a_i a_j = 0.5 \times \left[\frac{n^2(n+1)^2}{4} - \frac{n(n+1)(2n+1)}{6}\right]$$

$$= \frac{n(n+1)(3n^2 - n - 2)}{24} \qquad (n \geqslant 2)$$

(7) 现有数列 $\{a_n\}$ 的通项为 $1,2,3,4,5\cdots n$，均为自然数，从这 n 个自然数中任取三个 (三个数不相等)，求所有两数之积的总和，即

$$\sum_{i=1}^{n}\sum_{j=1}^{n}\sum_{k=1}^{n} a_i\, a_j a_k \, (n \geqslant 3; i \neq j \neq k; i,j,k = 1,2,3\cdots)$$

假如 $\displaystyle\sum_{i=1}^{n}\sum_{j=1}^{n}\sum_{k=1}^{n} a_i\, a_j a_k = \sum_{i=1}^{n}\sum_{j=1}^{n} a_i\, a_j(a_1 + a_2 + \cdots + a_n - a_i - a_j)$

$$= \frac{n(n+1)}{2}\sum_{i=1}^{n}\sum_{j=1}^{n} a_i\, a_j - \sum_{i=1}^{n}\sum_{j=1}^{n} a_i\, a_j^{\,2}$$

由排列组合知识可知，从 n 个数中任取三个数组合在一起，共有 c_n^3 组，但是按照上述方法形成的不同的 $a_i a_j a_k$ 组合却有 $c_n^2(n-2)$ 组，且 $1,2,3,\cdots,n$ 的位置均是对称的，则

$\dfrac{c_n^3}{c_n^2(n-2)} = \dfrac{1}{3}$，因此可知，每组数据重复使用了三次，所以有

$$\sum_{i=1}^{n}\sum_{j=1}^{n}\sum_{k=1}^{n} a_i\, a_j a_k = \frac{1}{3} \cdot \frac{n(n+1)}{2} \cdot \sum_{j=1}^{n}\sum_{i=1}^{n} a_i a_j - \frac{1}{3} \cdot a_1(a_1^2 + a_2^2 + \cdots + a_n^2 - a_1^2) -$$

$$\frac{1}{3} \cdot a_2(a_1^2 + + a_n^2 - a_2^2) -$$

$$\cdots - \frac{1}{3} \cdot a_1(a_n^2 + a_n^2 + \cdots + a_n^2 - a_n^2) \ (i \neq j)$$

$$= \frac{1}{3}\Big[\frac{n(n+1)}{2}\sum_{j=1}^{n}\sum_{i=1}^{n} a_i a_j - (a_1 + a_2 + \cdots + a_n)(a_1^2 +$$

$$a_2^2 + \cdots + a_n^2) + a_1^3 + a_2^3 + \cdots + a_n^3\Big]$$

由前文可知

$$\sum_{j=1}^{n}\sum_{i=1}^{n} a_i a_j = \frac{n(n+1)(3n^2 - n - 2)}{24}$$

所以

$$\sum_{i=1}^{n}\sum_{j=1}^{n}\sum_{k=1}^{n} a_i a_j a_k = \frac{1}{3}\Big[\frac{n(n+1)}{2} \cdot \frac{n(n+1)(3n^2 - n - 2)}{24} - \frac{n(n+1)}{2} \cdot \frac{n(n+1)(2n+1)}{6} + \frac{n^2(n+1)^2}{4}\Big]$$

$$= \frac{n^2(n+1)^2(n-1)(n-2)}{48} = c_{n+1}^4 c_{n+1}^2 \qquad (c \geqslant 3)$$

(8) 现有数列 $\{a_n\}$ 的通项为 $1,2,3,4,5,\cdots,n$，均为自然数，从这 n 个数中任取四个，求所有四数之积的总和，即

$$\sum_{m=1}^{n}\sum_{k=1}^{n}\sum_{j=1}^{n}\sum_{i=1}^{n} a_i a_j a_k a_m \, (n \geqslant 4; i \neq j \neq k \neq m; i,j,k,m = 1,2,3\cdots)$$

假设

$$\sum_{m=1}^{n}\sum_{k=1}^{n}\sum_{j=1}^{n}\sum_{i=1}^{n} a_i a_j a_k a_m = \sum_{m=1}^{n}\sum_{k=1}^{n}\sum_{j=1}^{n}\sum_{i=1}^{n}(a_1 + a_2 + \cdots + a_n - a_i - a_j - a_k)$$

$$= \frac{n(n+1)}{2}\sum_{k=1}^{n}\sum_{j=1}^{n}\sum_{i=1}^{n}a_i a_j a_k - \sum_{k=1}^{n}\sum_{j=1}^{n}\sum_{i=1}^{n}a_i a_j a_k^2 \quad (i \neq j \neq k)$$

由于 $\dfrac{c_n^4}{c_n^3(n-3)} = \dfrac{1}{4}$，可知每组数据重复使用了四次。

所以

$$\sum_{m=1}^{n}\sum_{k=1}^{n}\sum_{j=1}^{n}\sum_{i=1}^{n}a_i a_j a_k a_m = \frac{1}{4}\frac{n(n+1)}{2}\sum_{k=1}^{n}\sum_{j=1}^{n}\sum_{i=1}^{n}a_i a_j a_k -$$

$$\frac{1}{4}a_1^2[\sum_{j=1}^{n}\sum_{i=1}^{n}a_i a_j - a_1(a_1 + a_2 + \cdots + a_n - a_1)] -$$

$$\frac{1}{4}a_2^2[\sum_{j=1}^{n}\sum_{i=1}^{n}a_i a_j - a_2(a_1 + a_2 + \cdots + a_n - a_2)] -$$

$$\frac{1}{4}a_3^2[\sum_{j=1}^{n}\sum_{i=1}^{n}a_i a_j - a_3(a_1 + a_2 + \cdots + a_n - a_3)]$$

$$\cdots -$$

$$\frac{1}{4}a_n^2[\sum_{j=1}^{n}\sum_{i=1}^{n}a_i a_j - a_n(a_1 + a_2 + \cdots + a_n - a_n)]$$

因为

$$-a_n^2[\sum_{j=1}^{n}\sum_{i=1}^{n}a_i a_j - a_n(a_1 + a_2 + \cdots + a_n - a_n)]$$

$$= -a_n^2\left\{\sum_{j=1}^{n}\sum_{i=1}^{n}a_i a_j - a_n[\frac{n(n+1)}{2} - a_n)]\right\}$$

$$= -a_n^2\left\{\sum_{j=1}^{n}\sum_{i=1}^{n}a_i a_j - a_n\frac{n(n+1)}{2} + a_n^2\right\}$$

$$= -a_n^2\sum_{j=1}^{n}\sum_{i=1}^{n}a_i a_j + a_n^3\frac{n(n+1)}{2} - a_n^4$$

所以

$$\sum_{m=1}^{n}\sum_{k=1}^{n}\sum_{j=1}^{n}\sum_{i=1}^{n}a_i a_j a_k a_m = \frac{1}{4}[\frac{n(n+1)}{2}\sum_{k=1}^{n}\sum_{j=1}^{n}\sum_{i=1}^{n}a_i a_j a_k -$$

$$(a_1^2 + a_2^2 + \cdots + a_n^2)\sum_{i=1}^{n}\sum_{j=1}^{n}a_i a_j +$$

$$\frac{n(n+1)}{2}(a_1^3 + a_2^3 + \cdots + a_n^3) - (a_1^4 + a_2^4 + \cdots + a_n^4)]$$

$$= \frac{n^2(n+1)^2(3n^6 - 31n^5 + 109n^4 - 125n^3 - 88n^2 + 276n - 144)}{11\,520} \quad (n \geqslant 4)$$

"演绎推理法"就是把上一层的结论迭代到下一层的方程式中，层层递进，非常适合使用计算机进行计算。**演绎推理的数学思维不仅实用，而且形式还非常美妙。美**

的和真的往往是一致的，真的就是美的，美的就是真的。例如，麦克斯韦方程组理论深奥，形式同样美妙。同时，演绎推理法与第 1 章介绍的"数学机械化"的思想有异曲同工之处。接下来，我们将基于本节的方法推导复杂的"大规模径向基小波神经网络的拓扑结构"。

8.7 设计大规模径向基小波神经网络的深度理论

8.7.1 五层网络拓扑结构

五层径向基小波神经网络是一种相对复杂的神经网络，该网络拓扑结构如图 8-6 所示。输入样本在神经元中的响应方式运用"近兴奋远抑制"的 RBF 网络机制。封装在神经元里的激励函数采用小波函数：$\psi_{a,b}(x) = \frac{1}{\sqrt{a}}\psi(\frac{x-b}{a})$，小波函数里的伸缩和平移变量 a、b 以及 RBF 网络的数据中心以及隐节点宽度，都是可以在网络学习过程中进行训练的。训练算法采用数学可解释的梯度学习法，并在网络参数调整过程中添加动量因子。除了输入层神经元使用线性函数，其他各层神经元均使用小波函数。

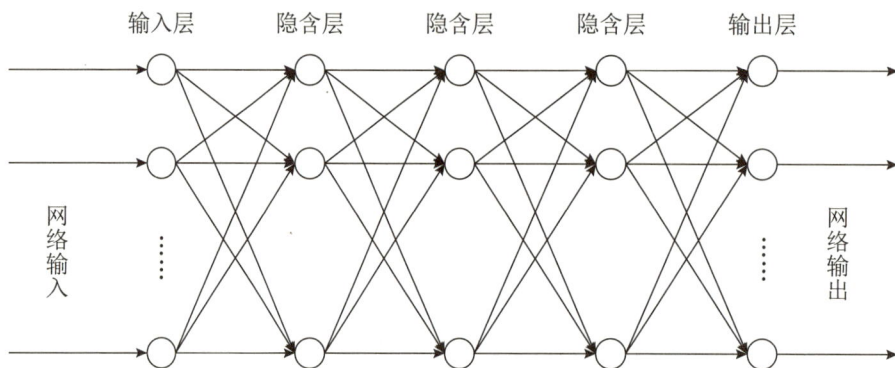

图 8-6 五层径向基小波神经网络拓扑结构

8.7.2 符号约定

i, j, k, l, m	分别表示第一、二、三、四、五层网络的第 i、j、k、l、m 神经元索引。

$I_{1ip}, I_{2jp}, I_{3kp}, I_{4lp}, I_{5mp}$	分别表示输入第p个训练样本时，第一、二、三、四、五层网络的第i、j、k、l、m神经元的输入。
$O_{1ip}, O_{2jp}, O_{3kp}, O_{4lp}, O_{5mp}$	分别表示输入第p个训练样本时，第一、二、三、四、五层网络的第i、j、k、l、m神经元的输出。
$w_{ij}, w_{jk}, w_{kl}, w_{lm}$	分别表示第一、二、三、四、五层网络第i、j、k、l、m个神经元相互之间连接的权值。
a_j, a_k, a_l, a_m	分别表示第二、三、四、五层网络的第j、k、l、m神经元的激励函数的伸缩因子。
b_j, b_k, b_l, b_m	分别表示第二、三、四、五层网络的第j、k、l、m神经元激励函数的平移因子。
c_i, c_j, c_k, c_l, c_m	分别表示第一、二、三、四、五层网络的第i、j、k、l、m神经元的激励函数的数据中心。
$\psi(x)$	表示神经元传递函数的小波母函数。
$\psi_{a,b}(x)$	表示经过伸缩a和平移b所得的小波函数族。
$A(I,a,b)$	用符号A代替函数表达式$\dfrac{\partial \psi_{a,b}(x)}{\partial x}$。
$B(I,a,b)$	用符号B代替函数表达式$\dfrac{\partial \psi_{a,b}(x)}{\partial b}$。
$C(I,a,b)$	用符号C代替函数表达式$\dfrac{\partial \psi_{a,b}(x)}{\partial a}$。
x_{ip}	表示第一层第i个神经元输入的第p个样本数据。
y_{mp}	表示第五层第m个神经元网络输出的第p个数据。
η	表示网络的学习速率。
α	表示网络的动量因子。

8.7.3　组建神经网络数学模型

我们约定$E_1 = \sum\limits_{p}\sum\limits_{m}\dfrac{1}{2}(y_{mp} - O_{5mp})^2$，然后依据 8.6 节介绍的"演绎推理法"来建立复杂的神经网络数学模型。

(1) 网络输入第p个样本对第一层第i个神经元的输入为

$$I_{1ip} = x_{ip}$$

网络输入第p个样本对第一层第i个神经元的输出为

$$O_{1ip} = \left\| x_{ip} - c_i \right\| = \sqrt{(x_{ip} - c_i)} = (x_{ip} - c_i)^{\frac{1}{2}} \qquad (8.11)$$

式 (8.11) 中，将 $\|\bullet\|$ 定义为 2-范数运算，表示欧式长度。

(2) 网络输入第 p 个样本对第二层第 j 个神经元的输入为

$$I_{2jp} = \left\| \sum_i w_{ij} O_{1ip} - c_j \right\| = (\sum_i w_{ij} O_{1ip} - c_j)^{\frac{1}{2}}$$

网络输入第 p 个样本对第二层第 j 个神经元的输出为

$$O_{2jp} = \frac{1}{\sqrt{a_j}} \psi \left(\frac{I_{2jp} - b_j}{a_j} \right)$$

(3) 网络输入第 p 个样本对第三层第 k 个神经元的输入为

$$I_{3kp} = \left\| \sum_j w_{jk} O_{2jp} - c_k \right\| = \left(\sum_j w_{jk} O_{2jp} - c_k \right)^{\frac{1}{2}}$$

网络输入第 p 个样本对第三层第 k 个神经元的输出为

$$O_{3kp} = \frac{1}{\sqrt{a_k}} \psi \left(\frac{I_{2kp} - b_k}{a_k} \right)$$

(4) 网络输入第 p 个样本对第四层第 l 个神经元的输入为

$$I_{4lp} = \left\| \sum_k w_{kl} O_{3kp} - c_l \right\| = \left(\sum_k w_{kl} O_{3kp} - c_l \right)^{\frac{1}{2}}$$

网络输入第 p 个样本对第四层第 l 个神经元的输出为

$$O_{4lp} = \frac{1}{\sqrt{a_l}} \psi \left(\frac{I_{4lp} - b_l}{a_l} \right)$$

(5) 网络输入第 p 个样本对第五层第 m 个神经元的输入为

$$I_{5mp} = \left\| \sum_l w_{lm} O_{4lp} - c_m \right\| = \left(\sum_l w_{lm} O_{4lp} - c_m \right)^{\frac{1}{2}}$$

网络输入第 p 个样本对第五层第 m 个神经元的输出为

$$O_{5mp} = \frac{1}{\sqrt{a_m}} \psi \left(\frac{I_{5mp} - b_m}{a_m} \right)$$

8.7.4　调整伸缩因子 a

依据梯度训练法对伸缩因子 a 进行逐层调整。

(1) 对第五层 a_m 进行调整。

$$\Delta a_m = \frac{\partial E_1}{\partial a_m} = \frac{\partial E_1}{\partial O_{5mp}} \frac{\partial O_{5mp}}{\partial a_m} = -\sum_p (y_{mp} - O_{5mp}) C(I_{5mp}, a_m, b_m)$$

(2) 对第四层 a_l 进行调整。

$$\Delta a_l = \frac{\partial E_1}{\partial a_l}$$

$$= \frac{\partial E_1}{\partial O_{4lp}} \frac{\partial O_{4lp}}{\partial a_l}$$

$$= \frac{\partial E_1}{\partial I_{5mp}} \frac{\partial I_{5mp}}{\partial O_{4lp}} \frac{\partial O_{4lp}}{\partial a_l}$$

$$= \frac{\partial E_1}{\partial O_{5mp}} \frac{\partial O_{5mp}}{\partial I_{5mp}} \frac{\partial I_{5mp}}{\partial O_{4lp}} \frac{\partial O_{4lp}}{\partial a_l}$$

$$= -\sum_p \sum_m (y_{mp} - O_{5mp}) A(I_{5mp}, a_m, b_m) \times \frac{1}{2} \times (\sum_l w_{lm} O_{4lp} - c_m)^{-\frac{1}{2}} w_{lm} C(I_{4lp}, a_l, b_l)$$

(3) 对第三层 a_k 进行调整。

$$T_{al} = -\sum_p \sum_m (y_{mp} - O_{5mp}) A(I_{5mp}, a_m, b_m) \times \frac{1}{2} \times (\sum_l w_{lm} O_{4lp} - c_m)^{-\frac{1}{2}} w_{lm}$$

$$\Delta a_k = \frac{\partial E_1}{\partial a_k}$$

$$= \frac{\partial E_1}{\partial O_{3kp}} \frac{\partial O_{3kp}}{\partial a_k}$$

$$= \frac{\partial E_1}{\partial I_{4lp}} \frac{\partial I_{4lp}}{\partial O_{3kp}} \frac{\partial O_{3kp}}{\partial a_k}$$

$$= \frac{\partial E_1}{\partial O_{4lp}} \frac{\partial O_{4lp}}{\partial I_{4lp}} \frac{\partial I_{4lp}}{\partial O_{3kp}} \frac{\partial O_{3kp}}{\partial a_k}$$

$$= \frac{\partial E_1}{\partial I_{5mp}} \frac{\partial I_{5mp}}{\partial O_{4lp}} \frac{\partial O_{4lp}}{\partial I_{4lp}} \frac{\partial I_{4lp}}{\partial O_{3kp}} \frac{\partial O_{3kp}}{\partial a_k}$$

$$= \frac{\partial E_1}{\partial O_{5mp}} \frac{\partial O_{5mp}}{\partial I_{5mp}} \frac{\partial I_{5mp}}{\partial O_{4lp}} \frac{\partial O_{4lp}}{\partial I_{4lp}} \frac{\partial I_{4lp}}{O_{3kp}} \frac{\partial O_{3kp}}{\partial a_k}$$

$$= T_{al} A(I_{4lp}, a_l, b_l) \times \frac{1}{2} \times (\sum_k w_{kl} O_{3kp} - c_l)^{-\frac{1}{2}} w_{kl} C(I_{3kp}, a_k, b_k)$$

(4) 对第二层 a_j 进行调整。

$$T_{ak} = T_{al} A(I_{4lp}, a_l, b_l) \times \frac{1}{2} \times (\sum_k w_{kl} O_{3kp} - c_l)^{-\frac{1}{2}} w_{kl}$$

$$\Delta a_j = \frac{\partial E_1}{\partial a_j}$$

$$= \frac{\partial E_1}{\partial O_{2jp}} \frac{\partial O_{2jp}}{\partial a_j}$$

$$= \frac{\partial E_1}{\partial I_{3kp}} \frac{\partial I_{3kp}}{\partial O_{2jp}} \frac{\partial O_{2jp}}{\partial a_j}$$

$$= \frac{\partial E_1}{\partial O_{3kp}} \frac{\partial O_{3kp}}{\partial I_{3kp}} \frac{\partial I_{3kp}}{\partial O_{2jp}} \frac{\partial O_{2jp}}{\partial a_j}$$

$$= \frac{\partial E_1}{\partial I_{4lp}} \frac{\partial I_{4lp}}{O_{3kp}} \frac{\partial O_{3kp}}{\partial I_{3kp}} \frac{\partial I_{3kp}}{\partial O_{2jp}} \frac{\partial O_{2jp}}{\partial a_j}$$

$$= \frac{\partial E_1}{\partial O_{4lp}} \frac{\partial O_{4lp}}{\partial I_{4lp}} \frac{\partial I_{4lp}}{\partial O_{3kp}} \frac{\partial O_{3kp}}{\partial I_{3kp}} \frac{\partial I_{3kp}}{\partial O_{2jp}} \frac{\partial O_{2jp}}{\partial a_j}$$

$$= \frac{\partial E_1}{\partial I_{5mp}} \frac{\partial I_{5mp}}{\partial O_{4lp}} \frac{\partial O_{4lp}}{\partial I_{4lp}} \frac{\partial I_{4lp}}{\partial O_{3kp}} \frac{\partial O_{3kp}}{\partial I_{3kp}} \frac{\partial I_{3kp}}{\partial O_{2jp}} \frac{\partial O_{2jp}}{\partial a_j}$$

$$= \frac{\partial E_1}{\partial O_{5mp}} \frac{\partial O_{5mp}}{\partial I_{5mp}} \frac{\partial I_{5mp}}{\partial O_{4lp}} \frac{\partial O_{4lp}}{\partial I_{4lp}} \frac{\partial I_{4lp}}{\partial O_{3kp}} \frac{\partial O_{3kp}}{\partial I_{3kp}} \frac{\partial I_{3kp}}{\partial O_{2jp}} \frac{\partial O_{2jp}}{\partial a_j}$$

$$= T_{ak} A(I_{3kp}, a_k, b_k) \times \frac{1}{2} \times (\sum_j w_{jk} O_{2jp} - c_k)^{-\frac{1}{2}} w_{jk} C(I_{3jp}, a_j, b_j)$$

通过对伸缩因子 a 进行调整的公式推导，可以很清晰地看到，虽然看起来推导过程无比复杂，但是若基于"演绎推理法"的基本原理，这个推导过程可谓行云流水。

8.7.5　调整尺度因子b

(1) 对第五层 b_m 进行调整。

$$\Delta b_m = \frac{\partial E_1}{\partial b_m} = \frac{\partial E_1}{\partial O_{5mp}} \frac{\partial O_{5mp}}{\partial b_m} = -\sum_p (y_{mp} - O_{5mp}) B(I_{5mp}, a_m, b_m)$$

(2) 对第四层 b_l 进行调整。

$$\Delta b_l = \frac{\partial E_1}{\partial b_l}$$

$$= \frac{\partial E_1}{\partial O_{4lp}} \frac{\partial O_{4lp}}{\partial b_l}$$

$$= \frac{\partial E_1}{\partial I_{5mp}} \frac{\partial I_{5mp}}{\partial O_{4lp}} \frac{\partial O_{4lp}}{\partial b_l}$$

$$= \frac{\partial E_1}{\partial O_{5mp}} \frac{\partial O_{5mp}}{\partial I_{5mp}} \frac{\partial I_{5mp}}{\partial O_{4lp}} \frac{\partial O_{4lp}}{\partial b_l}$$

$$= -\sum_p \sum_m (y_{mp} - O_{5mp}) A(I_{5mp}, a_m, b_m) \times \frac{1}{2} \times (\sum_l w_{lm} O_{4lp} - c_m)^{-\frac{1}{2}} w_{lm} B(I_{4lp}, a_l, b_l)$$

(3) 对第三层 b_k 进行调整。

$$\Delta b_k = \frac{\partial E_1}{\partial b_k}$$

$$= \frac{\partial E_1}{\partial O_{3kp}} \frac{\partial O_{3kp}}{\partial b_k}$$

$$= \frac{\partial E_1}{\partial I_{4lp}} \frac{\partial I_{4lp}}{\partial O_{3kp}} \frac{\partial O_{3kp}}{\partial b_k}$$

$$= \frac{\partial E_1}{\partial O_{4lp}} \frac{\partial O_{4lp}}{\partial I_{4lp}} \frac{\partial I_{4lp}}{\partial O_{3kp}} \frac{\partial O_{3kp}}{\partial b_k}$$

$$= \frac{\partial E_1}{\partial I_{5mp}} \frac{\partial I_{5mp}}{\partial O_{4lp}} \frac{\partial O_{4lp}}{\partial I_{4lp}} \frac{\partial I_{4lp}}{\partial O_{3kp}} \frac{\partial O_{3kp}}{\partial b_k}$$

$$= \frac{\partial E_1}{\partial O_{5mp}} \frac{\partial O_{5mp}}{\partial I_{5mp}} \frac{\partial I_{5mp}}{\partial O_{4lp}} \frac{\partial O_{4lp}}{\partial I_{4lp}} \frac{\partial I_{4lp}}{O_{3kp}} \frac{\partial O_{3kp}}{\partial b_k}$$

$$= T_{al} A(I_{4lp}, a_l, b_l) \times \frac{1}{2} \times (\sum_k w_{kl} O_{3kp} - c_l)^{-\frac{1}{2}} w_{kl} B(I_{3kp}, a_k, b_k)$$

(4) 对第二层 b_j 进行调整。

$$同理 \Delta b_j = \frac{\partial E_1}{\partial b_j}$$

$$= T_{ak} A(I_{3kp}, a_k, b_k) \times \frac{1}{2} \times (\sum_j w_{jk} O_{2jp} - c_k)^{-\frac{1}{2}} w_{jk} B(I_{3jp}, a_j, b_j)$$

8.7.6　调整连接权值 w

这里同样把网络的阈值看成特殊的权值。

(1) 对连接网络第四层至第五层的权值 w_{lm} 进行调整。

$$\Delta w_{lm} = \frac{\partial E_1}{\partial w_{lm}} = \frac{\partial E_1}{\partial O_{5mp}} \frac{\partial O_{5mp}}{\partial I_{5mp}} \frac{\partial I_{5mp}}{\partial w_{lm}}$$

$$= -\sum_p (y_{mp} - O_{5mp}) A(I_{5mp}, a_m, b_m) \times \frac{1}{2} \times (\sum_l w_{lm} O_{4lp} - c_m)^{-\frac{1}{2}} O_{4lp}$$

(2) 对连接网络第三层至第四层的权值 w_{kl} 进行调整。

$$\Delta w_{kl} = \frac{\partial E_1}{\partial w_{kl}}$$

$$= \frac{\partial E_1}{\partial O_{3kp}} \frac{\partial O_{3kp}}{\partial w_{kl}}$$

$$= \frac{\partial E_1}{\partial I_{4lp}} \frac{\partial I_{4lp}}{\partial O_{3kp}} \frac{\partial O_{3kp}}{\partial w_{kl}}$$

$$= \frac{\partial E_1}{\partial O_{4lp}} \frac{\partial O_{4lp}}{\partial I_{4lp}} \frac{\partial I_{4lp}}{\partial O_{3kp}} \frac{\partial O_{3kp}}{\partial w_{kl}}$$

$$= \frac{\partial E_1}{\partial I_{5mp}} \frac{\partial I_{5mp}}{\partial O_{4lp}} \frac{\partial O_{4lp}}{\partial I_{4lp}} \frac{\partial I_{4lp}}{\partial O_{3kp}} \frac{\partial O_{3kp}}{\partial w_{kl}}$$

$$= \frac{\partial E_1}{\partial O_{5mp}} \frac{\partial O_{5mp}}{\partial I_{5mp}} \frac{\partial I_{5mp}}{\partial O_{4lp}} \frac{\partial O_{4lp}}{\partial I_{4lp}} \frac{\partial I_{4lp}}{\partial w_{kl}}$$

$$= T_{al} A(I_{4lp}, a_l, b_l) \times \frac{1}{2} \times (\sum_k w_{kl} O_{3kp} - c_l)^{-\frac{1}{2}} O_{3kp}$$

(3) 对连接网络第二层至第三层的权值 w_{jk} 进行调整。

同理可得

$$\Delta w_{jk} = \frac{\partial E_1}{\partial w_{jk}}$$

$$= T_{ak} A(I_{3kp}, a_k, b_k) \times \frac{1}{2} \times (\sum_j w_{jk} O_{2jp} - c_k)^{-\frac{1}{2}} O_{2jp}$$

(4) 对连接网络第一层至第二层的权值 w_{ij} 进行调整。

$$T_{aj} = T_{ak} A(I_{3kp}, a_k, b_k) \times \frac{1}{2} \times (\sum_j w_{jk} O_{2jp} - c_k)^{-\frac{1}{2}} w_{jk}$$

$$\Delta w_{ij} = \frac{\partial E_1}{\partial w_{ij}}$$

$$= T_{aj} A(I_{2jp}, a_j, b_j) \times \frac{1}{2} \times (\sum_i w_{ij} O_{1ip} - c_j)^{-\frac{1}{2}} O_{1ip}$$

8.7.7 a、b、w 动态调整量

神经网络在每一次学习过程中，伸缩因子 a、尺度因子 b 和权值 w 三个物理变量都会有微小动态调整。引入记号 d 表示网络相应参数每次学习的动态调整量。

(1) 网络小波函数中伸缩因子 a 的动态调整量。

$$\text{第五层调整量：} d_{am} = -\eta_{am} \frac{\partial E_1}{\partial a_m}$$

$$\text{第四层调整量：} d_{al} = -\eta_{al} \frac{\partial E_1}{\partial a_l}$$

$$\text{第三层调整量：} d_{ak} = -\eta_{ak} \frac{\partial E_1}{\partial a_k}$$

$$\text{第二层调整量：} d_{aj} = -\eta_{aj} \frac{\partial E_1}{\partial a_j}$$

(2) 网络小波函数中尺度因子 b 的动态调整量。

$$\text{第五层调整量：} \quad d_{bm} = -\eta_{bm} \frac{\partial E_1}{\partial b_m}$$

$$\text{第四层调整量：} \quad d_{bl} = -\eta_{bl} \frac{\partial E_1}{\partial b_l}$$

$$\text{第三层调整量：} \quad d_{bk} = -\eta_{bk} \frac{\partial E_1}{\partial b_k}$$

$$\text{第二层调整量：} \quad d_{bj} = -\eta_{bj} \frac{\partial E_1}{\partial b_j}$$

(3) 网络中权值 w 的动态调整量。

$$\text{第四五层调整量：} \quad d_{wlm} = -\eta_{wlm} \frac{\partial E_1}{\partial w_{lm}}$$

$$\text{第三四层调整量：} \quad d_{wkl} = -\eta_{wkl} \frac{\partial E_1}{\partial w_{kl}}$$

$$\text{第二三层调整量：} \quad d_{wjk} = -\eta_{wjk} \frac{\partial E_1}{\partial w_{jk}}$$

$$\text{第一二层调整量：} \quad d_{wij} = -\eta_{wij} \frac{\partial E_1}{\partial w_{ij}}$$

8.7.8　添加网络动量

为了避免网络训练过程中的震荡，也为了进一步加快网络学习速度，添加动量因子 α（注意：这里的动量因子与多因子投资模型中的动量因子没有关系），且引入变量 $(n+1)$ 和 n 分别表示 $(n+1)$ 时刻和 n 时刻神经网络相应参数动态调整量的大小。

(1) 加入动量因子后，得到网络激励函数（小波函数）中伸缩因子 a 经过每次训练所得的更新值。

$$\text{第五层调整量：} \quad a_m(n+1) = a_m(n) + d_{am}(n+1) + \alpha d_{am}(n)$$

$$\text{第四层调整量：} \quad a_l(n+1) = a_l(n) + d_{al}(n+1) + \alpha d_{al}(n)$$

$$\text{第三层调整量：} \quad a_k(n+1) = a_k(n) + d_{ak}(n+1) + \alpha d_{ak}(n)$$

$$\text{第二层调整量：} \quad a_j(n+1) = a_j(n) + d_{aj}(n+1) + \alpha d_{aj}(n)$$

(2) 加入动量因子后，得到网络激励函数（小波函数）中尺度因子 b 经过每次训练所得的更新值。

$$\text{第五层调整量：} \quad b_m(n+1) = b_m(n) + d_{bm}(n+1) + \alpha d_{bm}(n)$$

$$\text{第四层调整量：} \quad b_l(n+1) = b_l(n) + d_{bl}(n+1) + \alpha d_{bl}(n)$$

第三层调整量：$b_k(n+1) = b_k(n) + d_{bk}(n+1) + \alpha d_{bk}(n)$

第二层调整量：$b_j(n+1) = b_j(n) + d_{bj}(n+1) + \alpha d_{bj}(n)$

(3) 加入动量因子后，得到网络中权值 w 经过每次训练所得的更新值。

第四五层调整量：$w_{lm}(n+1) = w_{lm}(n) + d_{wlm}(n+1) + \alpha d_{wlm}(n)$

第三四层调整量：$w_{kl}(n+1) = w_{kl}(n) + d_{wkl}(n+1) + \alpha d_{wkl}(n)$

第二三层调整量：$w_{jk}(n+1) = w_{jk}(n) + d_{wjk}(n+1) + \alpha d_{wjk}(n)$

第一二层调整量：$w_{ij}(n+1) = w_{ij}(n) + d_{wij}(n+1) + \alpha d_{wij}(n)$

到这里，大规模人工神经网络的结构设计基本结束。网络结构漂亮、精妙，但这里会产生另外一个问题：如何解决大规模神经网络的收敛问题呢？

首先，立足于算法结构的设计，保证算法收敛的理论一定成立；其次，辅助使用其他统计学理论，比如热力学原理、信息熵、神经场以及云模型等方法，对大规模网络进行初步训练，再由负梯度算法进行精细化训练；最后，现代 AI 芯片处理器的算力突飞猛进，训练大规模网络使其收敛已经不再是难事，只要有足够的数据量和服务器即可。

8.7.9　非常规定律

BP 神经网络的训练过程遵循鲨鱼寻腥的路径，而个人在社会上成长的过程与神经网络的训练过程相似。这种相互借鉴的思路，会让人豁然开朗，能让人从更高维度和更广视角去思考问题。

(1) 神经网络的权值和阈值采用随机数。这就像我们的出身，我们出生在富裕的家庭里，还是出身在贫穷的家庭里，这是随机的，谁也说不准。

(2) 神经网络极易陷入局部极小值。此网络属性象征着人的惰性，取得了局部的胜利就不思进取。

(3) 神经网络的学习路线呈"之"字形。古时候的帆船逆风也能行驶，但要不断更换踏板和风帆的位置，以便借风力而行，代价是路程迂回曲折。神经网络的训练路线也是迂回的，这似乎象征着一个人如果想成才，不大可能一帆风顺。

(4) 神经网络的学习速度不宜过快。如果我们成长速度过快，急于求成，就会像神经网络训练一样会发生震荡；如果成长速度太慢，又会拖延目标实现的时间。

(5) 神经网络训练时的震荡性。神经网络在训练过程中会发生震荡，这就好比我们在成长过程中会遇到很多坎坷，跌倒了再爬起来，要不怕受磨练。笔者画了一张神经网络训练时的震荡图给读者朋友们看看，如图 8-7 所示。

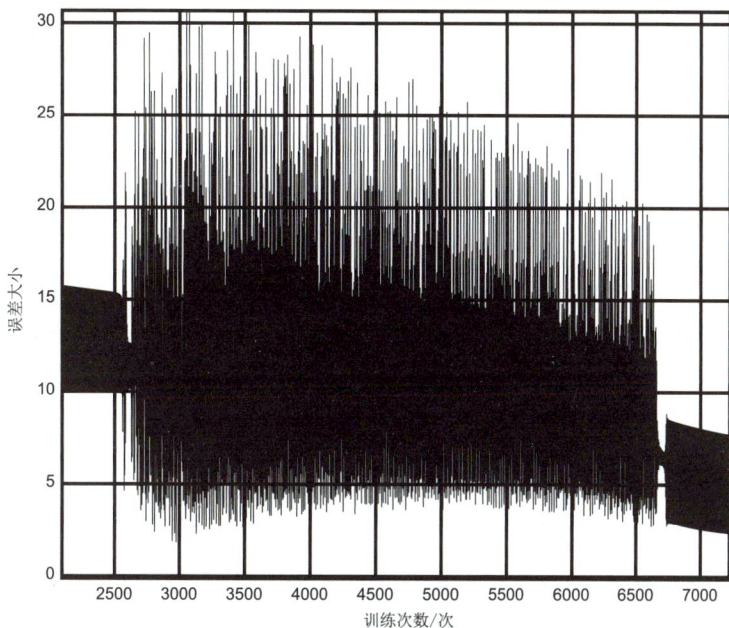

图 8-7　神经网络训练震荡图像

8.8　中证 1000 成分股非量价复合策略

8.8.1　股价预测的合理性与不合理性

股价预测跟什么相似呢？跟天气预测极为相似。大气运动是**混沌系统**（所谓混沌，指的是大气参数变化一点点，预测结果可能从晴空万里变为倾盆大雨），目前，三天之外的天气预报在全球范围内的准确率都是十分低的，且几十年以来，预测技术并没有实质性的进步。我们常常有这样的生活经验，早晨看第二天的天气预报和晚上看第二天的天气预报，结果常常是不同的。

那么，用神经网络预测股票涨跌，合理性到底有多少？我们可以从神经网络算法的原理和股票投资规律两个视角去分析。

一般认为，股票价格的波动是随机的，像一个在广场上行走的人一样，价格的涨跌是没有规律的，人们称之为"随机漫步行为"。随机漫步也就是随机游走，这个概念于 1863 年由法国股票掮客朱利·荷纽首次提出。直到 1953 年，莫里斯·肯德尔在金融领域正式提出"股票市场价格的变动是随机的"观点。这就意味着，一直以来，人类企图通过反复折腾战胜指数是不可能的。因此，从这个角度来说，**投资复利的欺骗性在于，人为制造了资本市场的投资确定性**。无论是私募基金还是公募基金，连续 10 年投资收益率能保持在 10% 以上，屈指可数。因为数学定理的特殊性，即便第一季度、第二季度分别盈利 10%，若第三季度、第四季度累计亏损 10%，那么一年的整体收益率是不及 10% 的。

股价涨跌受到多方面因素的影响，一件不起眼的小事也可能对市场产生巨大的影响，市场是不可预知的。从长期的价格走势图上也可以看出，股价会像布朗运动一样起伏。

假定股票市场甚至整个证券市场普遍存在随机漫步的特性，那么，如果用神经网络来预测股价的涨跌，就显得荒唐无比了。因为我们知道，所有的机器学习数据样本之间要有内在的因果关系，股价变动不存在相关关系，本质上等同于用神经网络训练随机数。虽然，只要网络有足够多的神经元，逼近随机数序列的效果也是很好的，但是在证券投资的实践中毫无意义。

与随机漫步理论相悖的是**非随机漫步理论**，该理论的倡导者 Andrew Lo 指出：通过对历史价格数据进行建模，发现其中存在一些规律，通过掌握这些规律，使用一些技术方法，可以实现高于市场平均水平的回报率。

问题是，这些技术方法的有效性到底能持续多久？ Andrew Lo 认为：随着时间的推移，市场环境的变化，你也需要调整你的投资方法。

非随机漫步理论认为，通过对历史股票信息进行分析，会发现股价变动存在显著的回归性、相关性和跟风交易惯性。只是机器学习预测的股价，在胜率和时间上存在差异。比如，预测某只成长股一年之后的股价，显然是很滑稽的。目前，量化投资在股票 T0 交易、隔夜交易、股票优选等方面已经取得了优异的成绩。

8.8.2　多策略原理阐述

市场突然暴跌，若大量资金被深度套牢，且行情反复震荡，无明显趋势，可以通过 T0 交易套利，与"打地鼠"游戏相似。截至 2022 年 5 月中旬，中证 1000 指数处于历史相对低位 (PE ＜ 30，PE 百分位为 10% 左右，指数位于 6100 点附近)，行情反复震荡，多空博弈并没有形成趋势性行情，这种情况下非常适合通过日内回转 (即 T0) 交易进行波段套利。图 8-8 呈现了中证 100 指数 PE 最近 10 年走势。

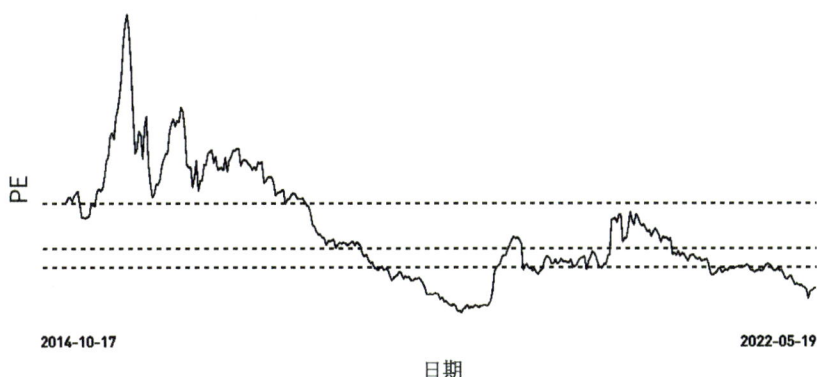

图 8-8　中证 1000 指数 PE 最近 10 年走势

程序交易指令将神经网络预测的股价范围细分成"价格网格"，逐笔委托买入和卖出。对于买入，若价格太高，成本偏高；若价格太低，可能无法成交。所以，基于 AI 算法缩小股价日内预测波动区间，指导相对精准出价，可以进一步降低持仓成本。对于 AI 量化投资来说，在"大概率赚小钱"方面如鱼得水。

A 股有 10% 涨跌幅限制，委托单上的交易价格是有区间的，事实上只要"价格网格"上的刻度足够精细，无论分批买入还是卖出，交易成功的概率都将大大增加，就会减少上文所述的"可能无法成交"的困扰。但是，如果价格网格过于精细，在进行自动委托交易时，虽然可以实现高抛低吸，但是卖出或者买入都趋近平均值，实际 α 收益要减少 50% 左右。

神经网络预测哪些股票会涨，以及涨多少；哪些股票会跌，以及跌多少。需要注意的是，股价预测也存在胜率问题，不会完全准确。通过交易系统自动下达指令，每天高抛低吸，并且每日 T0 平仓。

这里的"平仓"指的不是全部清空股票，而是完成先买后卖或者先卖后买这一对交易，股票恢复原有数量。比如，先买 100 股股票，后卖出 100 股，这叫平仓；反之，先卖出 100 股，后又买回 100 股，也叫平仓。平仓的主要作用是降低持仓成本，即

收益 = 相对值 = 价格剪刀差 = 当前证券价格 – 当前持仓成本

投资人无法左右证券价格，但是可以通过有策略的交易行为持续降低成本。基于神经网络预测股价是为了提高胜率，而持续降低持仓成本主要是为了提升赔率。复合多策略能实现优劣势互补，理论上只要神经网络预测的胜率不低于 50%，对于多策略整体来说，至少是无害的。

8.8.3　因子群挖掘

股票多头策略因子的数量通常在 300 个以上，非常庞大，表明在策略相似的背景下，各家量化机构为了实现差异化，八仙过海，各显神通。为了实现日内回转策略，可以通过 17 个成熟的因子 (见表 8-4) 来预测隔日盘中的最高价和最低价，达到"高抛低吸"的目的。

在实际量化策略中，这些因子群是不够的，需要不断添加和变换——漫步随机性告诉我们，市场每时每刻都在变化，因子也要与时俱进。但也要注意，**应尽可能用更少、更确定的因子来预测日内波动价差，影响股价的因子越有效、越少，胜率越高**。有很多因子是不稳定的，可适当舍弃。

挖掘出很多因子，再用数学方法中的线性相关、灰色相关、主成分分析、因子排序或者其他方法，来判定因子的有效性和冗余性，保留有用的因子群。对不同因子组合的有效性还需要进一步验证。

表 8-4　因子群

序号	有导师训练样本对	因子分类	因子组合	交易日刻度
1		价值因子	市盈率	$T-1$
2		价值因子	PEG	$T-1$
3		价值因子	市净率	$T-1$
4		波动因子	振幅	$T-1$
5		流动性因子	成交额	$T-1$
6		流动性因子	换手率	$T-1$
7		资本结构因子	自由流通市值	$T-1$
8		风向因子	MFI 资金流量	$T-1$
9	输入样本	盘口因子	开盘价	T
10		盘口因子	收盘价	$T-1$
11		其他因子	星期几	T
12		一致预期因子	评级买入家数	$T-1$
13		一致预期因子	评级卖出家数	$T-1$
14		一致预期因子	评级增持家数	$T-1$
15		一致预期因子	评级减持家数	$T-1$
16		一致预期因子	目标价	$T-1$
17		动量因子	MI 动量	$T-1$

（续表）

序号	有导师训练样本对	因子分类	因子组合	交易日刻度
18	输出样本		最高价	T
19			最低价	T

对部分因子的具体说明如表 8-5 所示。

表 8-5　对部分因子的具体说明

序号	因子名称	具体说明
1	自由流通市值	公司可自由流通的股票市值
2	MFI (money flow index，资金流量)	资金流量是相对强弱指标 (relative strength index，RSI) 和能量潮指标 (on balance volume，OBV) 两者结合的综合性指标，这个因子的计算公式比较复杂，各个投研机构对它的定义也大相径庭
3	市盈率 (PE)	这里的市盈率是指用最新已公布年报的归属于母公司股东的净利润计算的静态市盈率，资本市场上常用它来衡量股票成长性。静态市盈率的计算公式为：静态市盈率 = 总市值 (以总股本计算)/ 最新已公布年报的归属于母公司股东的净利润
4	PEG (price/earnings ratio to growth，市盈率与增长比率)	PEG 是指用公司的市盈率除公司的盈利增长速度，以此来判断公司的成长性。该指标是从一级市场财务营收增长速度演变而来的，其计算公式为：PEG= 市盈率 /(年度预测净利润 – 上一年度净利润)×100/ 上一年度净利润的绝对值。同等条件下，PEG 数值越低越好
5	市净率 (price earnings ratio，PB)	市净率是指每股股价与每股净资产的比率。不同行业的公司处于不同阶段，PB 相差很大，其计算公式为：市净率 = (最近一个交易日收盘价 × 最新总股本 × 人民币外汇牌价)/ 最新公告归属于母公司股东的权益 (不含其他权益工具)
6	换手率	换手率是指交易日市场中证券转手买卖的频率，其计算公式为：换手率 = 成交量 / 流通总股数 ×100%
7	MI (momentum index，动量)	MI 用于衡量股价涨跌的速度是变慢了还是变快了，计算方法：① $A=$ 当日收盘价 – N 日前的收盘价；②对数据序列 A 做移动平均即得出 MI
8	评级买入家数 (30 天周期)	评级买入家数是指统计周期内对该证券投资评级为买入的机构家数。同理可知评级卖出家数、评级增持家数、评级减持家数的含义
9	目标价 (7 天周期)	统计周期内各机构预测的该证券目标价的算术平均值
10	振幅	振幅是指交易日开盘后最高价、最低价之差的绝对值与股价的百分比，其计算公式为：振幅 =(当期最高价 – 当期最低价)/ 上期收盘价 ×100%

8.8.4　股票数据 ETL

选择中证 1000 成分股进行股价预测。**对于量化策略来说，底层数据的纯净程度是非常重要的。** 除此之外，数据 ETL(extract-transform-load，抽取、转换和加载) 行为在本例中也需遵循以下四项基本原则，否则策略难以奏效。

- 待预测的隔日股票的"最高价×(1±10%)"和"最低价×(1±10%)"必须能被历史训练样本的区间所覆盖。"历史再现"的量化原则是决定股价预测误差率的核心要素之一。

- 进行 T0 股价预测时，需要保证训练样本的时效性，过多的历史冗余信息会降低神经网络的时效性。因此，样本时间区间并不是越大越好。譬如，5 年前的股票日频数据对于 T0 策略毫无用处。

- 做 T0 策略时，选取训练样本数据要采用滚动式 ETL。打个比方，基于今年 3 月 1 日至 6 月 6 日的各个因子数据来预测 6 月 7 日的股票最高价和最低价，那接下来预测 6 月 8 日的股价则需要 3 月 2 日至 6 月 7 日的数据。同理可得，预测 6 月 9 日的股价则需要 3 月 3 日至 6 月 8 日的数据。此举是为了不断吸纳市场新的行情信息。

- 股市经常出现个股长期横盘的情形。这种情况下，要对横盘的区间进行分层，挑选训练样本，舍弃一部分横盘股价数据。神经网络具有非线性推理能力，横盘数据过多对于股价预测具有负面作用。**注意：有斜率的显著直线趋势也不适合神经网络拟合。** 比如，一段时间某只股票持续单边下跌或者单边上涨，其训练样本的品质等同于横盘。

训练样本的交易区间是 2019 年 1 月 2 日至 2022 年 3 月 17 日之间的交易日。其中，2019 年 1 月 2 日至 2022 年 3 月 16 日的数据是训练集，2022 年 3 月 17 日的数据是测试集。训练样本数量不是统一的，取决于成分股过往股价走势的形态特征。训练样本的因子也不尽相同，神经网络的输入维度在 12 至 17 个之间。中证 1000 成分股都是小盘股，部分个股的一致性预期因子会有缺失。训练样本对格式如表 8-6 所示。

本例 17 个输入维度 (见表 8-4) 是远远不够的，实际交易样本的遴选方法要根据本章 8.8.9 小节的内容进一步优化，8.8.9 小节专门解析了以前深度 AI 机器学习算法对股价预测偏差大的原因。至于 AI 算法，不用优化，直接套用即可。

表 8-6　训练样本对格式

市盈率	29.48	29.51	26.90	29.10	25.86	25.94	28.20	26.71	28.72	29.16	27.55	27.82	28.21	28.68
PEG 值	4.77	4.74	1.59	1.45	1.44	1.44	1.71	1.48	1.63	1.56	1.53	1.55	1.59	1.62
市净率	1.96	1.98	2.12	2.05	2.03	2.14	2.14	2.11	2.38	2.24	2.19	2.31	2.27	2.24
成交额 /元	166 207 066	98 440 572	100 588 933	92 875 005	73 283 681	104 780 886	124 897 439	66 307 348	204 059 608	93 310 442	95 927 047	39 190 679	82 149 470	57 887 212
换手率 /%	1.86	1.08	1.15	0.95	0.74	1.10	1.27	0.69	1.96	0.94	0.96	0.39	0.69	0.55
评级买入家数	3	3	4	4	4	4	1	1	1	0	0	0	0	2
评级卖出家数	0	0	0	0	0	0	0	0	0	0	0	0	0	0
评级增持家数	0	0	1	1	1	1	0	0	0	1	1	1	1	1
评级减持家数	0	0	0	0	0	0	0	0	0	0	0	0	0	0
目标价 /元	22.30	22.30	20.90	20.90	20.90	20.90	20.90	20.90	20.90	28.70	28.70	28.70	28.70	28.70
流通市值 /元	5 319 465 685	5 338 427 732	5 740 577 214	5 570 132 377	5 518 909 122	5 636 043 581	5 805 546 197	5 679 216 727	6 129 131 116	6 009 879 867	5 880 341 825	5 938 293 057	6 105 327 951	6 166 537 248
MFI 资金流量	55.53	56.67	58.98	72.70	67.65	65.22	60.82	54.50	69.87	57.35	55.97	55.01	59.92	46.71
收盘价 /元	15.59	15.66	16.84	16.34	16.19	16.24	17.03	16.76	17.95	17.63	17.25	17.42	17.01	18.18
振幅 /%	6.23	2.57	5.88	2.73	4.53	5.22	4.43	3.98	4.87	2.33	4.93	1.95	4.13	2.71
MI	0.86	1.39	2.53	1.99	0.60	0.72	1.13	0.78	1.51	1.15	0.22	0.73	0.95	0.45
星期几	3	4	3	5	3	5	3	4	2	5	1	4	5	2
开盘价 /元	15.91	15.72	16.83	16.35	16.28	16.38	17.04	16.65	18.39	17.60	17.19	17.42	17.94	18.20
最高价 /元	15.89	15.90	17.04	16.49	16.39	16.40	17.37	17.53	18.33	17.61	17.55	17.96	17.66	18.31
最低价 /元	15.57	15.30	16.50	15.91	16.04	16.06	16.91	16.85	17.68	16.64	17.07	17.24	17.70	17.66

8.8.5　股票数据归一化和添加白噪声

股价是各个因子作用力的综合表现。跟股价相关的因子有几百个，每个因子数值的数量级也不一样，需要使用"数据归一化"的方法，使各个因子数据量级都统一到 [0，1] 区间，即

$$X_{\text{norm}} = \frac{X - X_{\min}}{X_{\max} - X_{\min}}$$

式中：X 表示原始数据序列、向量；

X_{norm} 表示归一化之后的序列、向量；

$X_{\max}$ 和 $X_{\min}$ 分别表示序列、向量的最大值和最小值。

需要说明以下三点。

(1) 网络训练完成之后，归一化的数据要按照 $X_{\max}$、$X_{\min}$ 尺度再反归一化，还原成数据序列、向量原来的量级。

(2) 少数场景下，同一个向量里数据量级相差悬殊，可以先取对数，再进行归一化，否则机器学习的泛化能力较弱。

(3) 归一化仅改变因子数值的大小，此举意在加快神经网络收敛速度，同时不改变因子内数据大小的相对排名。

归一化之后，我们对训练样本添加白噪声（均匀随机数），以降低网络的过拟合程度。

8.8.6　启动训练

中证 1000 指数一共有 1000 只优质股票，按照本章介绍的神经网络算法原理编写计算机程序，对 1000 只个股里所有适合进行股价预测的成分股，逐个进行自动化训练，形成集成神经网络。训练集中网络输出盘中股价和实际股价对比如图 8-9 所示。

通过对中证 1000 成分股进行网络训练，我们发现以下规律。

(1) 未必训练样本越多，网络预测能力就越强。最近五年、最近三年的样本，在同等条件下（不含神经元数量），网络训练效果并不会总是比最近两年、一年、半年的样本的训练效果好。相同的因子，在不同的时间阶段，对于网络推理能力的贡献程度是不一样的，**无差别地纳入海量训练样本意义不大**——把神经网络当成 100% 的黑箱子模型是不妥当的，会流于形式。本例中，**对于个股来说**，90～110 对训练样本与上

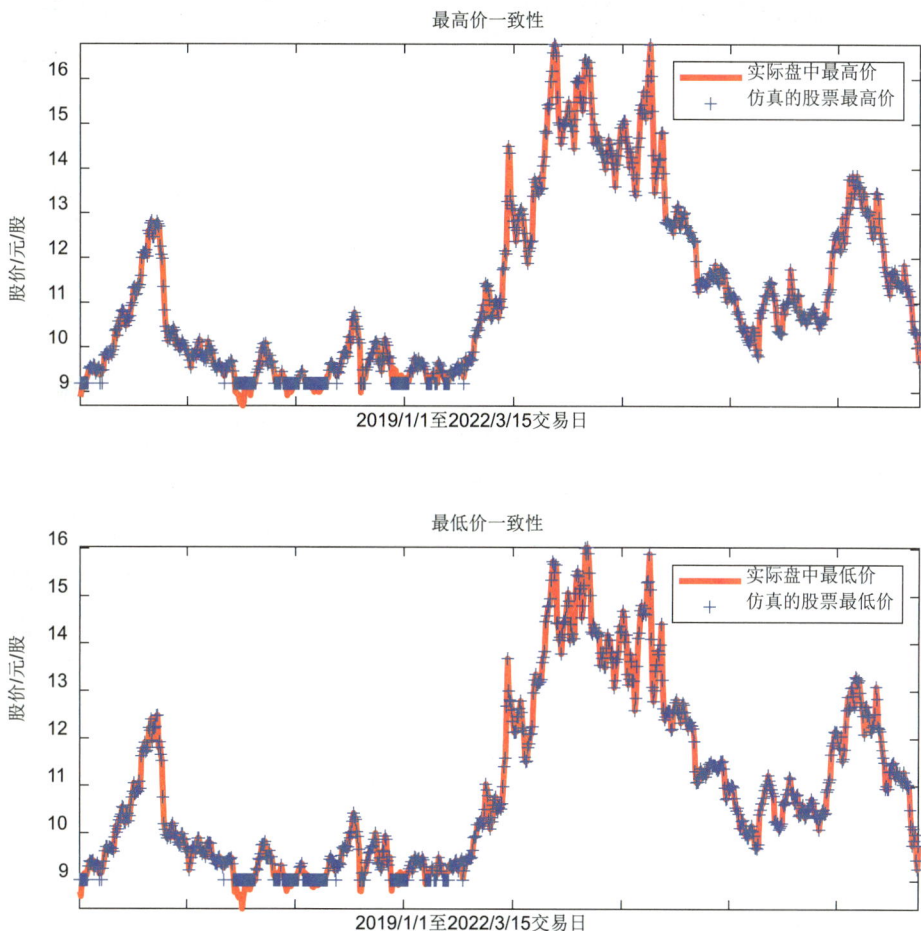

图 8-9　网络输出盘中股价和实际股价对比（训练集）

千对训练样本相比，前者对股价的预测效果更好。股价预测对时效性的要求还是很高的，这是隐含条件。训练样本数量是决定网络推理能力的核心要素。因此，训练样本数量也是神经网络结构的一部分。

(2) 因子并非越多越好，要简约并具有财务指向性。比如，笔者把五个一致预期因子合并成一两个，对部分个股的股价预测效果更好。

(3) 训练效果好的股票样本，普遍存在极强的**股性**。本例中，这种股性表现在：股价走势若大致符合"钟形"分布，预测误差大概率能收敛于 0.5% 以内。因此，不必拘泥于训练样本数量多少，反而需要刻意把"钟形"样本纳入训练样本中。反之，尽量避开直线形和"浴缸 U 形"训练样本，或者改用其他算法进行预测。所以，并不是中证 1000 指数的所有成分股都适合用本章的方法进行股价预测，主要取决于个股风格。

(4) **训练过程中要观测训练结果的图谱，严禁神经网络的过度拟合**（关注残差标准差），最好存在一定程度的"欠拟合"。如果神经网络拟合效果非常好，基本与训练集重合，说明神经网络以"牺牲"网络结构正交性为代价，大量添置神经元来迎合训练集的噪声信息（前文讲过神经网络能量函数的多尺度分解，具体参看 8.3.3 节内容），后续势必造成神经网络的预测和推理能力呈现"混沌"的特点，实用中预测结果极不稳定甚至极易漂移。

(5) 输出样本也大有讲究。训练集的样本一般成对出现，包括输入样本和输出样本两部分，且两者一一对应，因为绝大多数神经网络采用的是有导师监督学习的训练机制。比如判断某只股票盘中走势是否会反转。如果训练样本集的输出样本序列是"1"和"0"，1 表示反转，0 表示不反转，这种非此即彼属于硬极限阈值分类，输出样本格式已经决定了该神经网络预测或分类效果不可能好。**应该借鉴模糊数学的方式，计算发生动量反转的隶属度是多少，比如 0.7、0.2、0.9 等，最终判定行情是否反转，对网络输出的结果采用统一的截集，这时需要借助基金投资经理的专业判断，不能够全部交给机器人去交易。** 所以，一流的 AI 量化投资也需要人机交互。

8.8.7　股价预测准确率

本章实例中，神经网络股价预测的平均误差率在 4.8% 以内，如表 8-7 所示。

表 8-7　股价预测准确率

序号	预测最高价/元	实际最高价/元	预测最低价/元	实际最低价/元	最高价误差率	最低价误差率
1	32.55	31.23	31.03	30.60	4.23%	1.41%
2	17.80	20.26	17.08	19.85	12.14%	13.95%
3	3.90	3.93	3.78	3.73	0.69%	1.39%
4	10.00	9.34	9.75	9.16	7.06%	6.46%
5	9.99	10.97	9.65	10.72	8.92%	9.99%
6	24.32	24.96	23.52	23.68	2.56%	0.68%
7	3.80	3.79	3.65	3.60	0.32%	1.25%
8	4.71	5.06	4.58	4.71	6.98%	2.70%
9	34.09	33.77	32.10	33.22	0.95%	3.37%

（续表）

序号	预测最高价/元	实际最高价/元	预测最低价/元	实际最低价/元	最高价误差率	最低价误差率
10	5.30	5.40	5.06	5.05	1.92%	0.13%
11	……	……	……	……	……	……
12	201.87	211.50	189.58	204.17	4.55%	7.15%
13	11.38	11.39	11.07	11.11	0.07%	0.36%
14	5.15	5.03	4.98	4.91	2.40%	1.44%
15	3.68	3.49	3.57	3.39	5.54%	5.37%
16	42.05	41.37	40.89	40.61	1.64%	0.69%
17	13.34	12.62	12.92	12.16	5.74%	6.22%
18	9.45	10.41	9.25	9.85	9.25%	6.05%
19	167.52	148.00	160.10	141.70	13.19%	12.98%
20	56.16	53.69	53.95	50.86	4.59%	6.07%

　　通过网络预测的准确率可以看出，本章介绍的策略不仅适合 A 股市场，更加适合欧美股市和中国香港股市，因为这些地方的股市没有涨跌幅限制。举例来说，股价预测的误差率如果能够稳定在 5%，那其实不算低了，但是 A 股单日涨跌幅仅有 10%，将这 5% 的误差率放在 10% 的涨跌尺度上去比较，相对误差率实际是 50%，所以需要提取量价瞬态因子，以进一步提升预测效果。误差率需要稳定在 1% 以内，甚至更低，读者们可以自主进行这方面的尝试。**股票交易，长期遵循规律，短期遵循惯性。同时，不管是国内股市还是欧美股市，方法是相通的。**

　　此外，神经网络在投资实践中还可以用于寻找因子与投资收益之间的非线性相关关系。

　　我们找到资产或者因子之间的**线性相关度**是容易的，毕竟工具、方法都很成熟，而在寻找其**非线性相关度方面**，神经网络的价值就体现出来了。比如，我们要找出哪些投资因子对投资业绩几乎没有贡献度，就可以使用神经网络的方法。我们先逐个删除单个因子和因子组合对应的训练集和测试集，然后多次训练和测试网络，分析同种条件下训练集的拟合程度、测试集的误差率（能量）有无统计学显著差异。如果有，表示因子与投资收益之间具有显著非线性相关关系；反之，则不具有非线性相关关系。人工神经网络很擅长非线性关系的处理。

8.8.8　交易指令设计

(1) 剔除中证 1000 成分股里有异常情况 (突然宣布停牌、持续涨跌停、证监会发函询问等) 和负面舆论的个股，剔除最近 3 个月呈现单边行情的股票。

(2) 对于剩下的成分股，计算 (T-1) 交易日的股性 (换手率和波动率加权) 和最近一周个股股性的算术加权，输出股性大小的股票清单，按照股性从大到小排序。

(3) 使用 40% ~ 60% 资金量依序均匀买入前 100 名个股作为仓底。

(4) 基于神经网络预测个股隔日 T 交易日的盘中最高成交价和最低成交价。

(5) 将仓底的股票价格 (成本) 与预测的最高成交价之间的差值细分成 5 档价格网格，实际股价高出每个网格价格 0.15‰ 时逐笔委托卖出。

(6) 同时，将仓底的股票价格 (成本) 与预测的最低成交价之间的差值细分成 5 档价格网格，逐笔委托买入。

(7) 对于第(5) 步卖出的个股，再将卖出时平均成交价与算法预测的最低成交价的差值细分成 5 档价格网格，系统执行委托买入与成功卖出数量相等的股票。

(8) 对于第(6) 步买入的个股，以高于成本价 0.15‰ 卖出，并买入同等数量的 (T-1) 日个股。

(9) 重新计算 T 日 100 只成分股的股性。

(10) 以高于成本价 0.15‰ 卖出股性倒数 5 位的个股 (未必能完全清空低活跃度股票)，买入与卖出股票的只数和资金量相等的新个股。

(11) 对于连续 3 个交易日没有回转操作，且浮亏幅度超过 10% 的个股，以 ±10% 作为一个网格进行补仓，补仓金额与当前持仓金额相等。

(12) 计算持仓成本，判断是否符合参与 (T+1) 日内回转的条件。

本章的核心技术是神经网络的股价预测，用以指导交易出价的精准性，进一步挖掘 α。做 T+0 和做网格，在量化投资中已广泛应用，交易指令非常成熟和完善。本章的交易指令仍有不断完善的空间。

8.8.9　为什么有些机器学习量化策略没有成功

通过学习 8.8.8 节内容，我们发现神经网络并不是唯一的量化工具，与 T0 平仓和网格策略搭配使用，目的是防止神经网络对股价的预测出现较大偏差，确保整个交易策略保持较强的鲁棒性和容错性，这也是一种风控措施。AI 神经网络之所以从未被医院用于给病人进行临床诊断，是因为医院临床门诊是没有容错率的——即使只有万分之一的概率开错药或者诊断错误，那也是不能被容忍的。

那么，为什么以前机器学习量化策略没有成功？

十多年前，笔者曾使用 BP 神经网络对线上零售客户生命周期管理进行研究。笔者对大量重要客户进行分层和分群，将其中一类客户称为"即将流失的客户"，通过数据化的方式提前将他们筛选出来。

网络训练集的输出样本是统计区间 4 个月内是否再次回购的二进制数（二进制数值 0/1 对应表示未回购 / 回购）；而输入样本一共有 56 项指标，比如客户累计购买时长、累计购买金额、最近一次购物日期、购物周期标准差、客单价、中差评频次、最近一次中差评日期、一个购物 ID 对应购物地址数量、退款退货次数、金额、性别（或有）、年龄区间（或有）、收货地址所在城市、收货地址是住宅还是办公室，等等。但是预测准确率始终上不去，收敛于 60% ～ 70%。虽然线上零售这个领域能够容忍足够大的容错率，但是 60% ～ 70% 的预测准确率过低，无法商业化应用，否则带来的后果不是运营成本额外增加，就是用户体验下降。笔者也曾怀疑神经网络这个工具的有效性，怀疑 AI 算法实用性不够，只能用于实验室里调调参数、做做研究。

后来一位电商公司总经理建议笔者，在这些指标中加两个指标：一个是近期收藏了多少商品；另外一个是近期购物车有多少商品。笔者添加这两个指标之后，预测准确率一下子超过 90%。

笔者经过反复思考，发现 AI 算法这个工具本身没有问题，预测准确率不高的原因是笔者对线上零售业务理解不够。**用历史数据预测未来趋势，可能预测得相当准确，也可能预测得一塌糊涂，这取决于过去跟未来是否有关系，而"收藏"和"添加购物车"正是连接过去与未来的中间指标**。我们需要知道的是，过去与未来有时一点关系都没有，而且常常是没有关系的。在这种场景下，AI 工具就容易成为"背锅侠"，何异于"非我也，兵也"。AI 算法是一种工具，能不能灵活运用工具，这里面大有学问。很多时候，使用工具的难度比开发工具的难度更大，所以无论什么行业，使用复杂工具都需要事先经过严格、系统的操作培训。

对于 AI 算法，笔者总结出如下两条"LZ 规则"。

- **越靠近需要预测的日期，越容易预测行情走势。**
- **信息掌握越充分，越容易预测未来的趋势。**

同理可知，预测未来的股价走向时，需从微观趋近未来，从微分到积分，从量变到质变，进行滚动式迭代训练，同时不能为输出样本设置硬极限阈值。

大规模神经网络是量化基金超算平台的核心工具之一，它是一种更为先进的工具，代表未来量化投资策略的发展趋势。莫为浮云遮望眼，风物长宜放眼量。

8.8.10　神经网络在股票优选策略中的独特优势

程序自动化交易指令需要不断补充新的指令。比如大盘原有 β 收益，当所有量化策略趋同，量化 α 收益便会演变成另类的 β 收益。所以，α 和 β 并无严格的界限，是不断变动的。一个"草根"交易思路在得到行情论证之后，也能成为 α 因子或者交易指令。这便是量化策略开放的重要性。

本章分析的神经网络体系还可以用在**"股票优选策略"**上，算法和逻辑完全一样，绝大多数因子也可以复用，并且应用效果会更好。**新型先进的非线性**神经网络选股，其实优于**传统好用的线性**多因子选股，读者们不妨进行实证交易。

笔者需要提醒的是，人工神经网络并非万能的，有适用的证券交易场景，具体可以参照第 1 章 "1.5 AI 用于投资策略的三项前提条件"的内容。神经网络能"记住"历史交易的所有信息，有交易惯性、空间惯性或者时序惯性的交易场景适合使用神经网络。**用神经网络训练样本，不是为了记住信息，而是为了总结信息，因此隐含层神经元的数量不能过多。**

另外，训练神经网络需要的数据一般要求较高，多维且大量。比如在 AIoT (artificial intelligence & internet of things，人工智能物联网) 领域的智能扫地机器人，使用神经网络就能很好地识别障碍物，复杂海量的物联网数据让神经网络具有足够的容错性。而金融数据一般要求少量、有效，并且还伴有不稳定的突变性，所以开发 AI 算法的工程师一定要具备足够的金融专业知识。基金投资经理亲自运用神经网络有难度，他们一般无法把 AI 算法与投资策略完美契合在一起。

基金经理不能单纯把神经网络当成金融应用层面的一个工具，AI 算法工程师的不能只关注算法，还必须掌握上市公司的财务知识、金融交易方式、经济学原理等。融合 AI 算法与投资策略是本书的写作初衷——知其然并知其所以然。**如果希望 AI 算法有很好的应用效果，必须从算法深层原理去理解它。**

第 9 章　小波分析及金融工程多维度应用

9.1　小波分析框架理论

9.1.1　数学变换的含义

我们把那些定义域和因变域都不是数值或常量的函数称为变换或算子，它们是定义域和值域本身为函数集的函数，如傅里叶变换 (Fourier transform) 和拉普拉斯变换 (Laplace transform)，其定义域是时间的函数，而因变域是频率的函数。简单地说，变换的基本思想仍然是映射，变换是函数的函数。

信号是时间序列上的数据，通过变换的方式从时域映射到频域，往往能发现很多时间轴上不容易察觉的问题。举一个例子，心内科医生通常使用记录在条形图上的时域心电信号来分析心脏搏动情况。但是很多时候，分析心电信号的频率成分，病理情形会更容易凸显出来。

9.1.2　傅里叶变换的局限性在哪里

信号分析的主要目的是寻找一种简单有效的信号变换方法，使信号包含的重要特征能显示出来。在小波变换兴起之前，傅里叶 (Fourier) 级数展开和傅里叶分析是刻画函数空间、求解微分方程、进行数学计算的有效方法和工具，并且至今也是现代通信行业的核心技术。

让·巴普蒂斯·约瑟夫·傅里叶 (Baron Jean Baptiste Joseph Fourier) 是傅里叶的

全名，他是法国著名的数学家和物理学家，现代通信工程的鼻祖。傅里叶生于法国中部欧塞尔 (Auxerre) 一个裁缝家庭，9 岁成为孤儿。1780 年开始，他就读于地方军校，1795 年任巴黎综合理工学院助教，1798 年随拿破仑远征埃及，1801 年被任命为伊泽尔省格伦诺布尔地方长官。

1807 年，傅里叶向法国科学院提交了一篇关于热传导的文章《热的传播》，该文章基于一个新的偏微分方程

$$\frac{\partial u}{\partial t} = \alpha \frac{\partial^2 u}{\partial x^2}$$

式中：$u(x,t)$表示一根热棒在位置x、时间t时的温度；

α表示热扩散系数，常量。

这个方程跟波动方程形式几乎完全相同，唯一不同点在于一维波动方程是对时间t二阶求导，即

$$\frac{\partial u}{\partial t^2} = \frac{E}{\rho} \frac{\partial^2 u}{\partial x^2}$$

式中：$\frac{E}{\rho}$表示热棒材料的弹性模量除以体密度。

之所以一维波动方程式是对时间t二阶求导，是因为振动（比如声音）是随着时间的延长而不断衰减变化的。两个公式如此相似，以至于傅里叶本来以热力学为出发点的研究方向，后来却演变成现代通信工程的基础。不过，受限于那个时代数学整体研究水平和计算能力，要想求出热传导偏微分方程的解可不是件容易的事情。

后来经过漫长的对三角函数幂级数展开的研究，傅里叶凭借自己敏锐的物理学直觉，发现热量随时间的变化呈指数扩散被无穷的正弦三角函数振幅所取代，一个周期性振动可以看成多个简谐振动的叠加，并于 1822 年发表了著作《热分析理论》。整个论证过程在数学公式推导上不算太严谨，为此傅里叶也曾遭到严厉的批评。

现代通信工程中，经常使用三角函数寻找通信信号中出现的各种方波、锯齿形波的近似值。为此，需要将很多三角函数叠加在一起，这些特定的三角函数总和称为"傅里叶级数"，连续的傅里叶变换和傅里叶逆变换的定义如下所述。

函数$f(t) \in L^1(R)$的连续傅里叶变换为

$$\hat{f}(\omega) = \int_{-\infty}^{+\infty} f(t)e^{-i\omega t}dt$$

$\hat{f}(\omega)$的傅里叶逆变换为

$$f(t) = \frac{1}{2\pi} \int_{-\infty}^{+\infty} \hat{f}(\omega)e^{i\omega t}d\omega$$

从公式上看，傅里叶变换是域变换，它把时间域和频率域联系起来，在时间域上难以观察到的现象和规律，在频率域往往能十分清楚地显示出来。频谱分析的本质就是

对$\hat{f}(\omega)$的加工、分析和滤波处理。**傅里叶变换至今仍是平稳信号分析最重要的工具。**

然而，在实际运用中，很多信号并不平稳，而是时变频率信号。"时变频率信号"指的是频率随着时间的变化而变化，不是由几种固定频率组成的信号。显然傅里叶变换的积分作用平滑了非平稳过程的突变部分，积分核$e^{-i\omega t}$的幅值在任何情况下均为1，因此，频谱$\hat{f}(\omega)$的任一频点值是由时间过程$f(t)$在整个时间域$(-\infty,+\infty)$的贡献决定的；反之，时间过程$f(t)$在某一时刻的状态也是由$\hat{f}(\omega)$在整个频率域$(-\infty,+\infty)$的贡献决定的。也就是说，傅里叶变换是整体变换，只反应信号的整体特征，而对信号的尖端部分（奇异性）反应不敏感，在描述信号激烈震荡的细节方面无能为力。

1946年，诺贝尔奖获得者D. Gabor引入了短时傅里叶变换(short-time Fourier transform)，虽然短时傅里叶变换随着窗口在时间轴t上滑动可以抠取频谱上的所有信息，但从本质上讲，短时傅里叶变换是一种单一分辨率的信号分析方法，因为它使用一个固定的短时窗函数（常用Gauss函数），窗口大小缺乏自适应功能，窗口位置可以移动，但是形状不能改变。

1974年，从事石油信号处理的法国工程师J. Morlet在研究地下岩石油层分布时，首先提出了小波变换的概念，并且构建了光滑柔性的、时频域局部性能都较好的Morlet小波函数。数学家Meyer、Mallat、Daubechies等人的工作为小波分析的诞生和发展奠定了基础，并提出了各自的小波基。同时计算机算力的发展也为小波分析的成长提供了有利的土壤，有些不能用解析式表示的小波，借助于计算机得到了广泛的应用。小波分析是理论数学、应用数学和工程技术的完美结合。

下面以声波为例来说明傅里叶变换和小波变换的不同点。声音的特征与振幅、时间、频率以及波形有关联。音强对应于振幅，音长对应于声波持续时间，音高对应于频率，音质不同时波形有别。傅里叶变换无法反映信号在哪一时刻有高音，在哪一时刻有低音，因此所有的音符都挤在了一起。小波变换有效地克服了傅里叶变换这一缺点，信号变换到小波域后，小波不仅能检测到高音与低音，而且还能将高音与低音发生的位置与原始信号相对应，如图9-1所示。

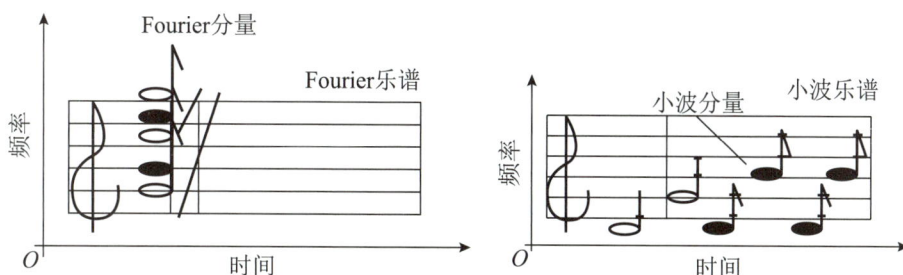

图9-1　声音经过傅里叶变换和小波变换后的频率分布

9.1.3　傅里叶变换和小波变换图谱对比

经过傅里叶变换后的频率，表现为一段信号在时间序列上的整体变换，它能分析信号中每个频率有多少，但它没有刻画在什么时刻有什么频率。当信号是频率不随时间变化而变化的"静止 (stationary) 信号"时，我们不需要知道频率分量在什么时候存在，因为所有的频率分量在任何时候都存在。打个比方，假设民用交流电的频率是 50 赫兹，那这段信号不管经历多长时间，它的频率永远都是 50 赫兹。

但是有一些信号，在这一时刻是 50 赫兹，可能下一个时刻变成 60 赫兹或者 70 赫兹，它的频率随着时间的变化而变化，不是静止的。对于这种情形，傅里叶变换只能获取一段信号总体上包含哪些频率，对各个频率出现的时刻并无所知，但是小波变换可以做到。假设我们要分析信号 $X(t)$ 的频率

$$X(t) = 3.8 \times \cos(2\pi \times 10t) + 1.8 \times \sin(2\pi \times 20t) + \cos(2\pi \times 30t) + \cos(2\pi \times 40t) + 2 \times \sin(2\pi \times 50t)$$

很显然，上述信号的频率是 10 赫兹、20 赫兹、30 赫兹、40 赫兹和 50 赫兹，笔者编写计算机程序绘制该信号两种变换后的对比图谱，输出结果如图 9-2 所示。

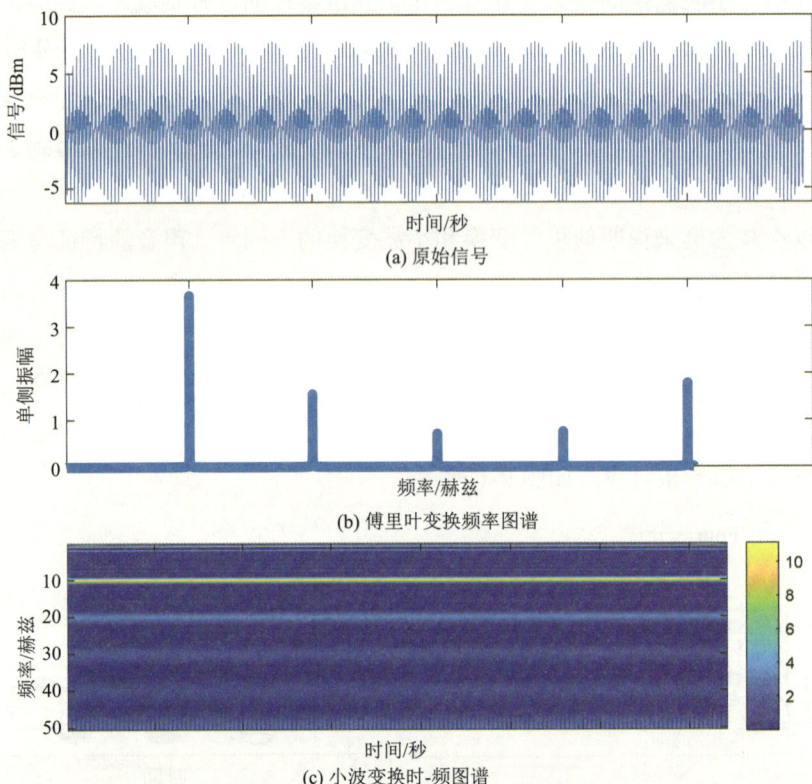

(a) 原始信号

(b) 傅里叶变换频率图谱

(c) 小波变换时-频图谱

图 9-2　相同信号经傅里叶变换、小波变换后的对比图谱

傅里叶变换后的频率图谱简单易懂，静态信号明显的 5 个柱状频率代表该信号的 5 种频率，而小波变换后的时频图横坐标是时刻，纵坐标对应的是很清晰的 5 道频率横杠，最右侧是数据对照色值图，结合起来分析就是在任意时刻看到的任何频率的成分。

9.1.4　小波的定义及特征

小波 (wavelet) 是由英文单词"wave"和"小"的后缀"-let"构成的，表示一种长度有限、平均值为 0 的波形。小波函数的确切定义为：设 $\psi(t)$ 为一个平方可积函数，即 $\psi(t) \in L^2(R)$，若其 Fourier 变换 $\hat{\psi}(\omega)$ 满足如下条件，则称 $\psi(t)$ 为一个基本小波、母小波或者容许小波。

$$C_{\psi} = \int_R \frac{|\hat{\psi}(\omega)|^2}{|\omega|} d\omega < \infty \tag{9.1}$$

我们称式 (9.1) 为小波函数的可容许条件。$L^2(R)$ 表示满足 $\int_R |f(t)|^2 dt < +\infty$ 的函数空间。$L^p(R)$ 表示满足 $\int_R |f(t)|^p dt < +\infty$ 的函数空间。重要的是，小波 $\psi(t)$ 有以下两个基本特点。

(1)"小"，即在 $L^2(R)$ 空间内，我们常选取紧支集或近似紧支集 (具有时域的局限性) 且具有正则性 (具有频域的局限性) 的实数或复数作为小波母函数，这样的小波母函数在时频域都具有较好的局部特性，即快速衰减性。

(2) 正负交替的"波动性"，即直流分量为零，即震荡性。

图 9-3(a) 中的正弦函数不是小波函数，因为它不具有快速衰减性，是无限延伸的；图 9-3(b) 也不是小波函数，因为它既不具有正负交替的震荡性，也不具有衰减性；图 9-3(c) 和图 9-3(d) 为小波函数，分别是四阶复 Gaussian 小波的实部和虚部部分的函数图像。

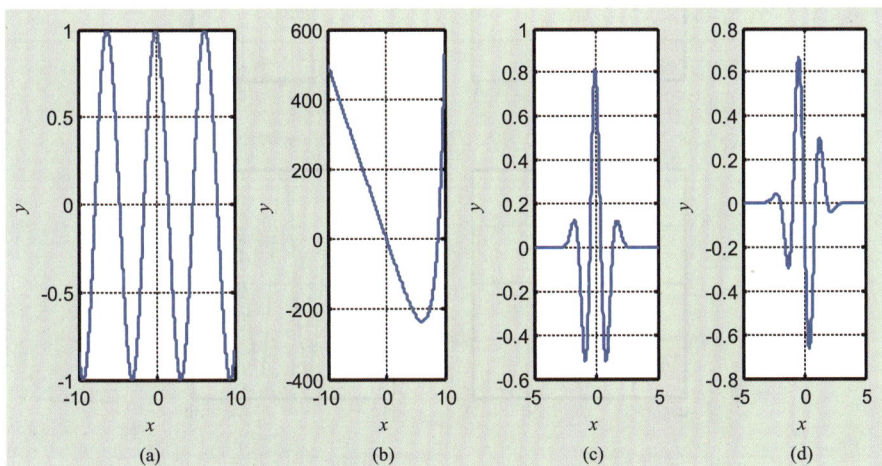

图 9-3　波形示意图

小波函数的主要特质是快速衰减性和震荡性，其子函数都是相互正交的。这里的"正交"不是狭义上的垂直，而是指不能用任意 $N-1$ 个子小波来表征第 N 个子小波（假如母小波函数经过伸缩平移得到 N 个子小波），就像线性代数中矩阵的线性不相关一样。

9.2 小波伸缩平移和变换

9.2.1 母小波伸缩平移

将小波母函数 $\psi(t)$ 进行伸缩和平移，就可以得到子函数 $\psi_{a,b}(t)$，即

$$\psi_{a,b}(t) = \frac{1}{\sqrt{a}}\psi\left(\frac{t-b}{a}\right),\ a,b \in R,\ a > 0 \tag{9.2}$$

式中：$\psi_{a,b}(t)$ 表示依赖于参数 a、b 的小波家族子函数；

    a 表示伸缩因子，用来控制家族子小波 $\psi_{a,b}(t)$ 图像的"体形"（"胖瘦"和"高矮"）；

    b 表示平移因子，用来控制小波子函数的中心位置。

由于尺度因子 a 和平移因子 b 是连续变化的值，我们称 $\psi_{a,b}(t)$ 为连续小波函数基。它们是由同一母函数 $\psi(t)$ 经伸缩和平移得到的一组函数序列。图 9-4 为 Morlet 小波经伸缩平移后得到的几何图像。

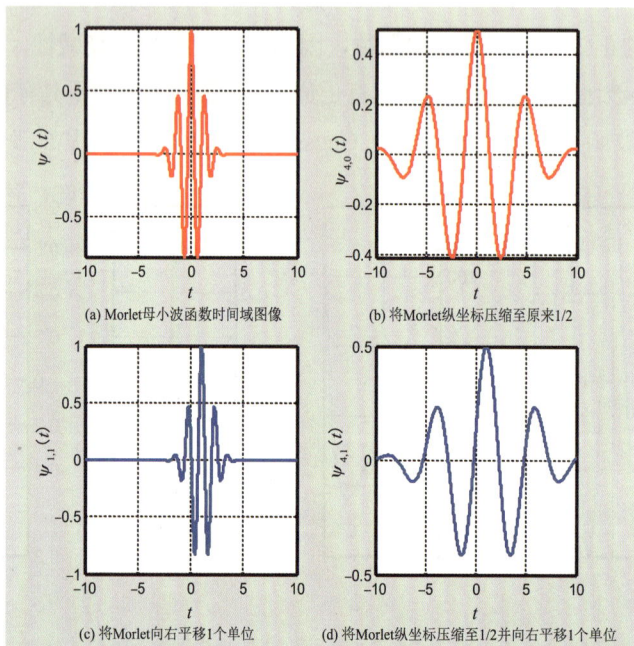

(a) Morlet母小波函数时间域图像
(b) 将Morlet纵坐标压缩至原来1/2
(c) 将Morlet向右平移1个单位
(d) 将Morlet纵坐标压缩至1/2并向右平移1个单位

图 9-4　Morlet 小波母函数经过伸缩平移在时间域的图像

关于式 (9.2) 需要说明以下两点。

(1) 由同一母小波经过伸缩和平移得到的小波家族子函数序列均是相互正交的。

(2) 函数的形式是 $\psi_{a,b}(t) = \dfrac{1}{\sqrt{a}}\psi\left(\dfrac{t-b}{a}\right)$，而不是 $\psi_{a,b}(t) = \psi\left(\dfrac{t-b}{a}\right)$，这么做是为了使所有子小波以及其母函数具有相等的能量。

9.2.2　连续小波变换

定义符号 $<\bullet,\bullet>$ 为内积运算符。假设在区间 (t_1,t_2) 中定义两个连续时间实能量信号 $x(t)$ 和 $y(t)$，则这两个信号的内积表达式为

$$< y(t), x(t) > = \int_{t_1}^{t_2} x(t)y(t)\mathrm{d}t$$

连续信号 $f(t)$ 在小波基下展开称为连续小波变换 (continuous wavelet transform，CWT)，其表达式为

$$WT_f(a,b) = < f(t), \psi_{a,b}(t) > = \frac{1}{\sqrt{a}}\int_R f(t)\psi^*\left(\frac{t-b}{a}\right)\mathrm{d}t$$

式中：$\psi^*\left(\dfrac{t-b}{a}\right)$ 是 $\psi\left(\dfrac{t-b}{a}\right)$ 的共轭函数。"共轭"就是实部相同虚部相反。显然，当 $\psi_{a,b}(t)$ 为实小波函数时，有 $\psi^*\left(\dfrac{t-b}{a}\right) = \psi\left(\dfrac{t-b}{a}\right)$。

9.3　小波分解与重构

9.3.1　平均和细节

假设兄弟两人身高的集合为 $\{x_1, x_2\}$，两人的总身高是 l，高个的身高比矮个的身高高 h，显然有

$$l = x_1 + x_2$$
$$h = x_1 - x_2$$

利用换元法，$l \to 2l$，$h \to 2h$，易知

$$l = (x_1 + x_2)/2$$
$$h = (x_1 - x_2)/2$$

我们约定 l 为平均，其物理意义表示整体水平；h 为细节，其物理意义表示差异水平或者误差水平。在工程数学中，任何数据序列经抽象后都可以称为"信号"。我们

可将 $\{l,h\}$ 作为原信号的另一种表示方法，那么原信号 $\{x_1,x_2\}$ 可由 $\{l,h\}$ 恢复为

$$x_1 = l + h$$
$$x_2 = l - h$$

可以看出，当 x_1 与 x_2 大小非常接近时，细节（误差）h 会很小，这时 $\{x_1,x_2\}$ 可近似地用 $\{l\}$ 来表示，由此实现信号的压缩；反过来，重构信号为 $\{l,l\}$，误差信号为 $\{|x_1-l|,|x_2-l|\} = \{|h|,|h|\}$。可见当 $|h| \approx 0$ 时，平均值 l 近似代表整体信息，丢失的细节信息 h 很小，则对最终信号的重构不会造成太大影响，这也是稀疏矩阵的重要应用。无论是流媒体，还是现代通信行业，都会涉及信号的有损、无损压缩。

多信号元素若多于两个，又如何基于平均和细节的视角进行重构呢？

以原始信号 $\{1,2,3,5\}$ 为例，我们分别计算其平均和细节，然后再用平均和细节进行信号分解的逆运算——也就是无损重构。

平均为

$$\begin{cases} l_{10} = (1+2)/2 = 1.5 \\ l_{11} = (3+5)/2 = 4 \\ l_{00} = (l_{10} + l_{11})/2 = 2.75 \end{cases}$$

细节为

$$\begin{cases} h_{10} = (1-2)/2 = -0.5 \\ h_{11} = (3-5)/2 = -1 \\ h_{00} = (h_{10} - h_{11})/2 = -1.25 \end{cases}$$

信号的小波变换可以用金字塔算法表示，金字塔算法也是小波变换的快速算法。信号 $\{1,2,3,5\}$ 的 Mallat 算法（金字塔算法）如图 9-5 所示。

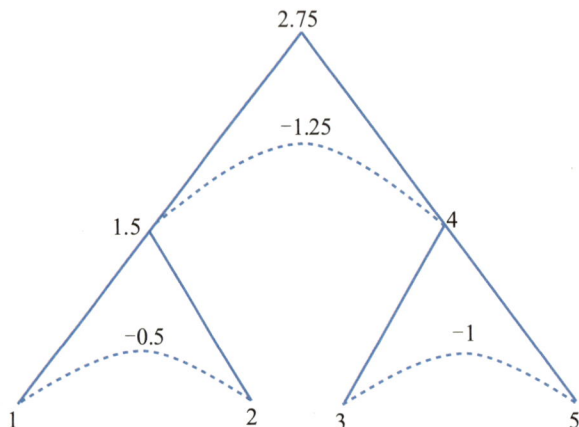

图 9-5　信号 $\{1,2,3,5\}$ 的金字塔算法

为体现小波分析中多分辨率的思想，我们称原信号 $\{1,2,3,5\}$ 为最高分辨率信息，

而根据求平均与细节的不同层次将平均信息 (也称为低频信息) 与细节信息 (也称为高频信息) 与分辨率联系起来，具体对应关系如下所述。

$$\{1,2,3,5\}——最高分辨率信息$$
$$\{1.5,4\}——次高分辨率平均信息$$
$$\{-0.5,-1\}——次高分辨率细节信息$$
$$\{2.75\}——最低分辨率平均信息$$
$$\{-1.25\}——最低分辨率细节信息$$

根据图 9-5 金字塔算法的思路，**最低分辨率平均信息与其他细节信息构成的元素集合**$\{2.75,-1.25,-0.5,-1\}$，可以无损重构$\{1,2,3,5\}$，故我们找到了原信号的另外一种表示方法：$\{2.75,-1.25,-0.5,-1\}$。我们姑且将序列$\{2.75,-1.25,-0.5,-1\}$称为原始序列$\{1,2,3,5\}$的**小波变换**。

从$l_{00}=(l_{10}+l_{11})/2=[(1+2)/2+(3+5)/2]/2=(1+2+3+5)/4=2.75$这个式子当中，我们可以知道，最低分辨率的平均信息 (也就是代表整体、轮廓) 是所有采样点信号累加之后再平均。对于已知长度的信号，累加与平均的数学原理是一致的。

为什么累加之后能表现信号的轮廓呢？

举一个例子，如果横坐标是每个交易日的日期，纵坐标是股票每天涨跌的幅度，那么很可能看不清这只股票的趋势，坐标轴上的图像近乎散点图。如果换一种思路，横坐标依然是每个交易日的日期，纵坐标是每天涨跌幅的累加值，譬如，3 月 1 日股票上涨了 3%，3 月 2 日下跌了 1.4%，3 月 3 日上涨了 5.8%，那么 3 月 1 日对应的纵坐标数值是 3%，3 月 2 日对应的纵坐标数值就是 3%+(-1.4%)=1.6%，3 月 3 日对应的纵坐标数值就是 3%+(-1.4%)+5.8%=7.4%。如此，这只股票的趋势一下子就清晰多了，现代股票的 K 线图就是据此原理进行设计的。为了减少波动性，很多统计学和机器学习的公式都会进行数值累加，比如灰色系统。

上述方法精准而形象地表现出小波多尺度分析的基本思想，实际工程应用的小波变换过程与上述算法是不同的，但是上述算法很忠实地表现了小波分析的基本理念，理解它以后再去理解小波分析，就会豁然开朗。

9.3.2　多尺度分析

小波分析的核心是小波函数的构建和多尺度分析。

在前面的章节中，我们已经学过小波母函数ψ_{ij}可以进行拉升和平移，变成一簇小波基函数，则符号约定如下。

l_{ij}表示第 i 层且平移 j 个单位的低尺度系数 (也就是平均系数)；

h_{ij}表示第 i 层且平移 j 个单位的高尺度系数 (也就是细节系数)；

φ_{ij}表示l_{ij}对应的经拉伸平移后的小波基函数；

Ψ_{ij}表示h_{ij}对应的经拉伸平移后的小波基函数。

依据"9.3.1 平均和细节"介绍的小波变换思想可知，理论上，任意函数 $f(x)$在细节**误差极小**的时候，最低分辨率的平均信息l_{00}就能代表整体，则 $f(x)$可以表示成

$$f(x) \approx l_{00}\varphi_{00}(x)$$

若细节差异较大，依据图 9-5 的金字塔算法，可以基于平均和细节共同重构函数 $f(x)$

$$f(x) \approx l_{00}\varphi_{00}(x)+h_{00}\psi_{00}(x)+h_{10}\psi_{10}(x)+h_{11}\psi_{11}(x)$$

若细节差异悬殊或者想重构的误差更小，则可以进行更多层次的细节分解，即

$$f(x) \approx l_{00}\varphi(x)+h_{00}\psi_{00}(x)+h_{10}\psi_{10}(x)+h_{11}\psi_{11}(x)+h_{20}\psi_{20}(x)+$$
$$h_{21}\psi_{21}(x)+h_{22}\psi_{22}(x)+h_{23}\psi_{23}(x)$$

以此类推，信号可以进行很多层分解，直到重构精度达到实践要求。

依据"9.2.2 连续小波变换"可知，小波变换就是对小波函数$\psi(x)$进行内积运算，符号 $\langle \bullet,\bullet \rangle$ 为内积算子，所以有

$$l_{00} =<f(x),\varphi_{00}(t)>$$
$$h_{00} =<f(x),\psi_{00}(x)>$$
$$h_{10} =<f(x),\psi_{10}(x)>$$
$$h_{11} =<f(x),\psi_{11}(x)>$$
$$h_{20} =<f(x),\psi_{20}(x)>$$
$$h_{21} =<f(x),\psi_{21}(x)>$$
$$h_{22} =<f(x),\psi_{22}(x)>$$
$$h_{23} =<f(x),\psi_{23}(x)>$$
$$\ldots$$
$$h_{i0} =<f(x),\psi_{i0}(x)>$$
$$h_{i1} =<f(x),\psi_{i1}(x)>$$
$$h_{i2} =<f(x),\psi_{i2}(x)>$$
$$\ldots$$
$$h_{ij-1} =<f(x),\psi_{ij-1}(x)>$$
$$h_{ij} =<f(x),\psi_{ij}(x)>$$

我们以 Haar 小波函数逼近 (重构) 函数 $y=\sin(2\pi x)$为实例进行具体说明。

Haar 小波是最简单的小波函数，也是连续不可导的硬性阈值函数，它的尺度函数在 [0,1] 闭区间等于 1，小波母函数在 [0,0.5) 半闭区间等于 1，在 [0.5,1] 闭区间等于 −1，

如图 9-6 所示。

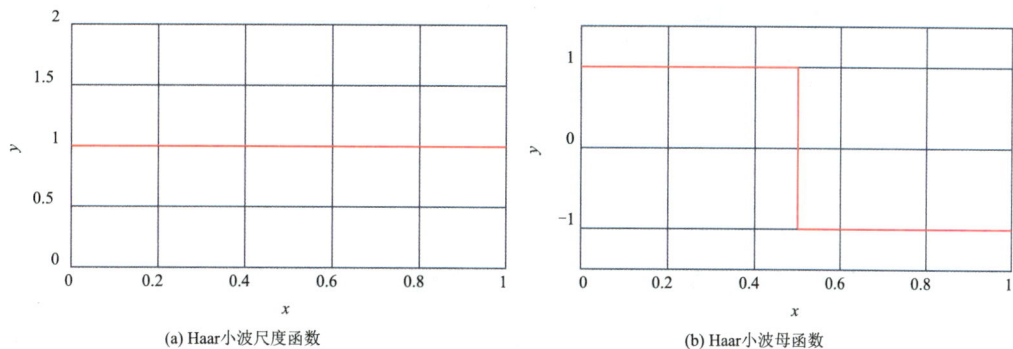

(a) Haar小波尺度函数　　　　　　　　(b) Haar小波母函数

图 9-6　Haar 小波尺度函数和小波母函数

　　Haar 小波函数逼近效果如图 9-7 所示，即使运用最简陋的阈值 Haar 函数重构正弦波函数，其逼近效果也还是很好的。

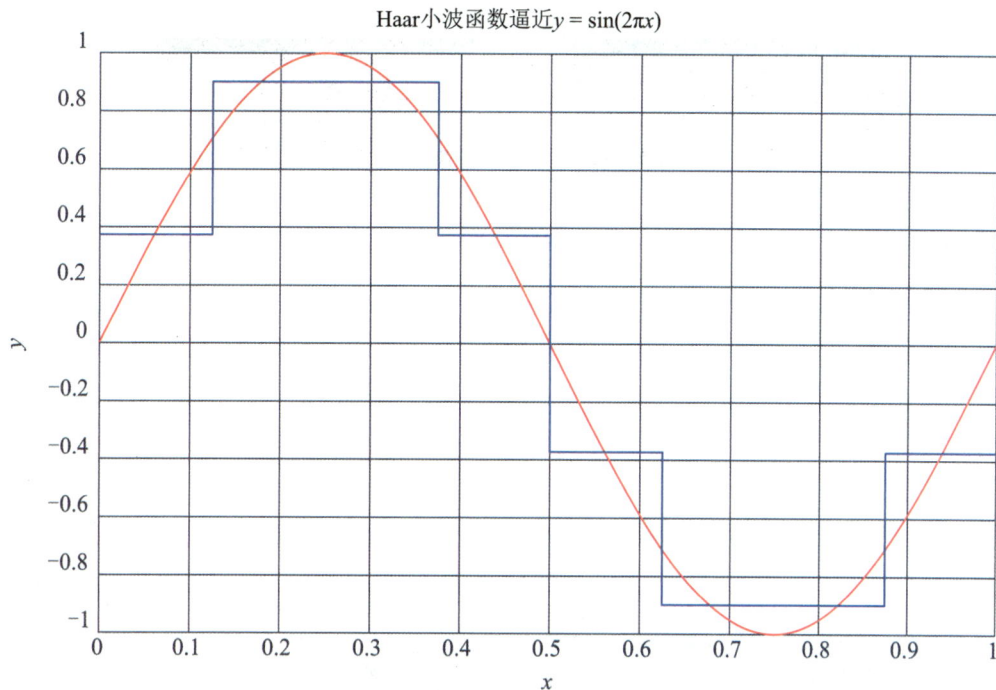

Haar小波函数逼近$y = \sin(2\pi x)$

图 9-7　Haar 小波逼近效果

　　图 9-7 对连续函数进行小波多尺度分解与重构的原理是把采集到的信号分成两个部分，即高频部分和低频部分，低频部分通常包含信号的主要信息，高频部分则是信号的细节信息，常常与噪声、扰动联系在一起。

　　关于小波高低频多尺度变换，我们再看一个更贴近现实的例子，如图 9-8 所示。

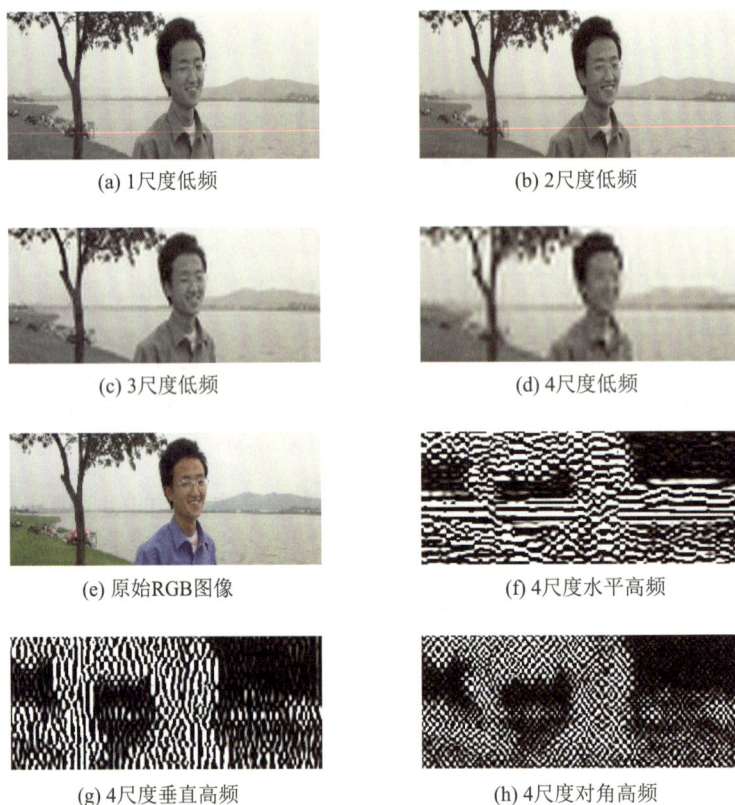

(a) 1尺度低频　　　　　　　　　　　　(b) 2尺度低频

(c) 3尺度低频　　　　　　　　　　　　(d) 4尺度低频

(e) 原始RGB图像　　　　　　　　　　　(f) 4尺度水平高频

(g) 4尺度垂直高频　　　　　　　　　　(h) 4尺度对角高频

图 9-8　照片经小波变换后的高频和低频重构后的图像

图 9-8 的彩色图像小波分解与重构还揭示了一个道理：我们在日常生活中修图或者使用美颜效果，拍摄与修图步骤最好能分开，因为用美颜相机拍摄会增加一些伪轮廓（平均），同时会增减细节信息。基于小波重构的原理可知，平均信息若发生改变，就再也无法逼真还原图像——如果日后想还原的话。具体还是看实际需要，如果日后不需要还原图像，修图和拍摄一体化会更加便捷。

当然，信号也不能无止境地分解下去。对于长度为N的信号，最多分解成$\log_2 N$层。可以根据实际需要，继续对所得的低频部分进行再分解。通过图 9-8 可以直观看出，小波多尺度变换后的高频代表噪声，代表细节；低频代表轮廓，代表平均。推而广之，假设连续信号$f(x)$位于V_0空间，则$f(x)$可以分解到下列空间，即

$$V_0 = V_1 \oplus W_1 = V_2 \oplus W_2 \oplus W_1$$
$$= V_3 \oplus W_3 \oplus W_2 \oplus W_1 = \cdots = V_n \oplus W_n \cdots W_3 \oplus W_2 \oplus W_1$$

式中："$\oplus$"表示"直和"之意，它有两重意思，以$V_0 = V_1 \oplus W_1$为例，表示V_1和W_1都是V_0的子集，且V_1与W_1相互正交（也就是垂直）；

$V_i (i \geqslant 1)$和$W_j (j \geqslant 1)$分别表示低频概貌和高频细节所在的子空间。

9.4　市场熵投资策略

9.4.1　海森堡测不准定律

在整个证券量化行业，利用小波分析作为工具的研究成果还很少。在本章内容里，笔者会将自己的小波分析量化策略成果分成三个不同方面，在 9.4 节、9.5 节和 9.6 节中进行介绍。

把小波 $\psi(t)$ 看成一个窗函数，利用时间 - 频率窗来理解小波变换的时频局部化能力。其中，$|\bullet|$ 表示取模运算，$\|\bullet\|$ 表示空间内的范数。在 $L^2(R)$ 中，定义 $<f,f>^{\frac{1}{2}}$ 为 2-范数（即 Euclid 范数）运算符。当然，如果 f 是实值函数，$<f,f>^{\frac{1}{2}}$ 亦表示依据 Euclid 范数构成的赋范线性空间的内积运算符。2-范数 $\|f\|$ 即

$$\|f\| = <f,f>^{\frac{1}{2}} = [\int_R |f(x)|^2 \, \mathrm{d}x]^{\frac{1}{2}}$$

设小波母函数 $\psi(t)$ 具有有限支撑，即小波函数能量存在集中的区间，则时窗中心的表达式为

$$t^* = \frac{1}{\|\psi\|^2} \int_R t \, |\psi(t)|^2 \, \mathrm{d}t \tag{9.3}$$

时窗半径的表达式为

$$\Delta t = \frac{1}{\|\psi\|} [\int_R (t - t^*)^2 \, |\psi(t)|^2 \, \mathrm{d}t]^{1/2} \tag{9.4}$$

频窗中心的表达式为

$$\omega^* = \frac{1}{\|\hat{\psi}(\omega)\|^2} \int_R \omega \, |\hat{\psi}(\omega)|^2 \, \mathrm{d}\omega \tag{9.5}$$

频窗半径的表达式为

$$\Delta\omega = \frac{1}{\|\hat{\psi}(\omega)\|} [\int_R (\omega - \omega^*)^2 \, |\hat{\psi}(\omega)|^2 \, \mathrm{d}\omega]^{1/2} \tag{9.6}$$

下面计算 $\psi_{a,b}(t)$ 的时窗和频窗中心及半径。利用小波函数的基本原理，容易知道 $\|\psi_{a,b}(t)\|^2 = \|\psi(t)\|^2 = 1$。由式 (9.3) ～式 (9.6)，得

$$
\begin{aligned}
t^* &= \int_R t \, |\psi_{a,b}(t)|^2 \, \mathrm{d}t = \int_R t \frac{1}{a} |\psi(\frac{t-b}{a})|^2 \, \mathrm{d}t \\
&= \int_R (au + b) \, |\psi(u)|^2 \, \mathrm{d}u \\
&= \int_R au \, |\psi(u)|^2 \, \mathrm{d}u + \int_R b \, |\psi(u)|^2 \, \mathrm{d}u \\
&= at_\psi^* + b
\end{aligned} \tag{9.7}
$$

式中：t_ψ^* 表示 $\psi(t)$ 的时窗中心。

$$\Delta t = [\int_R (t-t^*)^2 \, |\psi_{a,b}(t)|^2 \, \mathrm{d}t]^{1/2} = [\int_R (t-at_\psi^*-b)^2 \frac{1}{a}|\psi(\frac{t-b}{a})|^2 \, \mathrm{d}t]^{1/2}$$

$$= [\int_R (au+b-at_\psi^*-b)^2 \, |\psi(u)|^2 \, \mathrm{d}u]^{1/2} = a\Delta t_\psi \tag{9.8}$$

式中：Δt_ψ 表示 $\psi(t)$ 的时窗半径，同理可得

$$\|\hat\psi_{a,b}(\omega)\|^2 = \int_R |\sqrt{a}\,\hat\psi(a\omega)\mathrm{e}^{-ib\omega}|^2 \mathrm{d}\omega = \int_R a\,|\hat\psi(a\omega)|^2 \mathrm{d}\omega = \|\hat\psi(\omega)\|^2$$

于是有

$$\omega^* = \frac{1}{\|\hat\psi_{a,b}(\omega)\|^2}\int_R \omega\,|\hat\psi_{a,b}(\omega)|^2 \mathrm{d}\omega = \frac{1}{\|\hat\psi(\omega)\|^2}\int_R \omega a\,|\hat\psi(a\omega)|^2 \mathrm{d}\omega = \frac{1}{a}\omega_\psi^* \tag{9.9}$$

式中：ω_ψ^* 表示 $\hat\psi(\omega)$ 的频窗中心。

$$\Delta\omega = \frac{1}{\|\hat\psi_{a,b}(\omega)\|}[\int_R (\omega-\omega^*)|\hat\psi_{a,b}(\omega)|^2 \mathrm{d}\omega]^{1/2}$$

$$= \frac{1}{\|\hat\psi(\omega)\|}[\int_R (\omega-\frac{1}{a}\omega_\psi^*)a\,|\hat\psi(a\omega)|^2 \mathrm{d}\omega]^{1/2} = \frac{1}{a}\Delta\omega_\psi \tag{9.10}$$

用紧支集或快速衰减为零的 $\psi_{a,b}(t)$ 乘以信号 $f(t)$，可以形象地称为将信号 $f(t)$ 开了一个窗。显然，窗口的性能优劣关系着信号分析能力的强弱。函数 $\psi_{a,b}(t)$ 时间-频域窗口中心是 $(b,\frac{\omega_0}{a})$，其中 ω_0 为小波母函数 $\psi(t)$ 的频率。在时-频相平面上，对于任意固定的平移尺度 b，都可以作出与 $\psi_{a,b}(t)$ 相应的时-频窗（以 $2\Delta t$ 为底、$2\Delta\omega$ 为高的矩形窗口），如图 9-9 所示，其面积为

$$S_{a,b} = 2\Delta t \times 2\Delta\omega = 4a\Delta t_\psi \frac{1}{a}\Delta\omega_\psi = 4\Delta t_\psi\Delta\omega_\psi = 4\times\frac{\Delta t}{a}\times a\Delta\omega = 4\Delta t\Delta\omega = S\geqslant 2 \tag{9.11}$$

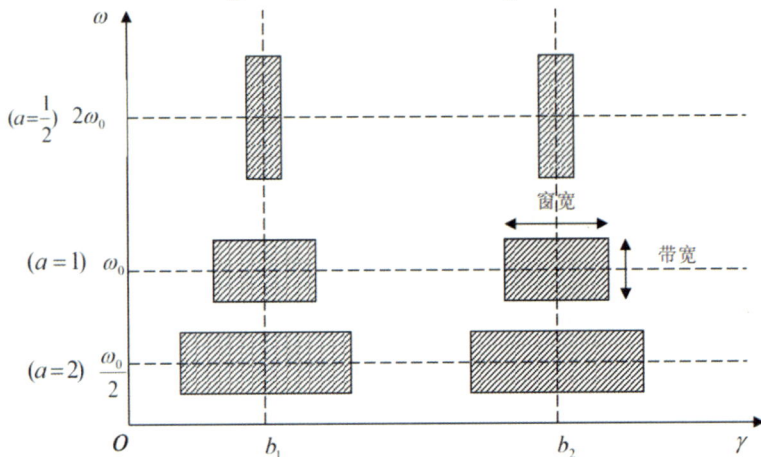

图 9-9　小波窗函数示意图

由式 (9.11) 可知，小波母函数 $\psi(t)$ 与 $\psi_{a,b}(t)$ 函数窗口面积是相等的，是一个定值。

若时窗变宽则频窗变小，这种现象称为**海森堡 (Heisenberg) 测不准定律**。当且仅当

$$\psi(t) = c e^{iat} \frac{1}{2\sqrt{\pi a}} e^{\frac{-(t-b)^2}{4a}}$$ 时，等号成立。

尺度倒数 $1/a$ 在一定意义上对应于 $\hat{\psi}_{a,b}(\omega)$ 的频率 ω，因为主频是 $\frac{\omega_0}{a}$，而 $\frac{\omega_0}{a}$ 是时-频窗中心的纵坐标。

(1) 尺度 a 越小，对应的频率越高，时间窗越窄，小波函数越"瘦"，衰减越快。

(2) 尺度 a 越大，对应的频率越低，时间窗越宽，小波函数越"胖"，衰减越慢。

所以，处理高频信号时，$\Delta\omega$ 变大；处理低频信号时，Δt 变小。这种自适应功能很方便对信号进行各种处理。观察图 9-9 可以得知：**其实小波变换不能分析出在某个瞬间哪个频率分量存在，只能分析出在某一个时间段某个频带分量存在。因此，绝对的瞬态频率是不存在的，只能用极小的过程量近似表示某个瞬间。**

小波分析能够利用可以伸缩平移、面积不变、形状可变的视窗对信号的任意细节进行时频域处理，既可看到信号的全貌，又可分析信号的细节，并且可以保留数据的瞬时 (近似瞬间) 特性，非常适合探测正常信号中夹带的瞬态反常现象并展示其成分。

9.4.2　小波窗函数影响市场动量因子

时间分辨率和**频率分辨率**是两个非常重要的概念，通常都被用于通信工程，所以无论是对于投资背景还是人工智能背景的读者来说，都是相对陌生的领域。本小节深入浅出地介绍一下。

按照传统教科书的定义，时间分辨率是指在同一区域进行的相邻两次遥感观测的最小时间间隔。时间间隔大，时间分辨率低；反之，时间分辨率高。利用时间分辨率可以进行动态监测和预报，在生产和生活中应用特别广泛。

比如，你在自己车上安装了一个红外线自动拍照装置。当然，也可以使用行车记录仪的自动摄影功能，本例仅仅是为了方便形象说明"时间分辨率"这个概念而杜撰的一个虚拟场景。这个自动拍照装置能够拍到谁不小心剐蹭了你的车，并且对方也没有发现自己的车蹭到别的车。这种场景下，如果你设置的时间分辨率很低，也就是时间间隔很大，整个剐蹭过程中很可能一张照片都没拍到，只拍到车来和车离开的照片。反过来，如果你设置的时间分辨率很高，也就是时间间隔很小，每个剐蹭的瞬间都会被抓拍下来。这就是"时间分辨率"的含义。为了更好地理解这个概念，笔者画出不同时间分辨率 (跟采样率有关) 下的正弦波信号示意图，如图 9-10 所示，这样理解起

来就非常直观了。

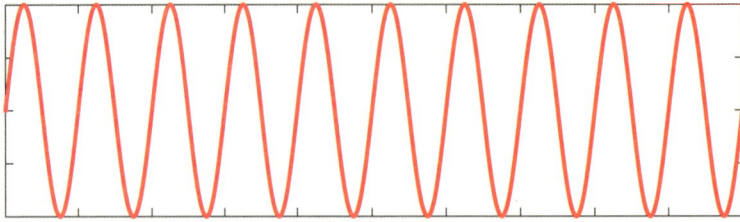

(a) 模拟信号

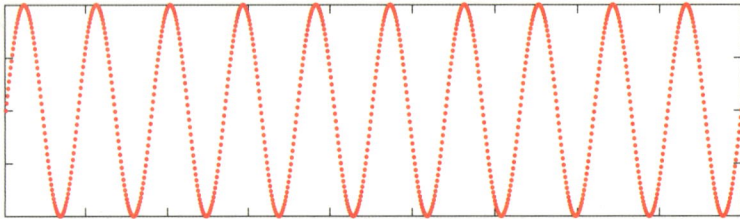

(b) 时间分辨率高

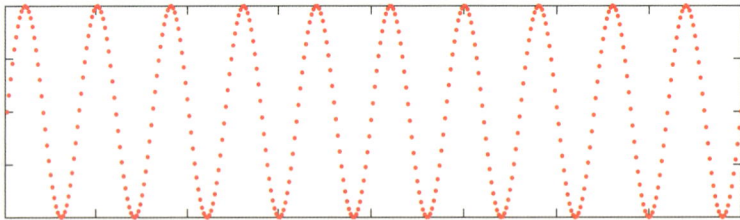

(c) 时间分辨率低

图 9-10　不同时间分辨率下的正弦波信号

　　频率分辨率是指频率变化的步长，在实际应用中用于分辨两个不同频率信号的最小间隔。例如，某种变频器输出的相邻两"挡"频率之间的最小差值。假设某一种变频器分辨率为 0.004 赫兹，那么对于 50 赫兹来说，比它高一"挡"的最小频率为 50.004 赫兹。通过变频器可以调节所需要的用电频率，比如 50 赫兹、60 赫兹等。

　　理解了上述两个分辨率的概念之后，再来理解图 9-9 所示的"海森堡测不准定律"窗函数太宽或者太窄到底有什么问题，就简单多了。例如，如图 9-11 所示的宽体框，时间分辨率低；而如图 9-12 所示的窄体框，频率分辨率低。

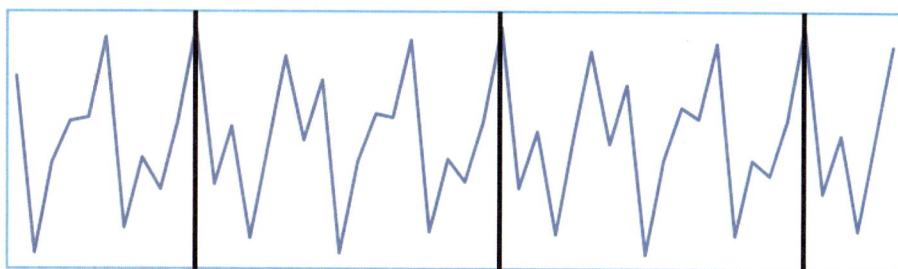

图 9-11　宽体框

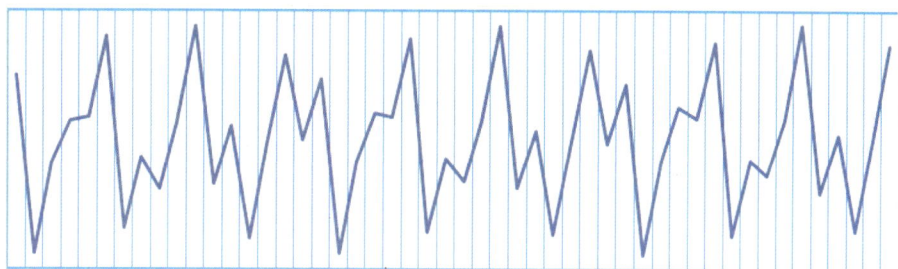

图 9-12　窄体框

结合图 9-11 和图 9-12 可以明显看出,窗体太宽,时间间隔太大,不仅时间分辨率低,而且信号分析的时效性也不好,这一点在瞬息万变、波谲云诡的金融市场更需要引起警惕,否则分析出的动量效应和动量反转的信号会因为时效性差而不能用于实际交易。

而窗体太窄,窗内的信号太少,分析频率就不准确,频率分辨率自然就差。图 9-12 所示的信号实际上是由两种频率的信号叠加而成的,但是按照图 9-12 所示的窄体网格窗口,是无法分析出两种频率图谱的。所以,时间分辨率高和频率分辨率高是不可能同时存在的。

金融市场的行情走势也是一种另类波函数。

9.4.3　统一论的量化投资体系

"海森堡测不准定律"最初是由德国著名物理学家沃纳·卡尔·海森堡提出来的,主要物理含义是不可能同时准确测量或者同时准确获得粒子的动能和位置。

通俗易懂的解释:由于电子很小,要使用性能非常好的显微镜去观察,而且一般的光学显微镜还不行,必须使用伽马射线显微镜,这样光的波长才足够短,才能打到电子的身上,然后根据反射数据计算电子的具体位置。但是,当伽马射线撞击到电子以后,就会导致电子的动能出现很大的不确定性(记住这个重要原理,后面内容会用到)。若想确定动能,就要降低光子的能量。如果这样,就无法确定电子的准确位置了。

但是，现代量子力学理论可不这样认为。现代量子力学认为，动能和位置测不准是粒子的固有属性，称为"观察者效应"，跟测量的方式方法没有关系，只跟系统状态有关：如果系统处于本征态，被测量粒子的动能和位置就是确定值；反之，系统处于叠加态，那么这两个力学量就没有确定值。

式 (9.11) 告诉我们：在信号分析的经典理论框架下，同时达到时间分辨率高和频率分辨高是办不到的。这一结论在股市中也同样适用，在进行股市行情分析时同时，满足时间分辨率高（也就是时间窗口窄，越靠近当前，金融市场信息越具备时效性）和频率分辨率高（也就是时间窗口宽，能容纳的市场过往信息就越充分、越全面），按照小波分析的严谨结论，也是办不到的。笔者查阅了很多资料，没有找到这方面的方程式，便自行组建了一个"市场熵"的数学模型，即

$$\Delta t \times \Delta S \geqslant \Delta P \tag{9.12}$$

$$\Delta S = \sqrt{\frac{\pi}{2}} \times \frac{1}{n} \sum_{1}^{n} \left| X(n) - \bar{X} \right| \tag{9.13}$$

式中：ΔP 表示市场测不准常量；

Δt 表示市场观测的时长，一般用"分钟"表示，也可以用"小时"和"天"表示；

ΔS 表示市场熵，表示市场的确定性程度及多空博弈的分歧程度，熵值越大，代表市场无序程度越高，市场越不稳定，可能要出现动量反转。ΔS 的计算方法是，在观测的时间区间 Δt 内，按照式 (9.13) 计算指数或者个股分时走势的成交价和手数的市场熵；

$X(n)$ 表示股市分时走势的信号数据，表示集合 { 成交价，手数 }，可以进一步扩展；

$\bar{X}$ 表示 $X(n)$ 的均值；

n 表示分时信号的数据数量。

式 (9.12) 深度揭示了证券市场的如下重要规律。

第一条规律：证券市场是测不准的。

量子基金的掌门人索罗斯将"海森堡测不准定律"成功应用在金融投资领域，并把"海森堡测不准定律"在金融领域中的应用（反身性原理）推向顶峰。当投资者的偏见趋于零散时（低 ΔS），市场呈现出趋于均衡的状态；当投资者的投资偏见向同一方向集中时（高 ΔS），市场的状态就会发生方向性的改变（即"动量反转"）。

反身性原理解释了投资者与市场的互动关系：投资者的偏见推动市场波动，而市场波动本身也会反过来影响投资者的决策。这些决策会进一步改变市场原有的发展方向，形成新的信息，并形成一种新的市场形态，也是一种商业上的"蒙眼竞价"。市场并不总是理性和有效的，而是具有高度的测不准性和反身性，这会带来泡沫和市场崩溃。例如，2021—2022 年美国高通胀，投资者认为美联储加息会提前到来，导致这一期间美股持续

震荡下跌。也就是说，金融市场其实是混乱、无序、测不准的。**实际上，并非目前的金融预测与未来走势吻合，而是当前的预期在一定程度上造就了未来的趋势。**

同样的原理，也可以用在其他资产分析上。当投资者普遍看好一只股票，比方说新能源行业企业股票，它往往具有自我强化效应。因为一致预期会使更多人追逐它，让趋势得以确立。趋势一旦确立，就不会轻易停止，会有惯性的，这是很多量化策略有效的关键前提。索罗斯认为：世界经济史是一部基于假象和谎言的连续剧。要获得财富，就要认清其假象，投入其中，不买最有价值的股票，要买市场预期一致的股票，**然后在假象被公众认识之前退出游戏。所以，最终投资成效永远不是来自大众的共识。**通过计算得出的ΔP的拐点可以作为提前退出市场的参考点。粒子测不准定律和反身性原理对照如表 9-1 所示。

表 9-1　粒子测不准定律和反身性原理对照

项目	海森堡测不准定律	反身性原理
提出者	沃纳·卡尔·海森堡	乔治·索罗斯
所属领域	量子力学	量子基金
公式	$4\Delta t \times \Delta \omega = S \geqslant 2$	$\Delta t \times \Delta S \geqslant \Delta P$
解释	测量行为会反过来改变量子的动量	股票市场的情绪和动量之间相互影响。市场情绪改变了，股市动量会发生改变，趋势也会发生改变；动量改变了，又能反过来影响市场情绪和一致性预期。两者相互影响，"蒙眼竞价"，循环往复

第二条规律：证券市场在不断演进，ΔP正在逐步单调减小。

过去ΔS（也就是市场关于一致预期的分歧程度，即不确定性概率）是很大的，导致不少投资者在证券投资的时候两头下注。但是现在市场上ΔS的分化程度要小很多，机构或者大基金存在相互抱团、高度趋同的现象。此外，在过去多空博弈很久，趋势观测时序Δt可能才会收敛；现在市场不太一样了，一项金融政策、一个新行业的产生、一个利空出尽等，无须再经历几个月甚至一年，趋势很快明朗。换句话说，趋势运行的时间Δt越长，市场一致预期程度ΔS的可信度就越低，或许是因为市场炒作支撑趋势延伸。所以，短期内预期更有参考价值，而长时间预期可靠性大打折扣。ΔS和Δt同时减小的特性导致常量ΔP不断萎缩，且呈现明显的单调性。**至于未来ΔP如何变化，需持续观测，与时俱进，不断总结规律。**

第三条规律：证券行情走势与波函数类似，可以看作一种"信号"，可以按照小波变换进行多尺度分解。

只要是"波"，理论上都能分解成若干个能叠加在一起的谐波。证券行情信号被小波窗函数多尺度分解之后，会形成**突变性、周期性**和**趋势性**的叠加关系。多尺度周期对应证券的时令性周期、行业固有周期、美林时钟周期乃至康波周期等。对于各种低频的趋势，能找到多因子与之匹配；对于突变性，可以进行市场受力分析，从而开启证券分析**"统一论的量化体系"**。

9.5　抽取震荡中的道琼斯工业指数行情趋势

本节内容讲解如何进行小波分解和重构，从而抽取证券行情的趋势。

使用$X(t)$表示 2021 年 5 月 1 日至 2022 年 4 月 30 日期间每个交易日的时间序列。将道琼斯工业指数 (DJI.GI) 每日交易量 (单位：万股) 基于 db6 小波基编写程序进行变换，把道琼斯工业指数日交易量的趋势按照不同尺度剥离出来，如图 9-13 所示。

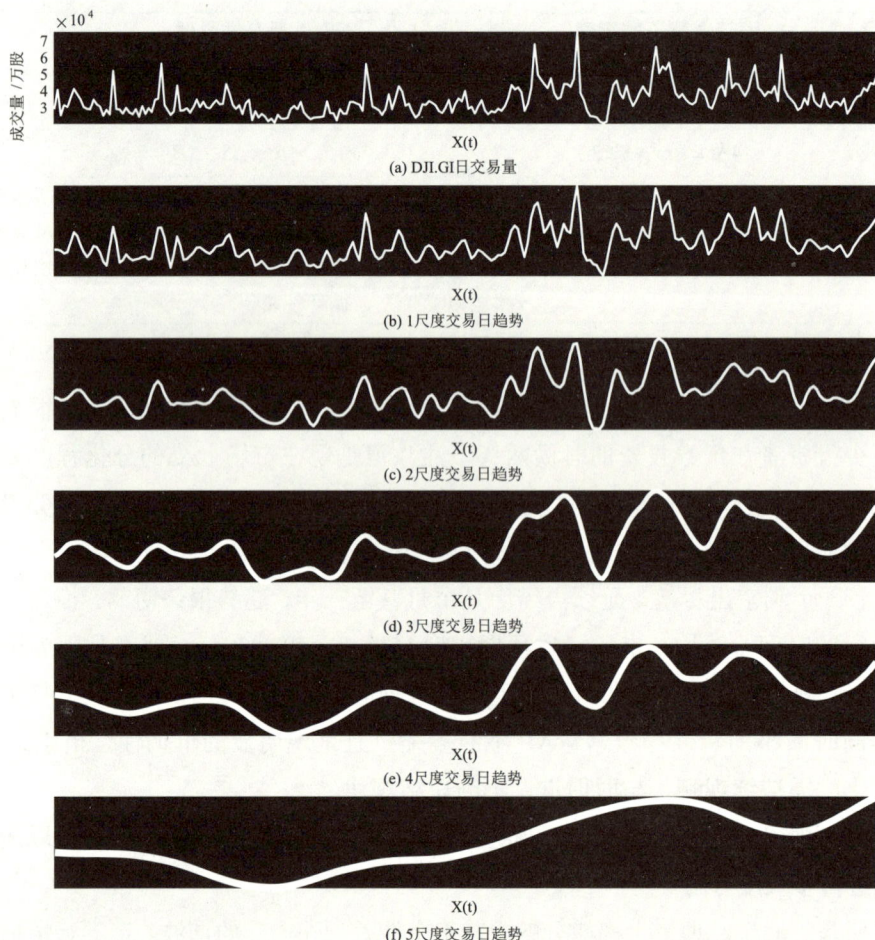

图 9-13　2021 年 5 月 1 日至 2022 年 4 月 30 日 DJI.GI 不同尺度下的成交量趋势

从图 9-13 中可以看到，在不同尺度下，道琼斯工业指数一年内成交量的趋势被抽离出来。显然，图 9-13(f) 趋势最为明显。受到快速通货膨胀的影响，美联储在此期间的决策可能会陷入两难境地。

- 如果不加息，通胀过快或许会传导到民生的方方面面。
- 如果加息程度符合市场预期，加息效用其实是边际递减的，未必能阻止通胀急速上涨的势头，DJI.GI 的起起伏伏说明市场已经提前消化了加息预期。
- 如果加息幅度过大，可能会抑制经济增长态势甚至使经济陷入衰退。

其实在本例中可以看到，加息预期与美股走势两者是高度相互影响的。在一些更为复杂的行情趋势抽取中，小波变换的功能会显得更加强大，在此不再一一枚举，读者可以自行模仿进行分析。

9.6 识别可转债的资本市场炒作行为

9.6.1 进可攻，退可守的可转债

可转债，顾名思义，兼有债券和股票的特点。可转债虽然是一种债券，但在它的发行条款中，都会赋予投资者在转股期内把该可转债转换成目标企业股票的权利，从而使投资者在转换过程中，以较低的转股价获取股票。简单来说，就是股市行情不好的时候，投资者可以享受到债券的收益；股市行情转好的时候，投资者可以借助转换条款，将手里的债券换成股票。比如，中信银行在 2019 年 3 月 4 日公开发行了 400 亿元 A 股可转换公司债券 (代码：113021)，初始转股价格为人民币 7.45 元 / 股。2019 年 3 月 19 日，中信银行正股价格为 6.40 元 / 股，此时可转债持有人可持有转债并收取票息。理论上，如果股价升至 8 元或 9 元，那么可以适时转换进行套利。但是，转股价格和转股条件都受到《募集说明书》的约束。

持有可转债似乎进可攻、退可守，稳收投资回报。不过，可转债也有劣势。一方面，可转债可能遭到强赎。可转债《募集说明书》普遍约定，如果正股连续 30 个交易日中至少 15 个交易日收盘价不低于转股价格的130%，公司有权以债券面值加应计利息的价格赎回全部或部分未转股可转债。另一方面，可转债票息往往都很低，前两年年化收益率往往不到 1%，其实可转债转股之前获得的票息大概率很低。

可转债虽然是债券，但是股性很强。此外，对应的正股若存在融资融券的空间，这么多很特别的属性集合在一起，会导致可转债在资本市场上，特别会吸引投资者和

套利者的注意力。

　　根据数据统计，过去多年以来，可转债收益表现抢眼同时收益稳定。图 9-14 比较了中证可转债及可交换债券 50 指数（代码：931162）与上证 50 指数（代码：000016）在 5 年时间里 (2017 年 5 月 11 日至 2022 年 5 月 10 日) 的区间收益。同样是 50 指数，中证可转债及可交换债券 50 年化收益率为 5.19%，同期上证 50 年化收益率仅为 3.18%，5 年基本上可以认定为一个完整的金融周期。

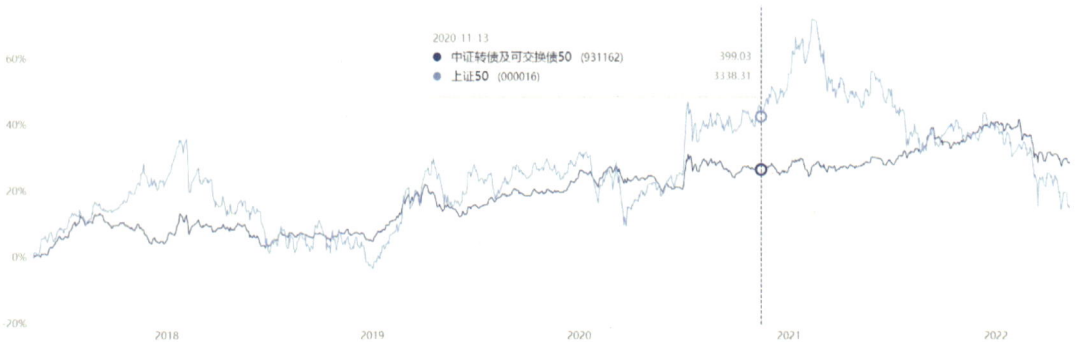

图 9-14　中证可转债及可交换债券 50 与上证 50 收益走势 (图片来源：中证指数官网)

牛市股，熊市债，牛熊不定可转债，有一定的科学性。

9.6.2　数据洗涤

　　根据中证指数官方网站的公开信息，中证可转债及可交换债券指数样本券由沪深交易所上市的可转换公司债券和可交换公司债券组成。指数采用市值加权计算，以反映沪深交易所可转换公司债券和可交换公司债券的整体表现。2019 年 2 月 20 日至 2022 年 5 月 9 日共计 780 组交易日数据，经整理后如表 9-2 所示。

表 9-2　中证可转债及可交换债券 (931078) 日频数据

日期	收盘价/元	成交金额/亿元	涨跌/元	涨跌幅/%	成交量/万手	成交额/亿元	样本数量
20190220	331.88	34.5	0.11	0.03	0.31	34.5	130
20190221	332.75	43.17	0.87	0.26	0.37	43.17	130
20190222	336.62	60.47	3.87	1.16	0.5	60.47	130
20190225	346.37	110.96	9.76	2.9	0.9	110.96	130
20190226	343.26	102.5	-3.11	-0.9	0.76	102.5	130
20190227	341.53	102.06	-1.74	-0.51	0.76	102.06	130

（续表）

日期	收盘价 / 元	成交金额 / 亿元	涨跌 / 元	涨跌幅 /%	成交量 / 万手	成交额 / 亿元	样本数量
20190228	341.07	80.42	-0.46	-0.14	0.56	80.42	130
20190301	344.43	93.1	3.36	0.99	0.67	93.1	134
20190304	347.97	133.31	3.54	1.03	0.99	133.31	134
20190305	350.58	98.03	2.61	0.75	0.7	98.03	134
20190306	351.97	115.07	1.39	0.4	0.86	115.07	134
20190307	349.83	119.84	-2.15	-0.61	0.87	119.84	134
20190308	342.94	117.93	-6.88	-1.97	0.9	117.93	134
20190311	347.63	110.94	4.68	1.37	0.89	110.94	134
20190312	350.43	128.67	2.8	0.81	0.97	128.67	134
20190313	347.45	94.4	-2.98	-0.85	0.7	94.4	134
20190314	344.59	74.81	-2.86	-0.82	0.57	74.81	134
20190315	346.62	70.84	2.04	0.59	0.54	70.84	134
20190318	352.19	79.46	5.57	1.61	0.61	79.46	134
20190319	353.43	72.39	1.24	0.35	0.56	72.39	134
20190320	352.77	64.3	-0.66	-0.19	0.48	64.3	134
20190321	355.03	97.95	2.26	0.64	0.71	97.95	134
20190322	354.71	64.46	-0.32	-0.09	0.47	64.46	134
……	……	……	……	……	……	……	……
20220425	411.02	759.09	-7.97	-1.9	5.04	759.09	394
20220426	409.4	871.12	-1.63	-0.4	5.81	871.12	394
20220427	413.8	1090.66	4.4	1.08	6.9	1090.66	394
20220428	414.37	1134.43	0.57	0.14	6.71	1134.43	394
20220429	418.76	1296.94	4.39	1.06	7.88	1296.94	394
20220505	420.59	1104.02	1.83	0.44	6.62	1104.02	410
20220506	417.74	1397.66	-2.85	-0.68	8.07	1397.66	410
20220509	417.43	1266.52	-0.31	-0.07	7.15	1266.52	410

9.6.3　基于 db6 小波基对炒作信号进行变换

对表 9-2 的数据进行分组和预处理。

- 按照时间序列，从上往下，每 30 行数据分成一组，作为提取炒作信号的小波变换的基本单元，并对每一个组赋予 1 到 26 的编号。

● 炒作信息定位的字段是指数点位和成交金额（亿元）。

现在可以使用 db6 小波基对量价因子（点位和成交额）的数据进行 2 尺度的市场炒作噪音（高频）提取。笔者编写计算机程序，对 26 组数据分别进行一段时间的运算之后，紧接着计算重构的高频部分的**波动标准差**，程序运算的完整结果如表 9-3 所示。

表 9-3　量价两个字段的小波高频标准差矩阵

编号	收盘点位 1 尺度高频	收盘点位 2 尺度高频	成交额 / 亿元 1 尺度高频	成交额 / 亿元 2 尺度高频
1	1.1117	2.5503	9.6046	10.25
2	1.0019	1.1123	7.6184	6.6508
3	0.4101	1.043	7.5457	8.1437
4	0.3491	0.3994	4.1035	2.7391
5	0.5124	0.4401	6.4098	5.0669
6	0.3869	0.681	4.74	5.6212
7	0.3478	0.3815	4.3195	2.951
8	0.8962	1.8593	8.1469	7.9303
9	1.3158	1.272	38.3899	49.1967
10	0.5626	0.7166	38.8786	42.6057
11	0.5134	0.3466	14.056	15.1679
12	1.2853	1.6591	23.4839	16.5241
13	0.712	1.0672	26.6784	47.4679
14	0.6883	0.7789	84.4489	61.2262
15	0.5151	0.6123	54.8786	56.656
16	0.7342	0.8395	26.1831	41.9691
17	0.8555	1.3457	15.414	21.5484
18	0.364	0.7453	30.5243	32.4727
19	0.3102	0.9515	24.411	29.8903
20	0.7291	1.3766	23.6325	58.6167
21	0.823	0.9721	27.4726	22.1508
22	1.3709	1.3272	39.2343	27.1355
23	0.9522	1.4603	29.9669	40.1623
24	1.0224	1.1786	21.3786	23.5652
25	1.5312	3.0945	54.9644	63.4031
26	1.0323	1.3249	55.1554	59.1697

9.6.4　通过噪声分贝识别可转债市场炒作行为

需注意，不能直接使用表 9-3 的结论，因为矩阵各个纵列数组的量纲和量级都不一样，所以应分别对每个纵列数组进行归一化，然后对表 9-3 中的 4 项数据进行**算术平均**，汇总得出最终的市场疑似炒作"噪声分贝"，如表 9-4 最右边一列所示。

表 9-4　最终市场疑似炒作"噪声分贝"

编号	收盘点位 1 尺度高频	收盘点位 2 尺度高频	成交额 / 亿元 1 尺度高频	成交额 / 亿元 2 尺度高频	市场疑似炒作 "噪声分贝"
1	0.6564	0.8020	0.0685	0.1238	0.4127
2	0.5665	0.2786	0.0437	0.0645	0.2383
3	0.0818	0.2534	0.0428	0.0891	0.1168
4	0.0319	0.0192	0.0000	0.0000	0.0128
5	0.1656	0.0340	0.0287	0.0384	0.0667
6	0.0628	0.1217	0.0079	0.0475	0.0600
7	0.0308	0.0127	0.0027	0.0035	0.0124
8	0.4799	0.5505	0.0503	0.0856	0.2916
9	0.8236	0.3368	0.4267	0.7658	0.5882
10	0.2067	0.1346	0.4328	0.6572	0.3578
11	0.1664	0.0000	0.1239	0.2049	0.1238
12	0.7986	0.4776	0.2412	0.2272	0.4362
13	0.3291	0.2622	0.2810	0.7373	0.4024
14	0.3097	0.1573	1.0000	0.9641	0.6078
15	0.1678	0.0967	0.6320	0.8888	0.4463
16	0.3473	0.1794	0.2748	0.6467	0.3620
17	0.4466	0.3636	0.1408	0.3101	0.3153
18	0.0441	0.1451	0.3288	0.4901	0.2520
19	0.0000	0.2201	0.2528	0.4476	0.2301
20	0.3431	0.3748	0.2431	0.9211	0.4705
21	0.4200	0.2276	0.2909	0.3200	0.3146
22	0.8687	0.3569	0.4372	0.4022	0.5162
23	0.5258	0.4053	0.3219	0.6169	0.4675
24	0.5833	0.3028	0.2150	0.3433	0.3611
25	1.0000	1.0000	0.6330	1.0000	0.9083
26	0.5914	0.3560	0.6354	0.9302	0.6283

笔者这里使用简单的"算术平均"来刻画炒作行为的综合噪声，也可以对每一项高频系数赋予不同的权重。笔者将市场疑似炒作"噪声分贝"以柱形图表示，如图 9-15 所示。

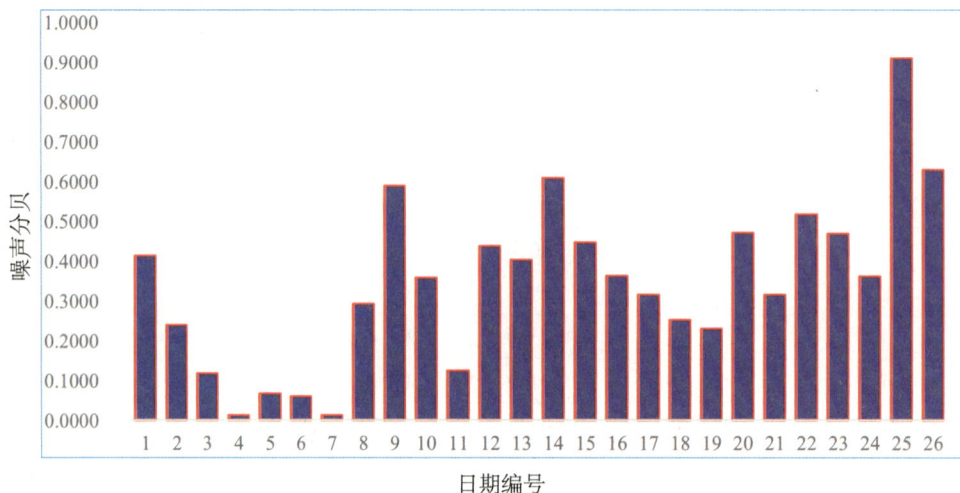

图 9-15　市场疑似炒作"噪声分贝"柱形图

从图 9-15 中很容易看出，第 9 组、第 14 组和第 25 组所对应的时间序列，市场疑似炒作的特点突出。我们找出这三组对应的具体时间段，如表 9-5 所示。

表 9-5　市场疑似炒作可转债的具体时间段

编号	日期	编号	日期	编号	日期
9	20200217	14	20200922	25	20220208
9	20200218	14	20200923	25	20220209
9	20200219	14	20200924	25	20220210
9	20200220	14	20200925	25	20220211
9	20200221	14	20200928	25	20220214
9	20200224	14	20200929	25	20220215
9	20200225	14	20200930	25	20220216
9	20200226	14	20201009	25	20220217
9	20200227	14	20201012	25	20220218
9	20200228	14	20201013	25	20220221
9	20200302	14	20201014	25	20220222
9	20200303	14	20201015	25	20220223

（续表）

编号	日期	编号	日期	编号	日期
9	20200304	14	20201016	25	20220224
9	20200305	14	20201019	25	20220225
9	20200306	14	20201020	25	20220228
9	20200309	14	20201021	25	20220301
9	20200310	14	20201022	25	20220302
9	20200311	14	20201023	25	20220303
9	20200312	14	20201026	25	20220304
9	20200313	14	20201027	25	20220307
9	20200316	14	20201028	25	20220308
9	20200317	14	20201029	25	20220309
9	20200318	14	20201030	25	20220310
9	20200319	14	20201102	25	20220311
9	20200320	14	20201103	25	20220314
9	20200323	14	20201104	25	20220315
9	20200324	14	20201105	25	20220316
9	20200325	14	20201106	25	20220317
9	20200326	14	20201109	25	20220318
9	20200327	14	20201110	25	20220321

比如，编号第 9 组对应的日期是 2020 年 2 月 17 日至 3 月 27 日，市场炒作特征明显，并且多数专业机构对此也有共识。证券行业权威媒体《证券日报》在 2020 年 4 月 3 日就曾发文提示资本市场上可转债的炒作特征明显，原文为《可转债交易现蹭热点炒作特征，深交所持续警示投资风险》。**此时可转债投资风险较大，市场上有炒作特征。**

事实上，依据本章介绍的小波变换特别方法，可以看出 2020 年 2—3 月可转债市场就已经出现炒作行为了。**金融市场上，交易的时效性尤为重要。** 不过，究竟是疑似炒作，还是正常行情，需要进一步结合"临床"指标才能"确诊"，不能武断。

9.6.5 模型延伸：提升时间分辨率

9.6.4 节介绍的对市场炒作行为进行识别的小波变换方法，其实还可以进一步优化。以 30 个交易日数据为一组，意味着观测市场信号的周期是 30 个交易日。在一些场景下，这个时间分辨率的时效性不够。如何提升时间分辨率呢？有以下两种有效的优化方法。

- 第一种方法是缩小时间跨度，比如以 3 ～ 7 个交易日作为观测的基本单元，那就可以使用每日分时的交易数据进行分析。
- 第二种方法是添加更多字段进行小波分析，比如溢价率、换手率、日内回转率、机构长期持有者与高频交易者成交额之比，等等。

通过学习本章，我们知道，虽然"小波分析"是一个高级投资分析工具，但是若想熟练使用，需要同时精通投资知识、小波工程数学以及计算机编程语言，三者缺一不可。

第10章 前沿研究与探索

投资实践中的很多问题要比书本上分析的内容复杂得多,在策略合规的基础上,必须想出创造性的方法去开发策略,因为书本中没有现成的答案。本章内容与本书前面9章都不同,有一部分"天马行空"的思路体现其中。

10.1 斐波那契投资模型

10.1.1 通项式

意大利数学家莱昂纳多·斐波那契(Leonardo Fibonacci,1170—1250)以兔子繁殖为例,提出了一个有趣的数列问题。

假设一对刚出生的小兔子一个月后就能长成大兔子,再过一个月就能生下一对小兔子,并且此后每个月都会生一对小兔子,一年内没有发生死亡,问:一对刚出生的兔子,一年内能繁殖多少对兔子?

第一个月,小兔子没有繁殖能力,所以还是一对;两个月后,生下一对小兔子,所以共有两对;三个月以后,老兔子又生下一对,因为小兔子还没有繁殖能力,所以一共是三对;四个月以后,老兔子又生下一对,因为小兔子有了繁殖能力也生下一对,所以一共是五对。以此类推,一年后兔子数量如表10-1所示。

表 10-1 斐波那契数列

月数	1个月	2个月	3个月	4个月	5个月	6个月	7个月	8个月	9个月	10个月	11个月	12个月
兔子数量/对	1	1	2	3	5	8	13	21	34	55	89	144

这就是著名的斐波那契兔子问题，记载于由莱昂纳多·斐波那契撰写的 *Liber Abaci* 一书中，以上得出的数列称为"斐波那契数列"，也叫"兔子数列"。很显然，前两个数值加在一起等于后面的数值，即

$$a_n = a_{n-1} + a_{n-2} \quad (n \in N^*)$$

有趣的是，这样一个完全是自然数的数列，通项公式却是用无理数来表达的，即

$$a_n = \frac{1}{\sqrt{5}} \left[\left(\frac{1+\sqrt{5}}{2} \right)^n - \left(\frac{1-\sqrt{5}}{2} \right)^n \right] \quad (n \in N^*)$$

并且还发现

$$\lim_{n \to +\infty} \frac{a_n}{a_{n-1}} = \frac{\sqrt{5}+1}{2} = 1.6180339887\,4989484820\,458683436564\cdots$$

$$\lim_{n \to +\infty} \frac{a_{n-1}}{a_n} = \frac{\sqrt{5}-1}{2} = 0.6180339887\,4989484820\,458683436564\cdots$$

这就是说，当 n 趋向于正整数无穷大时，前一项与后一项的比值越来越逼近黄金分割 0.6180339…所以"斐波那契数列"又称"黄金分割数列"。

斐波那契数列有一个重要特性，从第二项开始，每个偶数项的平方都比前后两项之积多 1，每个奇数项的平方都比前后两项之积少 1，用通项式表示就是

$$a_{n-1}^2 - a_n a_{n-2} = (-1)^{n-2}$$

这条重要的特性在后续进行股票持仓成本或者净值比较的时候可能用到。

10.1.2　简单是股票策略有效的必要条件

我们将斐波那契投资模型用于投资纪律管控和风险控制，它要解决的问题是，在胜率和赔率都未知的前提下，如何最大化风险收益比。

1. 模型假设

- 投资风格稳健保守，同时尽可能攫取最大 β 收益。
- 在投资标的的低点买入。低点买入的参考点有很多，比如当前的估值或者行业指数点位比其最近 3 年的最高点已经累计回撤 30% 以上。
- 假设这只股票（或偏股型基金）最大跌幅在 90% 以内。

2. 组建模型

斐波那契投资模型兼有基金定投和网格交易的属性。 我们把可投资金分成 54 份

(1+1+2+3…+21)，后续分 7 次买入。假设一只股票股价高点为 100 元 / 股，在股价下跌 30% 的时候，也就是 70 元 / 股的时候开始第一次买入，后续触发临界值就不断加仓。举例来说，第一次买入的资金量是可投资金的 1/54，第二次加仓的资金是可投资金量的 1/54，第三次加仓的资金量是可投资金的 2/54，以此类推，则每次加仓的可投资金比例如表 10-2 所示。

表 10-2　每次加仓可投资金比例

加仓次序	第 1 次	第 2 次	第 3 次	第 4 次	第 5 次	第 6 次	第 7 次	第 8 次
加仓比例	1/54	1/54	2/54	3/54	5/54	8/54	13/54	21/54

加仓比例确定了，那么，什么时机才能加仓呢？

每次在行情达到一个临界值的时候，进行加仓。假设每次跌幅达到 x 时进行加仓，则按照上述的假设列出等式，即

$$x = [70 - 100 \times (1 - 90\%)] / 7 \times 100\% \approx 8.57\%$$

投资者可以在第一次买入之后，逐步进行加仓。比如，第二次加仓的时机是相比第一次买入的成本，**股价**已经浮亏了 8.57%；同理，第三次加仓的时机是相比第一次买入的成本 (持仓成本的基准需一致)，已经浮亏了 17.14%。以此类推，如表 10-3 所示。

表 10-3　每次加仓时机

加仓次序	第 1 次	第 2 次	第 3 次	第 4 次	第 5 次	第 6 次	第 7 次	第 8 次
加仓时股价下跌幅度	0.00%	8.57%	17.14%	25.71%	34.29%	42.86%	51.43%	60.00%

图 10-1 可以用来说明斐波那契模型。

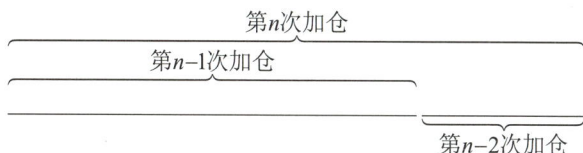

图 10-1　斐波那契投资模型加仓示意图

之所以将斐波那契策略用于投资领域，主要是为了利用斐波那契数列控制交易节奏，这样可以避免通过加仓来改善持仓成本的效用过早钝化——投资实践中经常碰到的情形，就是后期虽然不断加仓，但是对降低持仓成本没有显著的改善作用。

此外，个人投资者在**股价持续下跌并持续补仓**的情况下，极易发生大幅亏损。斐波那契策略在应对行情不确定性方面兼有进攻和防守的双重优势。斐波那契投资模型方便机器人进行交易，且策略简单、稳健，在极端行情下，这种量化策略具有特别好的效果，投资收益率往往特别高。

3. 模型不足与优化

当然，任何策略都有适用的前提和场景。斐波那契投资模型的缺点在于，它属于交易策略，有时候无法将资金全部投出去，只能拿到现金类资产的收益。因此，不太建议单独使用这种策略，一般作为进攻性策略的配套对冲策略使用。

斐波那契策略适合极端市场行情，它的缺陷在于资金利用率在大多数情形下是不高的；而网格交易比较适合反复震荡的行情；单边做多适合牛市的行情。所以，**若未来行情趋势无法判断，可以把资金平均分成三份：一份使用斐波那契策略；一份使用网格交易；最后一份，分两三次买入确定性较高的标的**。三者共同构成 FOF (fund of funds，母基金) 复合策略。

二级市场的短期波动性和中长期周期性是投资盈利的基础。即使无法掌控市场行情，但是假设能通过各种策略，以持续逼近最低价的价格买入有成长性的投资标的，投资肯定是卓有成效的。若能严格遵守投资纪律，同时确保持仓成本不断下降，且策略简单易实现，那么在**二级市场投资盈利的确定性其实是很高的**。

在第一步模型假设中，笔者假设这只股票 (或股基) 的最大跌幅为 90%。你也可以假设投资标的最大跌幅是 80%，或者 70%，但是一般不建议低于 70%。投资者需要时时刻刻敬畏市场风险，不能心存侥幸，或许一个利空袭来，市场行情就会面目全非。机器人量化交易也是基于投资经理的主观风格偏好，所以 AI 机器交易也不可能具有100% 的投资自律性。

10.2　股票能量守恒定律

10.2.1　物理方程式

动能守恒是经典的物理学定律。比如有两个摩擦系数相等、长度和高度相同的斜面，从相同的高度同时放下两个封闭的圆柱体，让其自由向下滚动。其中一个圆柱体内装满液体水，另外一个圆柱体内放置与水相同重量的圆铁球。请问：哪个圆柱体更快滚落到斜面底部？或者两个圆柱体是否同时滚落到斜面底部？

中学物理课本已经介绍过经典力学的能量守恒定律，即

$$E = \frac{1}{2}mv^2 + mgh$$

式中：E、m、v、h 分别表示物体能量、质量、速度和重力势能高度；

g 表示重力加速度，常量。

依据物理学能量守恒定律，有

$$E = E_i \quad \forall\, i, \ i \in N^*$$

并且我们还知道在物理学中，波的能量可以表达为

波的能量 = 振动动能 + 形变势能

综合以上知识，笔者将股票能量 E_{gupiao} 的数学方程式表达为

$$E_{\text{gupiao}} = \frac{1}{2}v^2 + h \tag{10.1}$$

式中：前半部分表示股票的动能，后半部分表示股票运动的势能；

v 表示股票的单日股价振幅；

h 表示当日收盘价与统计区间最低股价的比值，类比物理学的"重力势能"。

式 (10.1) 还不够完善，因为 PE(市盈率) 是个股成长性的基本指标，所以要把 PE 的驱动力考虑进去，所以式 (10.1) 变成

$$E_{\text{LZ}} = \frac{\frac{1}{2}v^2 + h}{\text{PE}} \tag{10.2}$$

$$E_{\text{LZ}} = E_{\text{LZ}}^i \quad \forall\, i, \ i \in N^*$$

笔者将式 (10.2) 称为"**LZ 证券能量守恒定理**"。

再回到本节开头提到的能量守恒问题。装有液体水的密闭圆柱体会更快滚落到斜面底部，因为另外一个圆柱体内的铁球在下滑过程中会转动，把一部分重力势能转化成铁球的动能，所以滚动速度就没那么快了。

10.2.2　实证案例

个股真的会如方程式 (10.2) 那样遵守能量守恒定理吗？**真的**！大部分正常的股票都会遵守"LZ 证券能量守恒定理"。比如，作者随机抽取一只股票过去 3 年的量价数据进行实证演示，如图 10-2 所示。

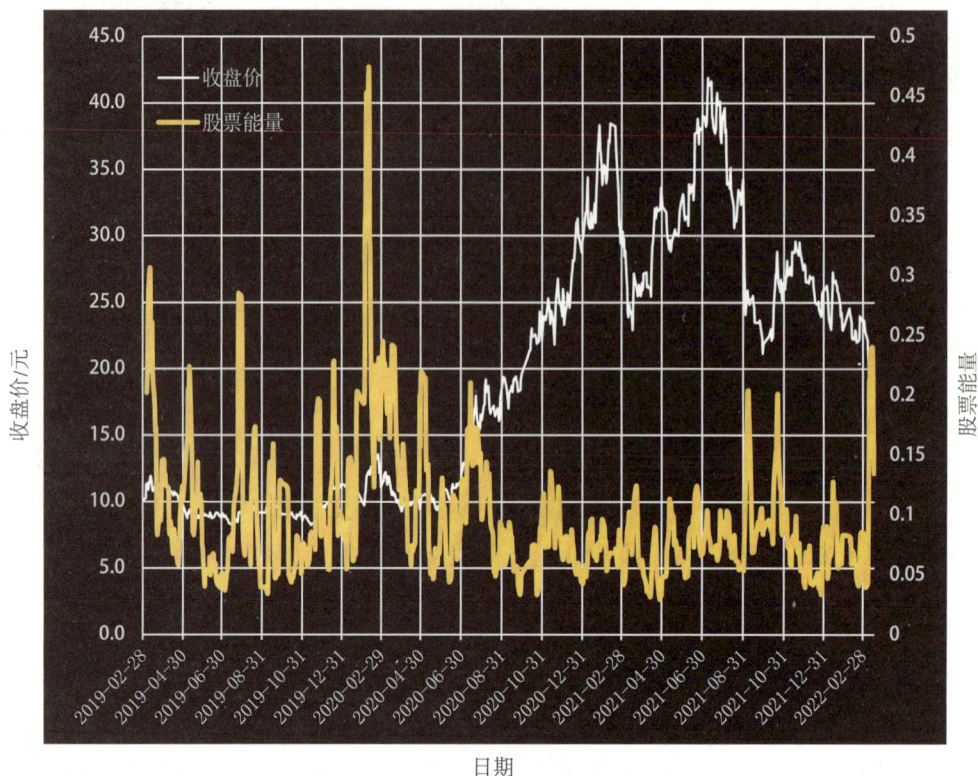

图 10-2 LZ 证券能量守恒定理个股实证展示

基于图 10-2，补充说明以下两点。

(1) 在计算时，振幅 v 被放大了 100 倍。比如振幅 3% 和 3.2%，实际取值的时候以 3 和 3.2 进行计算。这主要是因为当 $0<v<1$ 时，$v^2<v$，动能反而减少，造成 v^2 跟势能不在一个数量级上。读者可以随机找几只股票来亲自计算一下，最好选择有**股性**的个股。

(2) E_{LZ} 是经过 5 次移动平均所得的值，**但此步是非必要条件**。此举是为了消除股价大起大落对 E_{LZ} 守恒观测的干扰。E_{LZ} 经过最近 5 次时间序列移动平均之后，并不改变 E_{LZ} 观测趋势和规律，所以标准化的 E_{LZ} 等于

$$E_{LZ}^T = \frac{\dfrac{\frac{1}{2}v_{T-4}^2+h_{T-4}}{PE_{T-4}}+\dfrac{\frac{1}{2}v_{T-3}^2+h_{T-3}}{PE_{T-3}}+\dfrac{\frac{1}{2}v_{T-2}^2+h_{T-2}}{PE_{T-2}}+\dfrac{\frac{1}{2}v_{T-1}^2+h_{T-1}}{PE_{T-1}}+\dfrac{\frac{1}{2}v_{T}^2+h_{T}}{PE_{T}}}{5} \tag{10.3}$$

式中：T 表示第 T 个交易日；

E_{LZ}^T 表示最近 5 个交易日的能量平均值。

有了"LZ 证券能量守恒定理"，就可以估算股票日频振幅。若拉长交易周期，"**LZ 证券能量守恒定理**"的实用性就更强了。

10.3　最速降线：股票利空出尽的快速途径

10.3.1　参数方程组

有一个物理问题比较有意思。把一个滑块从斜坡上滑到底部，假设无阻力。显然，如图 10-3 所示，滑块沿斜坡对角线滑下，路程最短，但未必花费的时间最短，因为初始阶段重力加速度不够大。假设有另外一个向下弯的弧形滑道，由于一开始受到的重力加速度分量较大，滑块滑落的早期就具有很大的重力加速度，因此前半程平均速度很大，但是向下凹陷的曲面路程比对角线长，所以也未必比对角线滑道更节省时间。因此，我们猜想：可能存在一条"最速降线"，使滑块滑到底部的时间最短，该"最速降线"能平衡重力加速度和路程。

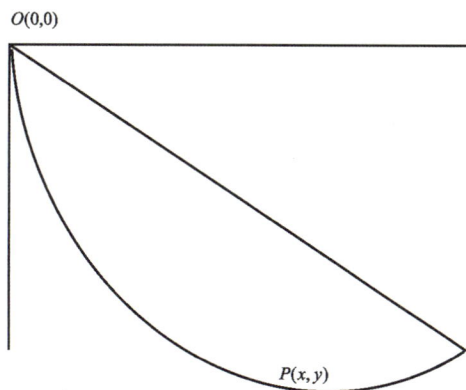

图 10-3　最速降线物理场景示意图

假设原点 $O(0,0)$ 为势能点，从原点开始经过最速降线的 $P(x,y)$ 点，求 P 点的轨迹方程。具体轨迹求解过程笔者就不推导了，这方面的参考资料可谓汗牛充栋，读者们可自行查阅，笔者直接给出轨迹的参数方程式，即

$$\begin{cases} x = R(\phi - \sin\phi) \\ y = -R(1 - \cos\phi) \end{cases} \tag{10.4}$$

式中：R 表示**待求解**的常数；

ϕ 表示弧度参数。

注意：y 参数方程式有一个负号。

最速降线其实是摆线的一段。因为轨迹经过 P 点，且已知 P 点坐标 $P(x,y)$，所以 R 的表达式为

$$R = \frac{x}{\arccos(\frac{y}{R}+1) - \sin[\arccos(\frac{y}{R}+1)]} \tag{10.5}$$

对式 (10.5) 怎么求解呢？先将其转换成目标函数

$$\arg\min\left\{R-\frac{x}{\arccos(\frac{y}{R}+1)-\sin[\arccos(\frac{y}{R}+1)]}\right\}^2$$

然后有两种有效的方法求出 R 的数值解，即

- 蒙特卡罗模拟。
- 遗传算法求解。

具体求解过程可以通过计算机实现，本书前面的章节已经讲解过，不再赘述。

最速降线有以下三条重要的规律。

(1) 时间最短原理。同等条件下，无阻力滑块从最速降线的轨道下滑最省时间。

(2) 等时性原理。无论滑块从最速降线的哪个位置以 0 的初速度滑下，所需的时间都是相等的，所需时间 $t=\pi\sqrt{\dfrac{R}{g}}$。

(3) 图 10-3 还告诉我们，**要想以最快速度实现目标，必须要有超越目标的高度**。《论语》有云："取乎其上，得乎其中；取乎其中，得乎其下；取乎其下，则无所得矣。"《孙子兵法》也有云："求其上，得其中；求其中，得其下；求其下，必败。"可见，无论是古代还是现代，无论是物理学还是兵法，曲径通幽焉。

10.3.2　延伸理解

已知最速降线的参数方程

$$\begin{cases}x=R(\phi-\sin\phi)=R\phi-R\sin\phi\\y=-R(1-\cos\phi)=-R+R\cos\varphi\end{cases} \tag{10.6}$$

利用换元法，得

$$\begin{cases}x'=-x\\y'=-y\end{cases}$$

则式 (10.6) 变成式 (10.7)，即

$$\begin{cases}x'=-R\phi+R\sin\phi\\y'=R-R\cos\varphi\end{cases} \tag{10.7}$$

根据教科书的知识，已知圆心为原点 $O(0,0)$ 的圆的参数方程式为

$$\begin{cases}x=R\cos\phi\\y=R\sin\varphi\end{cases} \tag{10.8}$$

假设 $\theta=\dfrac{\pi}{2}+\phi$，则式 (10.8) 变形为

$$\begin{cases} x = R\cos\theta = R\cos(\frac{\pi}{2}+\phi) = R\sin\phi \\ y = R\sin\theta = R\sin(\frac{\pi}{2}+\phi) = -R\cos\phi \end{cases} \tag{10.9}$$

比较式 (10.7) 和式 (10.9) 可知，最速降线既是摆线，也是圆的一种定点轨迹。**所以最速降线的本质是：以$O(R\phi,-R)$为圆心，在该圆上任意取一点 (定点)，当该圆沿着X轴直线滚动的时候，圆上的定点所连接成的轨迹曲线。**这句话有以下几个关键信息。

- 滚圆以$O(R\phi,-R)$为圆心。
- 滚圆沿着X轴直线滚动。
- 取滚圆上任一定点。
- 定点连接的轨迹。

最速降线的圆心纵坐标不变，横坐标不断横向直线移动。笔者绘制了一组不同R的最速降线，如图 10-4 所示。

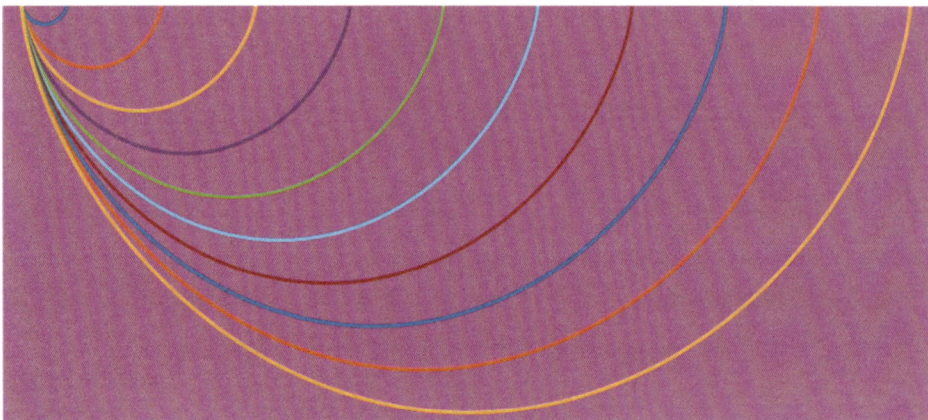

图 10-4　不同R的最速降线

观察图 10-4 可知，最速降线最低点的坐标为$P_{\text{bottom}}(R\pi,-2R)$，$P_{\text{bottom}}$在下一小节内容中会用到。

10.3.3　利空出尽最速衰减规律

最速降线有什么作用呢？

最速降线的优点是，几乎不需要额外付出太多成本，仿佛是大自然的"馈赠"。比如游乐园的过山车，囿于场地面积，这些游乐设备的运动轨迹都被近似设计成"最速降线"。对于其他实际应用就不再一一列举了。

如果一只股票出现了利空消息，怎么判定其是否已经利空出尽了呢？某一只股票因为受到市场利空消息的冲击，从 2020 年 3 月 5 日开始持续三天下跌，那么请基于最速降线的原理，研究一下这只股票累计下跌多大的幅度才算利空出尽？何时着手加仓或建仓才会相对便宜？研究样本数据如表 10-4 所示。

表 10-4　研究样本数据

日期	从反转第一天起累计跌幅 y	下跌第 x 天
2020-03-05	−3.17%	1
2020-03-06	−4.96%	2
2020-03-09	−6.41%	3

将表 10-4 的数据直接代入方程式 $\begin{cases} x = R(\phi - \sin\phi) \\ y = -R(1 - \cos\phi) \end{cases}$ 进行求解即可，我们求得 $R = 12.21\%$，且已知最低点坐标 $P_{\text{bottom}}(R\pi, -2R)$，**所以这只股票的持续下跌幅度至少达到 $2R = 2 \times 12.21\% = 24.42\%$ 才算利空出尽，否则理论上，还会继续下跌，不算择时进场的绝佳时机。**请注意：考虑到数据量级，x 不能直接取值 1、2、3，需要将变量 x 分别设成 x、$2x$、$3x$，然后求出 $x = 0.0080$。比如将第一天 (x, y) 的值 $(0.0080, -3.17\%)$ 代入最速降线的参数方程中，然后再代入第二天、第三天的值，以此类推。

本小节的最速降线策略只是提供一个思路，表 10-4 中的股票数据符合最速降线的轨迹分布，而实际投资场景的数据因为充斥着各种噪声，未必接近最速降线的形态。因此，将最速降线策略运用于交易还不算成熟，需要投资界和学术界不断探索、研究与实践才能进一步完善，最速降线策略才有可能大规模用于投资实践。

后　记

这本书终于艰难地写完了，一瞬间如释重负。完成之时，笔者啜泣不已。

这是一本书，也是一个产品，"创造"过程中可谓呕心沥血。为了打磨这部作品，笔者经常熬夜到凌晨 2 点；在睡觉的时候，一旦想到有价值的观点就会爬起来记录在备忘录中，常常很难睡一个囫囵觉。

目前国内还未出现"AI 量化投资"方面的专著——没有成熟的资料可以参考，由此带来了巨大的创作压力。加上作者水平有限，在脑力和精神上形成了双重折磨。

笔者创作这部"封笔之作"，不求闻达于天下，但求无愧于心。

本书在创作过程中有很多难点。

第一个难点，只有在基金行业工作 7 年以上，才有可能从全局把握创作的脉络，否则无异于"盲人摸象"。

第二个难点，必须掌握 AI 技术，尤其是 AI 算法，在创作过程中才会知道 AI 的适用场景、优势、劣势、改进方向等。比如 AI 算法里面经典的人工神经网络是模拟人脑的智能算法，但实际上，神经网络与真正人脑的思考分析逻辑并不一样。

第三个难点，不易找到有价值的丰富资料，笔者在选择案例时尽量避开俯拾皆是、人云亦云的案例。

基金行业的资深经验和 AI 技术叠加在一起，难度不小。如果不能有机契合，就会变成斑驳陆离的"嫁接"，导致形式大于内容。既然接受了清华大学出版社的约稿，笔者就一定会高质量完成这部书。

完成这部书的一刹那，笔者潸然泪下。为了创作这部书，笔者几乎调动了毕生所学，个中滋味恐怕只有自己才能体会。

书中所有的实证案例都能 100% 复现么？不能。因为交易数据多是时间序列数据，很少是在时序上无差别的大数据，所以大部分实证案例能再现，小部分实证案例有可能不能复现。

　　人生逆旅，我亦行人。笔者以为，本书还是具有一点创新性和前瞻性，希望能够给读者带来点滴启迪。

作者

2022 年 7 月

参考文献

[1] 高桥信. 漫画统计学之因子分析 [M]. 张仲桓, 译. 北京: 科学出版社, 2011.

[2] 李德毅, 杜鹢. 不确定性人工智能 [M]. 北京: 国防工业出版社, 2005.

[3] 陆蓉. 陆蓉行为金融学讲义 —— 投资如何避免犯错 [M]. 北京: 中信出版集团, 2019.

[4] 徐全智, 杨晋浩. 数学建模 [M]. 北京: 高等教育出版社, 2003.

[5] 周明, 孙树栋. 遗传算法原理及应用 [M]. 北京: 国防工业出版社, 1999.

[6] 李敏强, 寇纪松, 林丹, 李书全. 遗传算法的基本理论与应用 [M]. 北京: 科学出版社, 2002.

[7] 雷英杰, 张善文, 李续武, 周创明. MATLAB 遗传算法工具箱及应用 [M]. 西安: 西安电子科技大学出版社, 2005.

[8] 周金涛. 涛动周期论 [M]. 北京: 机械工业出版社, 2018.

[9] 魏海坤. 神经网络结构设计的理论与方法 [M]. 北京: 国防工业出版社, 2005.

[10] 孙延奎. 小波分析及其应用 [M]. 北京: 机械工业出版社, 2005.

[11] MIX D F, OLEJNICZAK K J. 小波基础及应用教程 [M]. 杨志华, 杨力华, 译. 北京: 机械工业出版社, 2006.

[12] GOSWAMI J C, CHAN A K. 小波分析理论、算法及其应用 [M]. 北京: 国防工业出版社, 2007.

[13] 张国华, 张文娟, 薛鹏翔. 小波分析与应用基础 [M]. 西安: 西北工业大学出版社, 2006.

作者近照

作者简介

　　李必文，80 后，在金融持牌机构从业 7 年以上，位居管理层；随后投身高科技实体产业，2021 年期间在芯片半导体大厂战略管理部任职；先后从事纺织服装、互联网、基金、芯片四个行业，拥有跨学科、跨行业的丰富经验和成功案例；大学毕业至今，已出版计算机编程、机器学习等相关著作 5 部。

　　他的座右铭：世界上本没有路，走着，走着，也就有了路。